∷ 中華文化促進會主持編纂

∷ 國家“十一五”重點圖書出版規劃項目

∷ 中國社會科學院哲學社會科學創新工程學術出版資助項目

出品人 王石 段先念

今注本二十四史

金史

五

志〔二〕

元 脱脱等 撰

張博泉 程妮娜 主持校注

中国社会科学出版社

金史　卷二六

志第七

地理下

大名府路　河東北路　河東南路　京兆府路　鳳翔路　鄜延路　慶原路　臨洮路

大名府路，[1]宋北京魏郡。[2]府一，領刺郡三，縣二十，鎮二十二。[3]貞祐二年十月置行尚書省。[4]

[1]大名府路：治所在今河北省大名縣東北大街鄉。

[2]北京：治所在今河北省大名縣東北。

[3]鎮二十二：以下所列實二十三。

[4]貞祐：金宣宗年號（1213—1217）。　行尚書省：官署名。簡稱行省。章宗以後，因用兵、河防等事涉及諸路，需統籌安排，故臨時設立行尚書省以總其事，作爲尚書省的派出機構，事畢撤銷。金末漸遍布全國，成爲臨時性地方設置。長官爲行尚書省事，或簡稱行省事，一般由執政充任。

大名府，[1]上，天雄軍。舊爲散府，先置統軍司，[2]天德二年罷，[3]以其所轄民户分隸旁近總管府。[4]正隆二年升爲總管府，[5]附近十二猛安皆隸焉，[6]兼漕河事。[7]産皺、縠、絹、梨肉、櫻桃煎、木耳、硝。户三十萬八千五百一十一。縣十、鎮十三：舊有柳林、侯固二鎮。[8]

元城[9]　有愜山、漕運御河、屯氏河。[10]　鎮二　安定、安賢。[11]

大名　倚。[12]　鎮一

魏縣[13]

冠氏[14]　有弇山水、沙河。[15]　鎮四　普通、清水、博寧、桑橋。[16]

南樂[17]　鎮一　南樂。[18]

館陶[19]　有漕運御河。　鎮一　館陶。[20]

夏津[21]　有屯氏河、潤溝河。[22]　鎮一　孫生。[23]

朝城[24]　鎮一　韓張。[25]

清平[26]　有新渠、金隄。[27]　鎮一　清平。[28]

莘[29]　鎮一　馬橋。[30]

[1]大名府：治所在今河北省大名縣東北大街鄉。

[2]統軍司：官署名。掌督領軍馬，鎮攝封陲，分營衛，視察奸。長官爲統軍使，正三品。按本書卷五七《百官志三》統軍司共四處：河南、山西、陝西、益都，無大名府，當是因爲設置時間不長。據卷四四《兵志》，天德二年（1150）九月，“置統軍司于山西、河南、陝西三路，以元帥府都監、監軍爲使，分統天下之兵”。大名府路統軍司當也設於此時。

[3]天德：金海陵王年號（1149—1153）。

［4］總管府：官署名。掌統諸城隍兵馬甲仗。長官爲都總管，正三品。

［5］正隆：金海陵王年號（1156—1161）。

［6］十二猛安：猛安謀克爲金朝女真等北方民族的社會基層組織，三百户爲一謀克，十謀克爲一猛安，具有政治、軍事、生産多種職能，有金一代未曾改變。猛安謀克官員平時爲行政長官，督促生産，徵收賦税，審理部内民事訴訟，訓練武藝。戰時，猛安謀克户壯者爲兵，由猛安謀克長官率領征戰，戰争結束後，返回原居地。猛安謀克官員實行世襲制，不論任命還是襲職都由皇帝親自決定。熙宗以後，以猛安比防禦使，謀克比縣令。在内地者，受府、節度使統轄，在邊地者，受招討司統轄。此稱隸屬於大名府的共有十二猛安，但目前典籍中僅能查到五個：本書卷一六《宣宗紀》有"大名府海古忽申猛安"、本書卷一〇三《納蘭胡魯剌傳》有"大名路怕魯歡猛安"、卷一〇四《烏林荅與傳》有"大名路納鄰必剌猛安"、《進士碑》有"舊吉□魯猛安"與"□歡猛安"（張博泉《金史論稿》，吉林文史出版社1986年版）。

［7］兼漕河事：據本書卷二七《河渠志》，"凡漕河所經之地，州府官銜内皆帶'提控漕河事'"，則此官職由運河沿岸各府州長官兼任，稱爲提控漕河事，簡稱漕河事。

［8］柳林：在今山東省臨清市南柳林集。　侯固：在今山東省聊城市西北堠固鎮。

［9］元城：與本州治所在同一地。按本志行文慣例，此下當有小字注文"倚"字。倚，也稱"倚郭""附郭"。指與本府或本州治所在同一處的縣。此下缺處不一一注明。

［10］愜山：在今河北省大名縣東。　御河：運河名，即永濟渠。隋大業四年（608）開鑿。自今河南省武陟縣南引沁水東北流，經新鄉、衛輝、滑縣、内黄諸縣市，至河北省魏縣，復東北經大名、館陶、臨清、清河等縣市，至山東武城縣，由此折而北流，經山東省德州仍入河北省境内，經吴橋、東光、南皮、滄縣、青縣静

海等縣達天津市，又折而西北，經武清、安次二縣而達於北京市。全程多利用自然河道，長一千多公里。自天津市西北渠段建成後不久即毀，故天津市以南唐以後改以清、淇二水爲源，不再引自沁水。北宋以後通稱御河。　屯氏河：西漢元封間黄河決於今河北省館陶縣境，分爲屯氏河。東北流經今山東省臨清、武成等縣市，復至河北省吴橋縣合於黄河故道，自河北省滄縣東北入海。

［11］安定：《宋會要》食貨十五之二與此同爲“安定”，而十九之一與《元豐九域志》卷一同爲“定安”，未詳孰是。　安賢：不詳。

［12］大名：與本府治所在同一地。

［13］魏縣：治所在今河北省魏縣西南舊魏縣。

［14］冠氏：治所在今山東省冠縣。

［15］弇山水：不詳。弇山，在今山東省莘縣北，疑此水出自弇山，北流經冠縣境入運河。　沙河：本卷所載沙河有二。此河即下文恩州武成縣的沙河。據《宋史·河渠志》，“元祐四年，李偉開北京南沙河直隄第三鋪，放水入孫村口”，即此。久堙。另一沙河爲滹沱河的别稱。

［16］普通：在今山東省冠縣境内。　清水：在今山東省冠縣東北清水集。　博寧：在今山東省冠縣境。　桑橋：在今山東省冠縣東南桑阿鎮。

［17］南樂：治所在今河南省南樂縣。

［18］南樂：在今河北省大名縣南舊治鄉。

［19］館陶：治所在今山東省冠縣北舊館陶。

［20］館陶：即今河北省館陶縣。

［21］夏津：治所在今山東省夏津縣。

［22］潤溝河：《文獻通考》卷三一七《輿地考》作“閏溝河”。

［23］孫生：在今山東省夏津縣北三十里新盛店鎮。

［24］朝城：治所在今山東省莘縣西南朝城。

［25］韓張：在今河南省南樂縣東韓張集。

[26]清平：治所在今山東省高唐縣西南清平。

[27]新渠：不詳。　金隄：指西漢東郡、魏郡、平原郡界内沿黄河兩岸的石隄，約當今河南省濮陽市、山東省平原縣一綫。此當是指金隄古迹。

[28]清平：在今山東省臨清市東南。

[29]莘：治所在今山東省莘縣。

[30]馬橋：在今山東省莘縣北四十里馬橋。

恩州，[1]中，刺史。[2]宋清河郡軍事，治清河，今治歷亭。户九萬九千一百一十九。縣四、鎮六：

歷亭[3]　倚。有永濟渠，[4]置河倉。　鎮四　漳南、新安樂、舊安樂、王杲。[5]

武城[6]　有永濟渠、沙河。　鎮一　武城。[7]

清河[8]　有永濟渠、漳渠。[9]

臨清[10]　有河倉。　鎮一　曹仁。[11]

[1]恩州：治所在今山東省武城縣東北舊城。

[2]刺史：刺名州長官，負責一州軍政事務。正五品。

[3]歷亭：與本州治所在同一地。

[4]永濟渠：運河名。隋大業四年開鑿。北宋以後通稱御河。

[5]漳南：在今山東省武城縣東北漳南鎮。　新安樂：在今山東省武城縣境内。　舊安樂：在今山東省武城縣東北四十二里四女寺鎮。　王杲：在今山東省平原縣西北王杲鋪。

[6]武城：治所在今山東省武城縣西南武城鎮。

[7]武城：在今河北省故城縣西南。

[8]清河：治所在今河北省清河縣西城關鄉。

[9]漳渠：應指漳水，或稱漳河。發源於今山西省，有兩源，

分别爲濁漳水與清漳水。合流後，古仍稱清漳水。下游穿太行山脉入河北省，歷代變徙很多，但主要可以分爲兩支，北支經河北省磁縣南與源出磁縣西北鼓山的滏水（一名滏陽河）合而東北流，經今河北省曲周縣東折而北流，至隆堯縣東行。自河北省新河縣西稱胡盧河，東北流與古滹沱河南支匯，入御河。南支自河北省成安縣東北行，經館陶縣、臨西縣、汪河縣、故城縣、景縣，至東光縣入御河。以北支爲主流。此似是指漳河的南支。

[10]臨清：治所在今山東省臨清市西南八里舊縣。

[11]曹仁：在今山東省臨清市西南。

濮州，[1]下，刺史。宋濮陽郡。户五萬二千九百四十八。縣二、鎮三：

鄄城[2]　倚。有旄丘、陶丘、金隄。[3]　鎮二　臨濮、雷澤，[4]皆舊縣，貞元二年爲鎮。[5]

范[6]　鎮一　定安。[7]

[1]濮州：治所在今山東省鄄城縣北舊城集。

[2]鄄城：與本州治所在同一地。

[3]旄丘：在今河南省濮陽市西。　陶丘：一名陶山，在今河北省館陶縣西南。

[4]臨濮：在今山東省鄄城縣西南臨濮集。　雷澤：在今山東省荷澤市東北五十二里胡集鄉。

[5]貞元：金海陵王年號（1153—1156）。

[6]范：治所在今河南省范縣東南四十里張莊鄉舊城村。

[7]定安：《元豐九域志》卷一作“安定”。待考。

開州，[1]中，刺史。宋開德府澶淵郡鎮寧軍節度，[2]

降爲澶州，皇統四年復更今名。[3]户三萬三千八百三十六。縣四、鎮一：

濮陽[4]　倚。有衛陽山、鮒鰅山、黄河、淇河、瓠子口。[5]

清豐[6]　有廣陽山、黄河。[7]

觀城[8]　有泉源河。[9]　鎮一　武鄉。[10]

長垣[11]　本隸南京，[12]泰和八年以限河不便，[13]來屬。

[1]開州：治所在今河南省濮陽市。

[2]宋開德府：治所在今河南省濮陽市。　節度：宋官名。宋承唐制設節度使，但削奪其實權，使之成爲武官高級虚銜，不駐本州，恩數同執政，用以寄禄，俸禄高於宰相，並給儀仗，稱爲旌節。

[3]皇統：金熙宗年號（1141—1149）。

[4]濮陽：與本州治所在同一地。

[5]衛陽山：在今河南省濮陽縣東南。　鮒鰅山：又作務禺山、附禺山，又名廣陽山。在今河南省内黄縣南。相傳五帝之一的顓頊曾葬於此。“鰅”，原作“鰢”，從中華點校本改。　淇河：即淇水，黄河支流。南流至今河南省衛輝市東北淇門鎮南入黄河。　瓠子口：瓠子河故道分黄河水東出，經山東省鄄城、鄆城二縣南，折北經梁山縣西、陽穀縣東南、東阿縣北，東至長清縣西南入古濟水。此瓠子口當指瓠子河自黄河分流之河口。

[6]清豐：治所在今河南省清豐縣西。

[7]廣陽山：即上文濮陽縣條下的鮒鰅山。

[8]觀城：治所在今山東省莘縣西南觀城鎮。

[9]泉源河：即今河南省淇縣南折脛河。

[10]武鄉：在今山東省莘縣西南觀城鎮附近。

[11]長垣：治所在今河南省長垣縣東北四十四里。

［12］南京：路名。治所在今河南省開封市。

［13］泰和：金章宗年號（1201—1208）。

河東北路。[1]宋河東路，[2]天會六年析河東爲南、北路，[3]各置兵馬都總管。府一，領節鎮三，刺郡九，縣三十九，鎮四十，堡十，寨八。

［1］河東北路：治所在今山西省太原市。

［2］宋河東路：治所設在并州，即今山西省太原市。

［3］天會：金太宗年號（1123—1134），金熙宗沿用不改（1135—1137）。　析河東爲南、北路：原脱“東”字，從中華點校本補。

太原府，[1]上，武勇軍。宋太原郡河東軍節度，國初依舊爲次府，復名并州太原郡河東軍總管府，置轉運司。[2]有造墨場、煉銀洞、瑪瑙石。藥産松脂、白膠香、五靈脂、大黄、白玉石。户一十六萬五千八百六十二。縣十一、鎮八：

陽曲[3]　倚。有罕山、蒙山、汾水。[4]　鎮五　陽曲、百井、赤塘關、天門關、陵井驛。[5]

太谷[6]　有太谷山、蔣水。[7]

平晋[8]　貞祐四年七月廢，興定元年復置。[9]有龍山、晋水。[10]　鎮二　晋寧、晋祠。[11]

清源[12]　有清源水、汾水。[13]

徐溝[14]　本清源縣之徐溝鎮，大定二十九年升。[15]

榆次[16]　有麓臺山、塗水。[17]

祁[18]　有幘山、太谷水。[19]　鎮一　團柏。[20]

文水[21]　有隱泉山、汾水、文水。[22]

交城[23]　有少陽山、狐突山、汾水。[24]

盂[25]　興定中升爲州，聽絳州元帥府節制，[26]置刺史，尋復。有白馬山、原仇山、滹沱水。[27]

壽陽[28]　興定二年九月嘗割隸平定州。[29]有方山、洞過水。[30]

[1]太原府：治所在今山西省太原市。

[2]轉運司：官署名。掌賦稅錢穀，倉庫出納，權衡度量之制。長官爲轉運使，正三品。

[3]陽曲：與本府治所在同一地。

[4]罕山：一作旱山，在今山西省榆次市北。　蒙山：在今山西省太原市西北。　汾水：即今山西省汾河。源出山西省五寨縣東南，曲折南流。中游自今清徐縣至介休市之間與下游入黄河口處，歷代略有變遷。

[5]陽曲：即今山西省太原市東北陽曲鎮。中華點校本疑“陽曲”當作“陽興”。　百井：一作百井城，或柏井城，在今山西省陽曲縣東北柏井鎮。　赤塘關：在今山西省陽曲縣北河莊。　天門關：在今山西省陽曲縣西。　陵井驛：在今山西省陽曲縣西北西凌井鎮。

[6]太谷：治所在今山西省太谷縣。

[7]太谷山：不詳。　蔣水：源出山西省太谷縣東，西北流與洞過水（今名瀟河）匯，入汾河。

[8]平晋：治所在今山西省太原市南。

[9]興定：金宣宗年號（1217—1222）。

[10]龍山：在今山西省太原市西。　晋水：源出今山西省太原市西南懸甕山，東北流注入汾水。

［11］晉寧：在今山西省太原市南。　晉祠：在今山西省太原市西南。

［12］清源：治所在今山西省清徐縣。

［13］清源水：在今山西省清徐縣西北。

［14］徐溝：治所在今山西省清徐縣東南徐溝鎮。

［15］大定：金世宗年號（1161—1189）。

［16］榆次：治所在今山西省榆次市。

［17］麓臺山：在今山西省榆次市東南。　塗水：源出今山西省和順縣西北，西北流至榆次市東入洞過水（今瀟河）。

［18］祁：治所在今山西省祁縣。原作“祈”，今從中華點校本改。

［19］幘山：在今山西省祁縣東南。　太谷水：源出自山西省武鄉西北，西北流至祁縣南折西南，至孝義市東入汾水。

［20］團柏：在今山西省太谷縣西南團柏村。

［21］文水：治所在今山西省文水縣。

［22］隱泉山：一名謁泉山，又名卜山、子夏山，在今山西省文水縣西南。相傳卜子夏隱居於此。　文水：一名文穀河。源出今山西省交城縣西北孝文山，南流至文水縣東南入汾水。

［23］交城：治所在今山西省交城縣。

［24］少陽山：在今山西省交城縣西。　狐突山：一名馬鞍山，在今山西省清徐縣西，跨交城縣界。

［25］盂：治所在今山西省盂縣。

［26］絳州元帥府：即設在絳州的行元帥府，爲元帥府臨時性派出機構。因用兵涉及數路，故設行元帥府以總統兵馬。宣宗以後，因與蒙古的戰事規模擴大，行元帥府之設也遍及各路，於各主要戰場都設有行元帥府。

［27］白馬山：在今山西省盂縣北。　原仇山：在今山西省盂縣北。“原”，原作“泉”，今從中華點校本改。　滹沱水：即今滹沱河，源出山西省繁峙縣東北，經今山西繁峙、代縣、原平、定襄、

盂縣，東穿太行山脉，進入河北平原。其下游歷代多有變遷。金代滹沱自河北省靈壽縣、正定縣、藁城縣東流，至安平縣南折向東北，經饒陽縣西、肅寧縣南、任丘市西，與易水合。另自河北省饒陽縣東分出一支，東南流，經今河北省武强縣南折而東北流，入御河。

[28]壽陽：治所在今山西省壽陽縣。

[29]平定州：治所在今山西省平定縣。

[30]方山：在今山西省壽陽縣東北。　洞過水：今名瀟河。源出今山西省昔陽縣西，西流經榆次市東南，至今清徐縣東北入汾水。

晋州。[1]　興定四年正月以壽陽縣西張寨置。

[1]晋州：治所在今山西省壽陽縣西北四十五里南張芹村西。

忻州，[1]下，刺史。舊定襄郡軍。户三萬二千三百四十一。縣二、鎮四：

秀容[2]　有程候山、雲母山、忻水、滹沱水。[3]　鎮四忻口、雲内、徒合、石嶺。[4]

定襄[5]

[1]忻州：治所在今山西省忻州市。

[2]秀容：與本州治所在同一地。

[3]程候山：即今山西省忻州市西北的金山。　雲母山：不詳。忻水：滹沱河的支流。源出今山西省忻州市西北，東北流至山西省原平市南入滹沱河。《元豐九域志》卷四作“忻川水”。

[4]忻口：在今山西省忻州市北忻口鎮。　雲内：在今山西省

忻州市西北龍門山之北雲中河南岸。　徒合：在今山西省忻州市西四十五里冶子嶺附近。　石嶺：即今山西省陽曲縣東北南關城。

[5]定襄：治所在今山西省定襄縣。

平定州，[1]中，刺史。本宋平定軍，大定二年升爲州。[2]興定二年爲防禦，[3]十一月復降爲刺郡。户一萬八千二百九十六。縣二、鎮三：

平定[4]　倚。有浮山、浮灤水。[5]　鎮二　承天、東百井。[6]

樂平[7]　興定四年正月升爲皋州。有樂平山、清漳水。[8]　鎮一　净陽。[9]

[1]平定州：治所在今山西省平定縣。

[2]大定二年升爲州：按《大金國志》卷三八："十六軍並改作州"，其中所提到的各軍，除平定外，本志都記載"大定二十二年升爲州"，平定州當不例外。"大定"下當脱"二十"二字。

[3]防禦：州官名。防禦州長官。掌防捍不虞，禦制盜賊，總判州事。從四品。

[4]平定：與本州治所在同一地。

[5]浮山：一名浮化山，在今山西省平定縣東。　浮灤水：不詳。

[6]承天：在今山西省平定縣東北娘子關。　東百井：在今山西省平定縣東三十里柏井鄉。

[7]樂平：治所在今山西省昔陽縣。

[8]樂平山：在今山西省昔陽縣東南。　清漳水：漳水上源之一。源出今山西省昔陽縣西南，屈曲南流至今河北省涉縣東南與濁漳水匯。合流後稱濁漳水，即漳水。

[9]净陽：在今山西省昔陽縣東四十五里静陽村。

汾州，[1]上。宋西河郡軍事，天會六年置汾陽軍節度使，[2]後又置河東南北路提刑司。[3]户八萬七千一百二十七。縣五、鎮二：

西河[4] 有謁泉山、比干山、文水、汾水。[5] 鎮一 郭栅。[6]

孝義[7] 有勝水。[8]

介休[9] 有介山、汾水。[10] 鎮一 洪山。[11]

平遥[12] 有鹿臺山、汾水。[13]

靈石[14] 貞祐三年割隸霍州，[15]四年五月復來屬。有静巖山、汾水。[16]

[1]汾州：治所在今山西省汾陽縣。

[2]節度使：州官名。節度州長官。掌鎮撫諸軍防刺，總判本鎮兵馬之事，兼本州管内觀察使。從三品。

[3]河東南北路提刑司：官署名。掌審察刑獄，照刷案牘，糾察官事及豪猾之人。長官爲提刑使，正三品。按本書卷九《章宗紀一》，大定二十九年（1179）六月“初置提刑司”，此不應接上文“天會”而書。河東南北路提刑司設在汾州。

[4]西河：與本州治所在同一地。

[5]比干山：在今山西省汾陽縣西北。相傳商王曾派比干築城於此。

[6]郭栅：即今山西省汾陽縣東北永安。

[7]孝義：治所在今山西省孝義市。

[8]勝水：即今山西省孝義市南孝河。源出中陽縣東南，東流至孝義市東南入汾河。

[9]介休：治所在今山西省介休市。

[10]介山：又稱介休山、綿山，在今山西省介休市東南，相傳春秋時介之推隱居於此。

[11]洪山：一説在今山西省介休縣東；一説在今山西省介休市西。

[12]平遥：治所在今山西省平遥縣。

[13]鹿臺山：在今山西省平遥縣東南。《元豐九域志》卷四作"麓臺山"。

[14]靈石：治所在今山西省靈石縣。

[15]霍州：治所在今山西省霍州市。

[16]静巖山：不詳。

石州，[1]上，刺史。舊昌化軍，[2]興定五年復隸晋陽，[3]從郭文振之請也。[4]户三萬六千五百二十八。縣六、鎮四：

離石[5]　倚。有胡公山、離石水。[6]　鎮一　石窟。[7]

方山[8]　貞祐四年徙治於積翠山。[9]有方山、赤洪水。[10]

孟門[11]　舊名定胡，明昌六年更。[12]宋隸晋寧軍。[13]有黄河、寧鄉水。[14]　鎮二　吴保、天澤。[15]

温泉[16]　貞祐四年五月改隸汾州。有遠望山、温泉。[17]

臨泉[18]　宋隸晋寧軍。有黄河、臨泉水。[19]　鎮一　克胡。[20]

寧鄉[21]　舊名平夷，明昌六年更。

[1]石州：治所在今山西省離石縣。

[2]石州上刺史舊昌化軍：原"刺史"二字原在"軍"後，今從中華點校本改。

[3]晋陽：即今山西省太原市的别稱。此指太原府。

[4]郭文振：本書卷一一八有傳。

[5]離石：與本州治所在同一地。

[6]胡公山：在今山西省離石縣東北。　離石水：源出今山西省離石縣東北，西南流至縣西南入黄河。

[7]石窟：不詳。

[8]方山：治所在今山西省方山縣附近。

[9]積翠山：治所在今山西省方山縣東北方山。

[10]方山：在今山西省方山縣北。　赤洪水：源出今山西省方山縣北，南流至離石縣入離石水。

[11]孟門：治所在今山西省離石西北孟門鎮。

[12]明昌：金章宗年號（1190—1196）。

[13]晋寧軍：宋軍名。治所在今陝西佳縣。

[14]寧鄉水：源出今山西省中陽縣南，北流至今離石縣西南入離石水。

[15]吴保：一作吴堡鎮，在今陝西省吴堡縣北黄河西岸吴堡鎮。　天澤：在今山西省柳林縣境内。

[16]温泉：治所在今山西省交口縣東北温泉村。

[17]遠望山：在今山西省中陽縣南。　温泉：不詳。

[18]臨泉：治所在今山西省臨縣北二十五里故縣村。

[19]臨泉水：不詳。

[20]克胡：即山西省臨縣西克虎寨。“胡”，原作“明”。從中華點校本改。

[21]寧鄉：治所在今山西省中陽縣。

葭州，[1]下，刺史。本晋寧軍，貞元元年隸汾州，大定二十二年升爲晋寧州，二十四年更今名。在黄河西，興定二年五月以河東殘破，改隸延安府。[2]户八千八百六十四。寨八、堡九：神泉寨、永祚堡、烏龍寨、康定堡、寧河寨、寧河堡、太和寨、神木寨、通津堡、彌川寨、護川堡、强川堡、清川堡、通秦寨、通秦堡、晋安堡、吴堡寨，[3]已上皆在黄河西，臨西夏界。[4]

[1]葭州：治所在今山西省佳縣。

[2]延安府：治所在今陝西省延安市。

[3]神泉寨：即今陝西省佳縣西南神泉。　永祚堡：不詳。烏龍寨：在今陝西省佳縣西南烏龍堡。　康定堡：不詳。　寧河寨：在今陝西省佳縣北。　寧河堡：在今陝西省佳縣北朱家坬鄉附近。　太和寨：在今陝西省神木縣東南太和寨。　神木寨：即今陝西省神木縣。　通津堡：在今陝西省神木縣東南黄河西岸。　彌川寨：在今陝西省神木縣南。　護川堡：不詳。　强川堡：在今陝西省佳縣北七十五里。　清川堡：在今陝西省佳縣北。　通秦寨：在今陝西省佳縣北通鎮。　通秦堡：在今山西省佳縣西北五十里通鎮。“秦”，原作“泰”，今據中華點校本改。　晋安堡：不詳。吴堡寨：在今陝西省吴堡縣北黄河西岸吴堡鎮。

[4]西夏：指元昊建立的夏國（1038—1227）。

代州，[1]中。宋雁門郡防禦，[2]天會六年置震武軍節度使。貞祐二年四月僑置西面經略司，[3]八月罷。户五萬七千六百九十。縣五、鎮十三：

雁門[4]　倚。有夏屋山、雁門山、滹沱水。[5]　鎮三雁門、西陘、胡谷。[6]

崞[7]　有崞山、石鼓山、滹沱河、沙河。[8]　鎮一樓板。[9]

五臺[10]　貞祐四年三月升爲臺州。有五臺山、慮虒水。[11]　鎮二　興善、石鮆。[12]

廣武[13]　貞祐三年七月來屬。

繁畤[14]　貞祐三年九月升爲堅州。　鎮七　茹越、大石、義興、麻谷、瓶形、梅廻、寶興。[15]

[1]代州：治所在今山西省代縣。

[2]防禦：宋官名。宋承唐制設防禦使，無職掌，無定員，不駐本州，僅爲武臣寄禄之官，高於團練使低於觀察使。

[3]僑置西面經略司：宣宗貞祐二年（1214）四月始設東、西面經略司。東面經略司設在代州，震武軍節度使完顔蒲剌都爲經略使。因各州郡不願隸屬於經略司，當年八月即罷。據本書卷一〇三《完顔蒲剌都傳》，遷震武軍節度使，"就充西面經略使"，參之卷一二二《烏林荅乞住傳》，"遷歸德軍節度使，遷興平軍，就充東面經略使"，東面經略使設於平州興平軍，即以興平軍節度使"就充"經略使。可證，完顔蒲剌都以震武軍節度使"就充西面經略使"，則西面經略使設於震武軍，即代州。此僑置疑誤。

[4]雁門：與本州治所在同一地。

[5]夏屋山：又名夏壺山、賈屋山、賈母山，在今山西省代縣東北，與句注山相接。　雁門山：又名句注山、陘嶺、西陘山，在今山西省代縣西北。

[6]雁門：在今山西省代縣西北。　西陘：一作西徑鎮，在今山西省代縣西北。"陘"，原作"徑"，今據中華點校本改。　胡谷：在今山西省代縣東北。

[7]崞：治所在今山西省原平市北崞陽鎮。

[8]崞山：在今山西省渾源縣西北二十里。　石鼓山：在今山西省原平市東南。　沙河：本卷所載沙河有二，一是大名府冠氏縣與恩州武城縣的沙河。另一即此。按滹沱河俗名沙河，疑此沙河應指滹沱河，則不應與滹沱河並列。

[9]樓板：在今山西省原平市西樓板寨。

[10]五臺：治所在今山西省五臺縣。

[11]五臺山：一名清凉山，即今山西省五臺縣東北五臺山。　慮虒水：源出今山西省五臺縣西北，東南流至五臺縣東南折而西南流入滹沱河。“慮虒水”，原作“虒慮水”，今據中華點校本乙正。

[12]興善：不詳。　石觜：在今山西省五臺縣東北。

[13]廣武：治所在今山西省山陰縣西南舊廣武。

[14]繁畤：治所在今山西省繁峙縣。

[15]茹越：在今山西省繁峙縣北。　大石：即今山西省應縣東南大石谷。　義興：在今山西省繁峙縣東北。　麻谷：在今山西省繁峙縣東北。　瓶形：在今山西省繁峙縣東北平型關。　梅廻：在今山西省繁峙縣東北。　寶興：在今山西省繁峙縣東南五臺山東北麓。

隩州，[1]下。本宋舊火山軍，大定二十二年升爲火山州，後更今名。興定二年九月改隸嵐州，四年以殘破徙治于黄河灘許父寨。[2]户七千五百九十二。縣一、鎮一：

河曲[3]　貞元元年置。有火山、黄河。[4]　鎮一　鄴鎮。[5]

[1]隩州：治所在今山西省河曲縣南。

[2]許父寨：即今山西省河曲縣。

[3]河曲：與本州治所在同一地。

[4]火山：在今山西省河曲縣南。

[5]鄴鎮：在今山西省保德縣境。

寧化州，[1]下，刺史。本寧化軍，大定二十二年升爲州。户六千□百。[2]縣一、鎮一：寧化[3]

鎮一　窟谷。[4]

[1]寧化州：治所在今山西省寧武縣西南寧化。

[2]户六千□百：殿本作“户六千一百”。

[3]寧化：與本州治所在同一地。

[4]窟谷：在今山西省寧武縣西南一百零五里舊堡村附近。

嵐州，[1]下。宋舊樓煩郡軍事，天會六年置鎮西節度使。户一萬七千五百五十七。縣三、鎮四：

宜芳[2]　鎮一　飛鳶。[3]

合河[4]　鎮三　合河津、乳浪、鹽院渡。[5]

樓煩[6]

[1]嵐州：治所在今山西省嵐縣北嵐城。

[2]宜芳：與本州治所在同一地。

[3]飛鳶：在今山西省嵐縣北嵐城西北六十里乏馬嶺。

[4]合河：治所在今山西省興縣。

[5]合河津：一名合河關、臨津關，在今山西省興縣西北黄河邊。　乳浪：在今山西省興縣西。　鹽院渡：在今山西省興縣境。

[6]樓煩：治所在今山西省静樂縣西南婁煩鎮。

岢嵐州，[1]下，刺史。本宋岢嵐軍，大定二十二年爲州，貞祐三年九月升爲防禦，四年正月升爲節鎮，五月復爲防禦。户五千八百五十一。縣一、堡一：

嵐谷[2]　有岢嵐山、雪山、岢嵐水。[3]　堡一　寒光。[4]

[1]岢嵐州：治所在今山西省岢嵐縣。

[2]嵐谷：與本州治所在同一地。

[3]有岢嵐山、雪山、岢嵐水：岢嵐山，在今山西省岢嵐縣東北。雪山，在今山西省岢嵐縣東北，接岢嵐山。岢嵐水，即今山西省岢嵐、興縣境内的嵐漪河。該河源於岢嵐縣東南，西北流經縣城南，又西流至興縣西北入黄河。原作“有嵐谷山、雪山、岢嵐山”，今從中華點校本改。

[4]寒光：在今山西省岢嵐縣北。

保德州，[1]下，刺史。本宋保德軍，大定二十二年升爲州，元光元年六月升爲防禦。[2]户三千一百九十一。縣一：

保德[3]　大定十一年置。有大堡津、沙谷津。[4]

[1]保德州：治所在今山西省保德縣。

[2]元光：金宣宗年號（1222—1223）。

[3]保德：與本州治所在同一地。

[4]大堡津：在今山西省保德縣西南四十里。　沙谷津：在今山西省保德縣北黄河渡口。“沙”，原作“汝”，從中華點校本改。

管州，[1]下，刺史。本宋憲州静樂郡，天德三年更。興定三年升爲防禦。户五千八百八十一。縣一：

静樂[2]

[1]管州：治所在今山西省静樂縣。

[2]静樂：與本州治所在同一地。

河東南路，[1]府二，領節鎮三，[2]防禦一，刺郡六，縣六十八，[3]鎮二十九，[4]關六。

[1]河東南路：治所在今山西省臨汾市。
[2]領節鎮三：原脱"領"字，今據中華點校本補。
[3]縣六十八：殿本作"縣六十九"，與下文所列數字相符。
[4]鎮二十九：殿本作"鎮三十"，與下文所列數字相符。

平陽府，[1]上。宋平陽郡建雄軍節度。本晋州，初爲次府，置建雄軍節度使。天會六年升總管府，置轉運司。興定二年十二月以殘破降爲散府。有書籍。産解鹽、隰州緑、卷子布、龍門椒、紫團參、甘草、蒼術。户一十三萬六千九百三十六。縣十、鎮一：

臨汾[2]　天會六年定臨汾爲次赤，[3]餘並次畿，[4]置丞、簿、尉各一。[5]有姑射山、平水、壺口山、汾水。[6]

襄陵[7]　倚。有浮山、汾水、潏水。[8]　鎮一　故關。[9]

洪洞[10]　有霍山、汾水。[11]

趙城[12]　有姑射山、汾水、霍水。[13]

霍邑[14]　貞祐三年七月升爲霍州，以趙城、汾西、靈石隷焉。[15]興定元年七月升爲節鎮，軍曰鎮定。有霍山、汾水、彘水。[16]

汾西[17]　有汾西山、汾水。[18]

岳陽[19]　有烏嶺山、通軍水。[20]

浮山[21]　舊名神山，大定七年更爲浮山，興定四年更名曰忠孝。

和川[22]

冀氏[23]

[1]平陽府：治所在今山西省臨汾市。

[2]臨汾：與本州治所在同一地。

[3]次赤：縣的等級。據本書卷五七《百官志三》："凡縣二萬五千户以上爲次赤。"

[4]次畿：按本書卷五七《百官志三》，金代縣的等級除京縣外分次赤（劇）、次劇、上、中、下五等，無次畿。此疑爲次劇。

[5]丞簿尉：皆縣令屬官。協助縣令掌養百姓、按察所部、宣導風化、勸課農桑、平理獄訟、捕除盗賊、禁止游惰，兼管常平倉及通檢推排簿籍。赤縣的丞、簿、尉皆正八品，其他各縣都是正九品。中縣以下不置丞，下縣無丞、尉。

[6]姑射山：一名石孔山，在今山西省臨汾市西。　平水：不詳。但金元時平水爲平陽府的别稱，此水當在今臨汾市境内。　壺口山：本卷所載壺口山有二，此不詳。另一在山西省吉縣。

[7]襄陵：治所在今山西省襄汾縣西北。襄陵與平陽府治所不在一地，此下注"倚"誤。

[8]浮山：在今山西省臨汾市東南。　潏水：源出今山西省浮山縣西南，折而西北流，在今山西省臨汾市北入汾水。

[9]故關：即今山西省襄汾縣西北古城鎮。

[10]洪洞：治所在今山西省洪洞縣。

[11]霍山：又名霍太山、太岳山，在今山西省霍州市東南。"山"，原作"水"，今從中華點校本改。

[12]趙城：治所在今山西省洪洞縣北趙城鎮。

[13]霍水：汾水支流。源出今山西省霍州市霍山南麓，西南流至洪洞縣北入汾水。

[14]霍邑：治所在今山西省霍州市。

［15］靈石：本屬汾州，治所在今山西省靈石縣。

［16］㵒水：源出今山西省霍太山北麓，西南流至今霍州市南入汾水。

［17］汾西：治所在今山西省汾西縣。

［18］汾西山：在今山西省汾西縣西。

［19］岳陽：治所在今山西省古縣。

［20］烏嶺山：在今山西省安澤縣和川至翼城縣東北澮河源一帶。　通軍水：在今山西省古縣境，西流入澗水。

［21］浮山：治所在今山西省浮山縣。

［22］和川：在今山西省安澤縣北和川。

［23］冀氏：在今山西省安澤縣東南冀氏。

隰州，[1]上，刺史。宋大寧郡，團練。[2]舊大寧郡軍刺史，天會六年改爲南隰州，以與北京隰州重也，[3]天德三年去“南”字。户二萬五千四百四十五。縣六、關四：

隰川[4]　倚。有石馬山、石樓山。[5]

仵城[6]　興定五年正月升隰川之午城鎮置。

蒲[7]　興定五年正月升爲蒲州，以大寧隸焉。有孤石山、横木嶺[8]

大寧[9]　有孔山、黄河、日斤水。[10]　關一　馬門關。[11]

永和[12]　有樓山、黄河、仙芝水。[13]　關一　永和關。[14]

石樓[15]　有石樓山、黄河、龍泉。[16]　關二　永寧、上平關。[17]

［1］隰州：治所在今山西省隰縣。

［2］團練：宋官名。唐後期置於不設節度使的地區，掌本區各州軍事。宋承唐制設諸州團練使，但無職掌，無定員，不駐本州，僅爲武臣寄禄之官，高於刺史而低於防禦使。

［3］北京隰州：據本書卷二四《地理志上》，北京路瑞州海濱縣本"遼隰州海平軍故縣，皇統三年廢州來屬"。此下云天德三年（1151）去"南"字，當是因北京路隰州已廢爲瑞州海濱縣，不再涉及重名之故。

［4］隰川：與本州治所在同一地。

［5］石馬山：在今山西省隰縣東北。　石樓山：在今山西省石樓縣東南。

［6］仵城：治所在今山西省隰縣西南午城鎮。

［7］蒲：治所在今山西省蒲縣。

［8］孤石山：不詳。　横木嶺：不詳。

［9］大寧：治所在今山西省大寧縣。

［10］孔山：本卷所載孔山有二，此山在今山西省大寧縣西北。日斤水：今名昕水河。源出山西省蒲縣東，折西流，經蒲縣、大寧縣南入黄河。"日"，原作"白"，今中華點校本改。

［11］馬門關：在今山西省大寧縣西黄河東岸。

［12］永和：治所在今山西省永和縣。

［13］樓山：在今山西省永和縣境。北樓山在縣南三十五里，南樓山在縣南六十里，兩山相對，其形如樓。　仙芝水：源出今山西省永和縣東北，折而西南流，經縣西入黄河。

［14］永和關：在今山西省永和縣西北永和關。

［15］石樓：治所在今山西省石樓縣。

［16］龍泉：源出今山西省石樓縣南，北流經縣東，西北至上平關南入黄河。

［17］永寧：在今山西省石樓縣西六十五里棗莊子村北。　上平關：在今山西省柳林縣西南四十五里下堡村附近。

吉州，[1]下，刺史。[2]宋置團練。舊名慈州，天德三年改爲耿州，置文成郡軍，明昌元年更名吉。户一萬三千三百二十四。縣二：

吉鄉[3]　有壺口山、孟門山、黄河、蒲水。[4]

鄉寧[5]

[1]吉州：治所在今山西省吉縣。

[2]下刺史："下"後原脱"刺史"二字，今據中華點校本改。

[3]吉鄉：與本州治所在同一地。

[4]壺口山：在今山西省吉縣西南黄河邊。　孟門山：在今陝西省宜川縣東北、山西省吉縣西，綿亘黄河兩岸。　蒲水：源出今山西省鄉寧縣東北，西北流至山西省大寧縣南入日斤水（今昕水河）。

[5]鄉寧：治所在今山西省鄉寧縣。

河中府，[1]散，上。宋河東郡。舊置護國軍節度使，天會六年降爲蒲州，置防禦使。天德元年升爲河中府，仍舊護國軍節度使。大定五年置陝西元帥府。[2]户十萬六千五百三十九。縣七、鎮四：

河東[3]　倚。有中條山、五老山、黄河、嬀水、汭水。[4]　鎮二　永樂、合河。[5]

榮河[6]　貞祐三年升爲榮州，[7]以河津、萬泉隸焉。有黄河、汾水、脽丘。[8]　鎮一　北郎。[9]

虞鄉[10]　有雷首山、中條山、壇道山。[11]

萬泉[12]　鎮一　胡壁。[13]

臨晉[14]　有三疑山、黄河。[15]

河津[16]

猗氏[17]　有涑水。[18]

[1]河中府：治所在今山西省永濟市西南蒲州鎮。

[2]陝西元帥府：即設在陝西的行元帥府，爲臨時性機構。

[3]河東：與本府治所在同一地。

[4]中條山：也稱條山，即今山西省西南部中條山。　五老山：在今山西省永濟市東南。　嬀水：在今山西省永濟市蒲州鎮南，源出歷山，西流入黄河。　汭水：在今山西省蒲縣南。

[5]永樂：在今山西省芮城縣西南永樂鎮。　合河：在今山西省芮城縣西南風陵渡北。

[6]榮河：治所在今山西省萬榮縣西南寶鼎。

[7]榮：原作“滎”，今據中華點校本改。

[8]睢丘：在今山西省萬榮縣西南寶鼎以北。

[9]北郎：不詳。《元豐九域志》卷三本縣下有“北鄉”，疑此因形似而致誤。

[10]虞鄉：治所在今山西省永濟市東虞鄉。

[11]雷首山：一名簿山、襄山，在今山西省永濟市南，當中條山脉西南端。　壇道山：在今山西省永濟市與芮城縣之間。

[12]萬泉：治所在今山西省萬榮縣西南古城南。

[13]胡壁：在今山西省萬榮縣西南。

[14]臨晉：治所在今山西省臨猗縣西南臨晉。

[15]三疑山：在今山西省臨猗縣西北三十里。據《太平寰宇記》卷四六臨晉縣：“三山鼎足，因名。”

[16]河津：治所在今山西省河津市西。

[17]猗氏：治所在今山西省臨猗縣。

[18]涑水：一名涑川，即今山西省西南部黄河支流涑水河。源

出今山西省絳縣東南，西南流至今永濟市西入黄河。

絳州，[1]上。宋置絳郡防禦。天會六年置絳陽軍節度使。興定二年十二月升爲晋安府，總管河東南路兵馬，三年三月置河東南路轉運司。户一十三萬一千五百一十。縣七、鎮五、關一：

正平[2]　倚。劇。[3]有定境山、汾水、澮水、鼓水。[4]　鎮一　澤掌。[5]

曲沃[6]　劇。有絳山、絳水、汾水、澮水。[7]　鎮二　柴村、九王。[8]

稷山[9]　有稷山、汾水。[10]

翼城[11]　興定四年七月升爲翼州，以垣曲、絳縣隸焉。元光二年升爲節鎮，軍曰翼安。有澮高山、清野山、烏嶺山。[12]

太平[13]　有汾水。

垣曲[14]　有王屋山、清廉山、黄河、清水。[15]　鎮一　皋落。[16]　關一　行臺。[17]

絳[18]　有太陰山、教山、絳水。[19]　鎮一　繪交。[20]

平水[21]　興定四年七月徙置汾河之西，從平陽公胡天作之請也。[22]

[1]絳州：治所在今山西省新絳縣。

[2]正平：與本州治所在同一地。

[3]劇：縣的等級。據本書卷五七《百官志三》，“次赤縣又曰劇縣”，“凡縣二萬五千户以上爲次赤、爲劇”。

[4]定境山：在今山西省新絳縣西北。本名青山，唐長安中，絳、慈二州以此爲界，天寶六年（747）改名爲定境山。　澮水：

源出今山西省翼城縣東南，西流至今新絳縣南入汾水。　鼓水：不詳。

[5]澤掌：即今山西省新絳縣北澤掌。

[6]曲沃：治所在今山西省曲沃縣。

[7]絳山：在今山西省絳縣西北。　絳水：又名白水、沸泉水。源出今山西省絳縣北，西北流至今山西省侯馬市南注入澮水。

[8]柴村：在今山西省曲沃縣東北。　九王：不詳。

[9]稷山：治所在今山西省稷山縣。

[10]稷山：又名稷王山、稷神山，在今山西省稷山縣南。

[11]翼城：治所在今山西省翼城縣。

[12]澮高山：一名澮山，也作翔高山、河南山，在今山西省翼城縣南。　清野山：不詳。

[13]太平：治所在今山西省襄汾縣西南汾城。

[14]垣曲：治所在今山西省垣曲縣東南城關。

[15]王屋山：在今山西省陽城縣至河南省濟源市之間。　清廉山：在今山西省絳縣南。　清水：源出今山西省垣曲縣西北，東南流至縣東南城關附近入黄河。

[16]皋落：一名倚亳城，即今山西省垣曲縣南皋落鎮。

[17]行臺：在今山西省新絳縣境。

[18]絳：治所在今山西省絳縣。

[19]太陰山：在今山西省絳縣東南。　教山：又名歷山、効山、罩山，在今山西省絳縣東南，接垣曲縣界。

[20]繪交：在今山西省絳縣東北三十四里大交鎮。

[21]平水：治所當在今山西省新絳縣境，汾水東岸。

[22]平陽公：金末封爵名。　胡天作：本書卷一一八有傳。

解州，[1]上，刺史。宋慶成軍防禦，國初置解梁郡軍，後廢爲刺郡。貞祐三年復升爲節鎮，軍名寶昌。興定四年徙治平陸縣。户七萬一千二百三十二。縣六、鎮四：

解[2]　倚。有壇道山、鹽池。[3]

平陸[4]　有吴山、黄河。[5]　鎮一　張店。[6]

芮城[7]　宋隸陝州。[8]有中條山、黄河、龍泉。[9]

夏[10]　有巫咸山、中條山、淡水。[11]　鎮一　曹張。[12]

安邑[13]　有中條山、稷山、鹽池、涑水。

聞喜[14]　有九龍山、湯山、涑水。[15]　鎮二　東鎮、劉莊。[16]

[1]解州：治所在今山西省運城市西南解州。

[2]解：與本州治所在同一地。

[3]鹽池：在今山西省運城市東南。

[4]平陸：治所在今山西省平陸縣西南平陸城。

[5]吴山：一名虞山，在今山西省平陸縣西北。

[6]張店：即今山西省平陸縣北張店鎮。

[7]芮城：治所在今山西省芮城縣。

[8]陝州：治所在今河南省陝縣。

[9]龍泉：不詳。

[10]夏：治所在今山西省夏縣。

[11]巫咸山：一名瑶臺山，在今山西省夏縣東南。　淡水：不詳。

[12]曹張：在今山西省夏縣西北三十五里曹張村。

[13]安邑：治所在今山西省運城市東北安邑。

[14]聞喜：治所在今山西省聞喜縣。

[15]九龍山：不詳。　湯山：在今山西省夏縣東北。

[16]東鎮：即今山西省聞喜縣東北東鎮。　劉莊：在今山西省

聞喜縣東四十二里劉莊冶村。

澤州，[1]上，刺史。宋高平郡。天會六年以與北京澤州同，[2]加“南”字，天德三年復去“南”字。貞祐四年隸潞州昭義軍，後又改隸孟州。元光二年升爲節鎮，軍曰忠昌。户五萬九千四百一十六。縣六、鎮二：

晉城[3]　倚。有太行山、丹水、白水、天井關。[4]　鎮二　周村、巴公。[5]舊又置星軺鎮。[6]

端氏[7]　有石門山、巨峻山。[8]

陵川[9]　有太行山、九仙山。[10]

陽城[11]　元光二年十一月升爲勣州。有王屋山、濩澤。[12]

高平[13]　有頭顱山、米山、丹水。[14]

沁水[15]　有鹿臺山、沁水、馬邑山。[16]

[1]澤州：治所在今山西省晉城市。

[2]北京澤州：據本書卷二四《地理志上》，北京路大定府神山縣，“遼澤州神山縣，遼太祖俘蔚州之民置。章宗承安二年嘗置惠州，升孩兒館爲灤陽縣，以隸之。泰和四年罷州及灤陽縣”。則海陵天德三年（1151）將南澤州改爲澤州時，北京路澤州仍存，當是二州同名澤州。北京路澤州治所在今河北省平泉縣西南察罕城。

[3]晉城：與本州治所在同一地。

[4]太行山：一名五行山、太形山。綿亘今山西省、河南省、河北省三省界。　丹水：本卷所載丹水有二，此丹水源出今山西省高平市北，南流至今河南省沁陽市北入沁水。　白水：即今山西省晉城市境内丹水支流的白河。　天井關：一名太行關，在今山西省晉城市南太行山上。

[5]周村：即今山西省晋城市西南周村鎮。　巴公：即今山西省晋城市東北巴公鎮。

[6]星軺鎮：一名攔車鎮，在今山西省晋城市南。

[7]端氏：治所在今山西省沁水縣東端氏。

[8]石門山：不詳。　巨峻山：在今山西省沁水縣東北。

[9]陵川：治所在今山西省陵川縣。

[10]九仙山：不詳。

[11]陽城：治所在今山西省陽城縣。

[12]濩澤：在今山西省陽城縣西。相傳舜曾漁於此。

[13]高平：治所在今山西省高平市。

[14]頭顱山：不詳。　米山：在今山西省高平市東。　丹水：本卷所載丹水有二，此丹水即本州晋城縣的丹水。

[15]沁水：治所在今山西省沁水縣。

[16]沁水：黄河支流。在今山西省境内。　馬邑山：不詳。

潞州，[1]上。宋隆德府上黨郡昭德軍節度使。[2]天會六年，節度使兼潞南遼沁觀察處置使。[3]户七萬九千二百三十二。縣八、鎮四：

上黨[4]　倚。　鎮一　八義。[5]

壺關[6]　有抱犢山、紫團山、赤壤山。[7]

屯留[8]　有盤秀山、絳水。[9]　鎮一　寺底。[10]

長子[11]　有羊頭山、發鳩山、堯水。[12]　鎮一　横水。[13]

潞城[14]　有三垂山、伏牛山、潞水、漳水。[15]

襄垣[16]　有鹿臺山、涅水、漳水。[17]　鎮一　虒亭。[18]

黎城[19]　有白岩山、故壺口關。[20]

涉[21]　貞祐三年七月升爲崇州，以黎城縣隸焉。四年八月以殘破復爲縣。興定五年九月復升爲州。有崇山、涉水。[22]

[1]潞州：治所在今山西省長治市。

[2]宋隆德府：治所在今山西省長治市。

[3]潞南遼沁觀察處置使：官名。節度使名潞州昭義軍節度使。節度使兼潞州、南遼州、沁州觀察處置使。本處漏節度使之名。

[4]上黨：與本州治所在同一地。

[5]八義：在今山西省長治市南八義鄉。

[6]壺關：治所在今山西省壺關縣。

[7]抱犢山：在今山西省壺關縣東南。　紫團山：在今山西省潞城市東南。　赤壤山：在今山西省壺關縣東南。

[8]屯留：治所在今山西省屯留縣。

[9]盤秀山：又名盤山、方山、鹿濟山，在今山西省屯留縣西南。

[10]寺底：在今山西省屯留縣東北長村鎮。

[11]長子：治所在今山西省長子縣。

[12]羊頭山：本卷所載羊頭山有二。此山在今山西省長子縣東南。　發鳩山：又名發苞山，在今山西省長子縣西。濁漳河發源於此。　堯水：在今山西省長子縣西南十三里，東北流入漳水。

[13]橫水：在今山西省長子縣西。

[14]潞城：治所在今山西省潞城市。

[15]三垂山：一名三垂岡，在今山西省屯留縣東南。　伏牛山：在今山西省潞城市東南。　潞水：一作潞川，即今山西省濁漳水。　漳水：此指漳水上源的濁漳水，與上文潞水所指重複。

[16]襄垣：治所在今山西省襄垣縣。

[17]涅水：源出今山西省武鄉縣西北胡甲山，東南流至襄垣縣東北入濁漳水。

[18]褫亭：即今山西省襄垣縣西北褫亭鎮。

[19]黎城：治所在今山西省黎城縣。

[20]白岩山：在今山西省黎城縣東北二十五里。　壺口關：又名壺關、吾兒關。即今山西省黎城縣東北東陽關。“壺口關”，原作“壺關口”，今據中華點校本乙正。

[21]涉：治所在今河北省涉縣。

[22]崇山：在今河北省涉縣東南三十里。　涉水：指清漳水在今河北省涉縣境内的一段。

遼州，[1]中，刺史。宋本樂平郡刺史，天會六年以與東京遼州同，[2]加“南”字，天德三年復去“南”字。户一萬五千八百五十。縣四、鎮一、關一：

遼山[3]　倚。有箕山、青谷水。[4]　鎮一　平城，[5]舊縣也，貞元間廢爲鎮，屬遼山縣，及廢舊芹泉鎮。[6]　關一　黄澤。[7]

榆社[8]　有武鄉水、石勒漚麻池。[9]

和順[10]　有九原山。[11]

儀城[12]　舊爲平城縣，貞元二年廢入遼山爲鎮，貞祐四年復升爲縣，更今名。

[1]遼州：治所在今山西省左權縣。

[2]東京遼州：據本書卷二四《地理志上》，東京沈州遼濱縣，“遼舊遼州東平軍，遼太宗改爲始平軍，皇統三年廢爲縣”。海陵天德三年（1151）復更此州爲遼州，當是東京路的遼州已不存在，不涉及同名問題。東京路遼州治所在今遼寧省新民縣東北遼濱塔。

[3]遼山：與本州治所在同一地。

[4]箕山：在今山西省左權縣東。　青谷水：不詳。

[5]平城：即今山西省和順縣西北儀城。

[6]芹泉鎮：在今山西省壽陽縣東南芹泉鎮。

[7]黄澤：在今山西省左權縣東南八十五里黄澤嶺上。

[8]榆社：治所在今山西省榆社縣。

[9]武鄉水：即今濁漳北源。　石勒漚麻池：在今山西省榆社縣北。十六國時石勒與李陽漚麻相争於此。

[10]和順：治所在今山西省和順縣。

[11]九原山：在今山西省和順縣東北。

[12]儀城：治所在今山西省和順縣西北儀城。

沁州，[1]中，刺史。[2]錦山郡。宋威勝軍，天會六年升爲州。元光二年升爲節鎮，軍曰義勝。户一萬八千五十九。縣四、鎮一：[3]

銅鞮[4]　倚。有銅鞮山、石梯山、洹水、交水。[5]

武鄉[6]　有胡甲山、武鄉水。[7]　鎮一　南關。[8]

沁源[9]　元光二年十一月升爲穀州。有霍山、沁水。

綿上[10]　有羊頭山、沁水。[11]

[1]沁州：治所在今山西省沁縣。

[2]中刺史：原脱“刺史”二字，今據中華點校本補。

[3]鎮一：“一”，原作“二”，今據中華點校本改。

[4]銅鞮：與本州治所在同一地。

[5]銅鞮山：在今山西省沁縣南。　石梯山：在今山西省沁縣南。　洹水：不詳。　交水：不詳。

[6]武鄉：治所在今山西省武鄉縣東故縣。

[7]胡甲山：一名候甲山、護甲山，在今山西省武鄉縣西北。

[8]南關：即今山西省武鄉縣西北南關鎮。

[9]沁源：治所在今山西省沁源縣。

[10]綿上：治所在今山西省沁源縣西北綿上鎮。

[11]羊頭山：本卷所載羊頭山有二。此山在山西省沁源縣東北。

懷州，[1]上。宋河内郡防禦，天會六年以與臨潢府懷州同，[2]加"南"字，仍舊置沁南軍節度使，天德三年去"南"字。皇統三年閏四月置黄沁河隄都大管勾司。[3]大定五年置行元帥府。興定五年置招撫司。[4]户八萬六千七百五十六。縣四、鎮六：

河内[5]　倚。有太行陘、太行山、黄河、沁水、溴水。[6]　鎮四　武德、柏鄉、萬善、清化。[7]

修武[8]　有濁鹿城。[9]　鎮一　承恩。[10]

山陽[11]　興定四年以修武縣重泉村爲山陽縣，隸輝州。[12]

武陟[13]　有太行山、天門山、黄河、沁水。[14]　鎮一　宋郭。[15]

[1]懷州：治所在今河南省沁陽市。

[2]臨潢府懷州：據本書卷二四《地理志上》，北京路慶州，"境内有遼懷州，舊置奉陵軍，天會八年更爲奉德軍，皇統三年廢"，當是指此。但臨潢府"遼爲上京，國初因稱之，天眷元年改爲北京。天德二年改北京爲臨潢府路"，其稱臨潢府路在天德二年（1150）以後，此叙天會六年（1128）事，當稱上京。此懷州治所在今内蒙古自治區巴林左旗林東鎮西北九十餘里崗崗廟舊城址。

[3]黄沁河隄都大管勾司：官署名。本書卷五六《百官志二》作"黄沁河隄大管勾司"。本書卷二七《河渠志》："設黄沁都巡河官一員於懷州以臨之。"本書卷五六《百官志二》，都水監下屬官員有黄沁都巡河官，則此司長官當即此黄沁都巡河官，從七品。負

責黃河與沁水隄防的修建與維護，以及防汛工作。下屬四員散巡河官。始設於皇統三年（1143）閏四月，罷於何時不詳。

[4]招撫司：南遷後所設地方官署名，本書《百官志》不載。宣宗南遷後置招撫司以安集黃河以北南遷的移民，受中京行樞密院節制。設招撫使與副使，品秩不詳。初以知府兼任，地位較高。後濫授，成爲安撫各地亂兵與流民的一種空銜。

[5]河内：與本州治所在同一地。

[6]太行陘：穿越太行山的八條陘道之一。在今河南省沁陽市西北，爲連繫華北平原與山西高原的交通要道。　溴水：即今河南省濟源市、孟縣境内黃河的支流漭河。“溴”，原作“湨”，今據中華點校本改。

[7]武德：在今河南省温縣東北。　柏鄉：即今河南省沁陽市西柏香鎮。　萬善：在今河南省沁陽市東北。　清化：即今河南省博愛縣東清化鎮。

[8]修武：治所在今河南省修武縣。

[9]濁鹿城：一名青陽城，在今河南省修武縣東北。

[10]承恩：在今河南省焦作市東南效恩村。

[11]山陽：治所在今河南省輝縣市西南。

[12]輝州：治所在今河南省輝縣市。

[13]武陟：治所在今河南省武陟縣南。

[14]天門山：在今河南省修武縣西北。

[15]宋郭：在今河南省武陟縣西北寧郭集，後改名安郭鎮。

孟州，[1]上。宋濟源郡節度，天會六年降河陽府爲孟州，置防禦，守盟津。[2]宣宗朝置經略司。[3]户四萬一千六百四十九。縣四、鎮二：

河陽[4]　倚。有嶺山、黃河、湛水、同水。[5]　鎮二轂羅、沇河。[6]

王屋[7]　有王屋山、天壇山、析城山、黄河。[8]

濟源[9]　有太行山、孔山、濟水、湨水、沁水。[10]

温[11]　有黄河、沛水。[12]

[1]孟州：治所在今河南省孟縣。

[2]盟津：一作孟津，又名富平津。在今河南省孟縣西南黄河上。相傳周武王曾觀兵於此。

[3]經略司：宣宗貞祐二年（1214）始設東、西經略司，不久即罷。貞祐四年復於有戰事的地區設經略司，長官爲經略使，負責抗擊敵軍、收復失地。金末由於金蒙之間的戰爭涉及金朝諸路，經略使之設也遍於諸路。

[4]河陽：與本州治所在同一地。

[5]嶺山：一名麥山、紫金山，在今河南省孟縣西。　湛水：源出今河南省濟源市西北，南流入黄河。　同水：不詳。

[6]縠羅：即今河南省孟縣北縠旦鎮。　沇河：在今河南省孟縣東。

[7]王屋：治所在今河南省濟源市西王屋鎮。

[8]天壇山：在今河南省濟源市西王屋山絶頂。　析城山：一名析津山，在今山西省陽城縣西南。爲中條山諸峰之一。

[9]濟源：治所在今河南省濟源市。

[10]孔山：本卷所載孔山有二。此山在今河南省濟源市東北。濟水：古爲“四瀆”之一。包括黄河南、北兩部分。河北部分今仍名濟水，源出今河南省濟源市西王屋山，入黄河，唯其下游河道歷代屢有變遷。河南部分原黄河所分支派，其分流點約在今河南省滎陽市北，東流經原陽、封丘等縣，至今山東省定陶縣西，折東北入巨野澤，又自澤北出經梁山縣東，折東北經今平陰、長清、齊河、歷城、鄒平、博興等縣而入海。歷代屢有變遷，故道或堙，或爲他河所奪。此指河北部分。

[11]温：治所在今河南省温縣西南。　溴水："溴"，原作"澳"，今據中華點校本改。

[12]泲水：即濟水。"泲"，原作"湋"，今據中華點校本改。

京兆府路，[1]宋爲永興軍路。皇統二年省併陝西六路爲四，曰京兆，曰慶原，曰熙秦，曰鄜延。[2]府一，領節鎮一，防禦一，刺郡四，縣三十六，鎮三十七。

[1]京兆府路：治所在今陝西省西安市。

[2]熙秦：金初併宋熙河、秦鳳路設熙秦路，治所設在臨洮府，即今甘肅省臨洮縣。

京兆府，[1]上。宋京兆郡永興軍節度使。皇統二年置總管府，天德二年置陝西路統軍司、陝西東路轉運司。[2]産白芷、麻黄、白蒺藜、茴香、細辛。户九萬八千一百七十七。縣十二、鎮十：舊又有中橋、臨涇二鎮，[3]後廢。

長安[4]　倚。有終南山、龍首山、灃水、渭水、鎬水。[5]鎮一　子午。[6]

咸寧[7]　倚。本萬年，後更名。泰和四年廢，尋復。鎮二　鳴犢、乾祐。[8]

興平[9]　有渭水、醴泉。[10]

涇陽[11]

臨潼[12]　有驪山、渭水、戲水。[13]　鎮一　零口。[14]

藍田[15]　有藍田山、蕢山、灞水。[16]

雲陽[17]　鎮一　孟店。[18]

高陵[19]　有涇水、渭水、白渠。[20]　鎮二　毗沙、渭城。[21]

終南[22]　宋清平軍。　鎮一　甘河。[23]

櫟陽[24]　有渭水、沮河、清泉陂。[25]　鎮一　粟邑。[26]

鄠[27]　有終南山、牛首山、渼陂、渭水。[28]　鎮一　秦渡。[29]

咸陽[30]

[1]京兆府：治所在今陝西省西安市。

[2]陝西路統軍司：官署名。金於河南、山東、陝西、山西四路設統軍司，督領軍馬、鎮攝封陲。據卷四四《兵志》，天德二年（1150）九月，"置統軍司于山西、河南、陝西三路，以元帥府都監、監軍爲使，分統天下之兵"，隸元帥府，長官爲統軍使，正三品。　陝西東路轉運司：官署名。北宋於至道三年（997）設陝西路，熙寧五年（1069）分爲永興軍路與秦鳳路。上文京兆府路"宋爲永興軍路"，鳳翔路條，"宋爲秦鳳路"，平凉府條，"置陝西西路轉運司"，可證金初以原宋永興軍路爲陝西東路，以原宋秦鳳路爲陝西西路。據慶原路條，"舊作陝西西路"，可知陝西西路治所最初應設在慶原府。後曾分陝西爲六路，皇統二年（1142）省併爲四路，但轉運司、提刑司等機構仍按陝西東、西路設置。

[3]中橋：不詳。　臨涇：在今陝西省涇陽縣西三十里涇水南岸，與禮泉縣接界。

[4]長安：與本府治所在同一地。

[5]終南山：一名中南山、周南山、秦山、南山，即今陝西省秦嶺山脉。　龍首山：一名龍首原。在今陝西省西安市舊城北。《水經注》渭水條："山長六十里，頭臨渭水，尾達樊川。頭高二十丈，尾漸下，高五六丈。"宋敏求《長安志》卷一二長安縣條引《括地志》："山首在長安故城中，自漢築長安城及營宫殿，咸以湮平。"　澧水：一名豐水。源出今陝西省長安縣西南秦嶺，北流至

西安市西北入渭河。古號爲關中八川之一。“灃”，原作“澧”，今據中華點校本改。　渭水：即今黄河中游支流的渭河，源出今甘肅省渭源縣西鳥鼠山。　鎬水：在今陝西省西安市西南。

［6］子午：即今陝西省長安市西南子午鎮。

［7］咸寧：與本府治所在同一地。

［8］鳴犢：在今陝西省長安縣東南鳴犢鎮。　乾祐：即今陝西省柞水縣。

［9］興平：治所在今陝西省興平市。

［10］醴泉：不詳。

［11］涇陽：治所在今陝西省涇陽縣。

［12］臨潼：治所在今陝西省臨潼縣。

［13］驪山、渭水、戲水：驪山，一作酈山，在今陝西省臨潼縣東南。戲水，在今陝西省臨潼縣東。源出驪山，北入渭水。原脱二“水”字，今據中華點校本補。

［14］零口：在今陝西省臨潼縣東北四十里零口鎮。

［15］藍田：治所在今陝西省藍田縣。

［16］藍田山：又名玉山、覆車山，在今陝西省藍田縣東。産玉。　蕢山：在今陝西省藍田縣南。　灞水：一作霸水，即今陝西省渭河支流灞河。本名兹水（滋水），古爲“關中八川”之一。

［17］雲陽：治所在今陝西省涇陽縣北雲陽鎮。

［18］孟店：在今陝西省三原縣西北孟店村。

［19］高陵：治所在今陝西省高陵縣。

［20］有涇水、渭水、白渠：涇水，即今涇河。源出寧夏回族自治區涇源縣南六盤山，東南流至陝西省涇陽縣東南入渭河。白渠，西漢太始二年（前95）由白公建議開鑿，故名。自今陝西省禮泉縣東北鄭國渠南引涇水東南流，經今高陵縣及臨潼縣東北櫟陽鎮附近，至渭南縣北下邽鎮南注入渭水。渠長二百里，溉田四千五百頃。唐時分爲太白、中白、南白三渠，總稱爲三白渠。宋元以後渠工漸廢。其上屢有修改，如宋鑿豐利渠，元鑿王御史渠，明鑿廣惠

渠、通濟渠，清鑿龍洞渠。清末渠身缺壞。1930年以後改修爲涇惠渠。原脱二“水”字，今據中華點校本補。

[21]毗沙：在今陝西省高陵縣西南十八里篦沙村。　渭城：即今陝西省咸陽市東北聶家溝。中華點校本疑“城”爲“橋”字之誤。

[22]終南：治所在今陝西省周至縣東終南鎮。

[23]甘河：即今陝西省户縣西北甘河鎮。

[24]櫟陽：治所在今陝西省臨潼縣東北櫟陽鎮。

[25]沮河：其水當在今陝西省涇河、黄河之間，渭河之北。一説漆沮爲一水，即今之洛河；一説即今石川河；一説即今石川河及古鄭國渠東段。“沮”，原作“洱”，今據中華點校本改。　清泉陂：不詳。

[26]粟邑：在今陝西省臨潼縣東北粟邑廟。　“粟”，原作“栗”，今據中華點校本改。

[27]鄠：治所在今陝西省户縣。

[28]牛首山：在今陝西省户縣西南。原缺“山”字，今據中華點校本補。　渼陂：在今陝西省户縣西。方廣數里，元末涸爲田。

[29]秦渡：即今陝西省户縣東秦渡鎮。

[30]咸陽：治所在今陝西省咸陽市東北。

商州，[1]下，刺史。宋上洛郡軍事。貞祐四年升爲防禦，尋隸陝州，興定二年正月復來屬，元光二年五月改隸河南路。[2]户三千九百九十九。縣二、鎮二：舊又有西市、黄川、青雲三鎮，[3]後廢。

上洛[4]　有楚山、熊耳山、丹水、嶢關。[5]　鎮二　商洛、豐陽，[6]皆舊爲縣，貞元二年廢爲鎮。

洛南[7]　有冢嶺山、洛水。[8]

[1]商州：治所在今陝西省商洛市商州區。

[2]河南路：指南京路，治所在今河南省開封市。

[3]西市：在今陝西省商洛市西。　黄川：在今陝西省商洛市西北。　青雲：即今陝西省丹鳳縣西北商洛鎮。“雲”，原作“雪”，今據中華點校本改。

[4]上洛：與本州治所在同一地。

[5]楚山：又名商山、商阪、商洛山、地肺山，在今陝西省丹鳳縣西商鎮南。相傳爲漢初“四皓”隱居的地方。　熊耳山：在今陝西省商洛市西。　丹水：本卷所載丹水有二。此丹水即丹江。源出今陝西省商洛市西北秦嶺，東南流經河南省境内至湖北省丹江口市西入漢江。　嶢關：在今陝西省商洛市西北。北周移置青泥城（今陝西省藍田縣）側，遂改名青泥關。

[6]商洛：即今陝西省商州市東南商洛鎮。　豐陽：即今陝西省山陽縣。

[7]洛南：治所在今陝西省洛南縣。

[8]冢嶺山：在今陝西省藍田縣與商洛市交界處。　洛水：本卷所載洛水有二。此洛水即在今河南省境内，一作雒水。源出陝西省商洛市西北，經今河南省盧氏、洛寧、洛陽、鞏縣等縣市，至今河南省滎陽市西北入黄河。

虢州，[1]下，刺史。宋虢郡軍事。貞祐二年割爲陝州支郡，以備潼關。[2]户一萬二十二。縣三、鎮五：

虢略[3]　有鹿蹄山、黄河、燭水。[4]　鎮三　靖遠、玉城、朱陽。[5]

盧氏[6]　有朱陽山、熊耳山、洛水、鄢水。[7]　鎮二　社管，[8]欒川舊爲縣，[9]海陵貞元二年廢爲鎮。[10]

朱陽[11]　海陵時嘗廢，後復置。有地肺山。[12]

[1]虢州：治所在今河南省靈寶市。

[2]潼關：在今陝西省潼關縣東北黄河南岸潼關。

[3]虢略：與本州治所在同一地。

[4]鹿蹄山：不詳。　燭水：源出河南省盧氏縣北，北流經今河南省靈寶市東，入黄河。

[5]靖遠：在今河南省靈寶市西北。　玉城：在今河南省靈寶市東南。“玉”，原作“王”，今據中華點校本改。　朱陽：在今河南省靈寶市西南七十里朱陽鎮。

[6]盧氏：治所在今河南省盧氏縣。

[7]朱陽山：在今河南省盧氏縣西南。　熊耳山：與商州上洛縣熊耳山同名，所在地不詳。　洛水：本卷所載洛水有二，此即商州洛南縣的洛水。　鄏水：不詳。

[8]社管：一名杜管鎮。在今河南省盧氏縣北四十二里杜關鎮。

[9]欒川：即今河南省欒川縣。“欒”，原作“灤”，今據中華點校本改。

[10]海陵：封號。即完顔迪古迺，漢名亮。1149 年至 1161 年在位。

[11]朱陽：治所在今河南省靈寶市西南七十里朱陽鎮。

[12]地肺山：在今河南省靈寶市西南。

乾州，[1]中，刺史。宋嘗改爲醴州，天德三年復。户二萬六千八百五十六。縣四、鎮三：

奉天[2]　有梁山、莫谷水、甘谷水。[3]　鎮一　薛禄。[4]

醴泉[5]　有九嵕山、浪水。[6]　鎮一　甘北。[7]

武亭[8]　本武功，大定二十九年以嫌顯宗諱更。[9]有敦物山、武功山、渭水。[10]　鎮一　長寧。[11]

好畤[12]　有梁山、武亭河。[13]

[1]乾州：治所在今陝西省乾縣。

[2]奉天：與本州治所在同一地。

[3]梁山：在今陝西省乾縣西北，西南至今陝西省扶風縣北境。　莫谷水：源出今陝西省永壽縣西北，東南流至乾縣西，折而西南流，會武亭河入渭水。　甘谷水：源出今陝西省永壽縣東北，東南流至乾縣東北折東，東北注於涇水。

[4]薛禄：即今陝西省乾縣東南薛禄鎮。

[5]醴泉：治所在今陝西省禮泉縣東故縣村。

[6]九嵕山：在今陝西省禮泉縣東北。　浪水：不詳。

[7]甘北：在今陝西省禮泉縣東北甘河北岸。

[8]武亭：治所在今陝西省武功縣西北四十里武功鎮。

[9]顯宗：廟號。即完顏胡土瓦，漢名允恭。金世宗之子，章宗父。本書卷一九《世紀補》有傳。此避諱指的是其漢名“恭”。

[10]敦物山：不詳。　武功山：在今陝西省武功縣南。

[11]長寧：即今陝西省武功縣東北長寧鎮。

[12]好畤：治所在今陝西省永壽縣西南好畤河鎮。

[13]武亭河：一作武亭川，即今陝西省武功縣、麟游縣境的漆水河下游。

同州，[1]中。宋馮翊郡定國軍節度，治馮翊。後改安國軍節度使。[2]舊貢圓箣繭耳羊，[3]大定十一年罷之。户三萬五千五百六十一。縣六、鎮九：

馮翊[4]　倚。有洛水、渭水。[5]　鎮二　沙苑並監。[6]

朝邑[7]　有黄河、渭水。　鎮四　朝邑、新市、延祥、洿谷。[8]

白水[9]　有五龍山、洛水、白水。[10]

郃陽[11]　有非山、瀵水、黄河。[12]　鎮一　夏陽。[13]

澄城[14]　有梁山、洛水。[15]

韓城[16]　貞祐三年升爲楨州，以郃陽縣隸焉。　鎮二　寺前、良輔。[17]

[1]同州：治所在今陝西省大荔縣。

[2]安國軍節度使：按本書卷二五《地理志中》：河北西路“邢州，上，安國軍節度”。參中華點校本校勘記，同州不應後改爲安國軍節度，疑是修史者誤書。

[3]圓筯薌耳羊：即同州沙苑羊。爲金代貢品，世宗時罷之。

[4]馮翊：與本州治所在同一地。

[5]洛水：本卷所載洛水有二。此洛水即今陝西省境内的洛水。源出今陝西省吴旗縣西北，經志丹、甘泉、延安、富縣、黄陵、白水、蒲城、大荔等縣市，入渭河。

[6]沙苑并監：據《元豐九域志》，永興軍路同州馮翊縣下有“沙苑一鎮”，又“監一，宋乾德三年於馮翊、朝邑二縣境置牧馬監，隸州。沙苑，州南二十五里”。《太平寰宇記》卷二八，同州馮翊縣記載同。“蓋沙苑與沙苑監是二地，金時同爲鎮。”參中華點校本校勘記。沙苑鎮，在今陝西省大荔縣南。沙苑，又名沙阜、沙海、沙窩，地域名。在今陝西省大荔縣南洛、渭二河之間，東西八十里，南北三十里，唐代即曾於此置監牧。沙苑監當在此地區内。

[7]朝邑：治所在今陝西省大荔縣東南朝邑鎮。

[8]朝邑：鎮名。與本縣同名，所在地不詳。　新市：在今陝西省大荔縣東南朝邑鎮南。　延祥：在今陝西省大荔縣西南。　洿谷：在今陝西省大荔縣東北。

[9]白水：治所在今陝西省白水縣西南。

[10]五龍山：不詳。　洛水：本卷所載洛水有二，此即本州馮詡縣的洛水。　白水：源出今陝西省銅川市東，東流經今陝西省白水縣南，至澄城縣西南入洛水。

[11]郃陽：治所在今陝西省合陽縣。

[12]非山：所在不詳。《元豐九域志》卷三作“飛山”。　瀵水：即今陝西省合陽縣南夏陽川。

[13]夏陽：在今陝西省合陽縣東南夏陽村。

[14]澄城：治所在今陝西省澄城縣。

[15]梁山：在今陝西省韓城市西北。“山”，原作“水”，今據中華點校本改。

[16]韓城：治所在今陝西省韓城市。

[17]寺前：一名寺頭鎮，在今陝西省澄城縣東南寺前鎮。　良輔：在今陝西省澄城縣北五十里良輔河。

耀州，[1]上，刺史。宋華原郡感德軍節度，皇統二年降爲軍事，後爲刺史州。户五萬二百一十一。縣四、鎮二：

華原[2]　有土門山、漆水、沮水。[3]

同官[4]　有白馬山、同官川。[5]　鎮一　黄堡。[6]

美原[7]　有頻陽山。[8]

三原[9]　有堯門山、中白渠。[10]　鎮一　龍橋。[11]

[1]耀州：治所在今陝西省銅川市耀州區。

[2]華原：與本州治所在同一地。

[3]土門山：在今陝西省銅川市耀州區東南。　漆水：一説指今陝西省境内的洛水；一説即今陝西省銅川市、富平縣境内的石川河。　沮水：其水當在今陝西省涇河、黄河之間，渭河之北。一説

漆沮爲一水，即今之洛河；一説即今石川河；一説即今石川河及古鄭國渠東段。

[4]同官：治所在今陝西省銅川市北城關鎮。

[5]白馬山：不詳。　同官川：即今陝西省銅川市漆水河。源出銅川市北柳林洞，南流折西南會沮河。

[6]黄堡：在今陝西省銅川市西南黄堡鎮。

[7]美原：治所在今陝西省富平縣東北美原鎮。

[8]頻陽山：一作頻山，在今陝西省富平縣東北。

[9]三原：治所在今陝西省三原縣東北。

[10]堯門山：在今陝西省三原縣西北。

[11]龍橋：即今陝西省三原縣。

華州，[1]中。宋華陰郡鎮潼軍節度，治鄭，國初因之，後置節度使，皇統二年降爲防禦使。貞祐三年八月升爲節鎮，軍曰金安，以商州爲支郡。户五萬三千八百。縣五、鎮六：

鄭[2]　倚。有少華山、聖山、渭水、符禺水。[3]　鎮一　赤水。[4]

華陰[5]　有太華山、松果山、黄河、渭水、潼關。[6]　鎮二　關西、敷水。[7]

下邽[8]　有渭水、太白渠。　鎮二　素化、新市。[9]

蒲城[10]　有金粟山、洛水。[11]　鎮一　荆姚。[12]

渭南[13]　有靈臺山、渭水。[14]

[1]華州：治所在今陝西省華縣。

[2]鄭：與本州治所在同一地。

[3]少華山：也稱小華山，在今陝西省華縣東南。　聖山：在

今陝西省華縣西南。　符禺水：源出今陝西省華縣南，北流入渭水。

[4]赤水：即今陝西省華縣西赤水鎮。

[5]華陰：治所在今陝西省華陰市。

[6]太華山：一作泰華山，即今陝西省華陰市南華山的别稱。　松果山：在今陝西省華陰市西南。

[7]關西：在今陝西省華陰市東。　敷水：在今陝西省華陰市西夫水鎮。

[8]下邽：治所在今陝西省渭南市北下邽鎮。

[9]素化：即今陝西省渭南市東北交斜鎮東來化鎮村。《元豐九域志》卷三作“來化”。　新市：一作辛市鎮，即今陝西省渭南市北故市鎮。

[10]蒲城：治所在今陝西省蒲城縣。

[11]金粟山：一名金粟堆，在今陝西省蒲城縣東北。　洛水：即同州馮翊縣的洛水。

[12]荆姚：即今陝西省蒲城縣西南荆姚鎮。

[13]渭南：治所在今陝西省渭南市。

[14]靈臺山：在今陝西省渭南市東南。

鳳翔路，[1]宋秦鳳路，治秦州。[2]府二，領防禦二，[3]刺郡二，縣三十三，城一，堡四，寨十四，[4]鎮十五。[5]

[1]鳳翔路：治所在今陝西省鳳翔縣。

[2]秦州：宋州名。治所在今甘肅省天水市。

[3]領防禦二：原脱“領”字，今據中華點校本補。

[4]寨十四：殿本作“寨十六”，與下文所列數字相符。

[5]鎮十五：殿本作“鎮十六”，與下文所列數字相符。

鳳翔府，[1]中。宋扶風郡鳳翔軍節度。皇統二年升爲府，軍名天興，大定十九年更軍名爲鳳翔。大定二十七年升總管府。産芎藭、獨活、燈草、無心草、升麻、秦艽、骨碎補、羌活。[2]户六萬二千三百三。縣九、鎮四：舊有横水、驛店、崔模、麻務、長清五鎮，[3]後廢。

鳳翔[4]　倚。有杜陽山、吴岳、雍水。[5]舊名天興縣，大定十九年更。

寶鷄[6]　有陳倉山、渭水、汧水、大散關。[7]　鎮一　武城。[8]

虢[9]　有楚山、渭水。[10]　鎮一　陽平。[11]

郿[12]　有太白山、渭水。[13]

盩厔[14]　南至巡馬道二十里。[15]貞祐四年升爲恒州，以郿縣隸焉。有終南山、渭水、浴谷。[16]

扶風[17]　國初作扶興。有渭水、漳水。[18]　鎮一　岐陽。[19]

岐山[20]　有岐山、終南山、渭水、姜水、汧水。[21]　鎮一　馬蹟。[22]

普潤[23]　有杜水、漆水、岐水。[24]

麟游[25]　有五將山、黝土山。[26]

[1]鳳翔府：治所在今陝西省鳳翔縣。

[2]秦艽："艽"，原作"芁"。今據中華點校本改。

[3]横水：在今陝西省鳳翔縣東南横水鎮。　驛店：即今陝西省岐山縣東益店。　崔模：即今陝西省麟游縣北崔木鎮。"崔"，原作"雀"，從中華點校本改。　麻務：在今陝西省鳳翔縣北。

長清：不詳。

［4］鳳翔：與本州治所在同一地。

［5］杜陽山：一作杜山，在今陝西省麟游縣西北。　吴岳：又名吴山、岍山、西鎮山、吴岳山，在今陝西省隴縣西南，爲西北向東北走向的山脉。　雍水：今陝西省渭水支流漳水。源出今陝西省鳳翔縣西北，東南流經岐山、扶風二縣南，至今武功縣西南折入渭水。

［6］寶鷄：治所在今陝西省寶鷄市。

［7］陳倉山：在今陝西省寶鷄市東北。　汧水：源出今陝西省隴縣西北六盤山，東南流至今陝西省寶鷄市東入渭水。　大散關：在今陝西省寶鷄市西南。

［8］武城：在今山西省寶鷄市東。

［9］虢：治所在今陝西省寶鷄市。

［10］楚山：不詳。

［11］陽平：即今陝西省寶鷄市東渭水北岸陽平鎮。

［12］郿：治所在今陝西省眉縣。

［13］太白山：又名太一山、太乙山，在今陝西省太白縣東南。

［14］盩（zhōu）厔（zhì）：治所在今陝西省周至縣。

［15］巡馬道：不詳。

［16］浴谷：不詳。疑爲洛谷之誤。

［17］扶風：治所在今陝西省扶風縣。

［18］漳水：源出今陝西省岐山縣北，東南流入雍水（今名汧河）。"水"，原作"山"，今據中華點校本改。

［19］岐陽：即今陝西省岐山縣東北岐陽村。

［20］岐山：治所在今陝西省岐山縣。

［21］岐山：一名天柱山、鳳凰山，在今陝西省岐山縣東北。　姜水：即岐水，一説岐水至姜氏城以下稱姜水。

［22］馬蹟：不詳。

［23］普潤：治所在今陝西省麟游縣西北萬家城。

［24］杜水：又名漆水河，源出今陝西省麟游縣西，南流折東南，東會武甲水入渭河。　岐水：一説在今陝西省麟游縣西；一説源出今陝西省岐山縣岐山，經縣西南流，合横水入雍水。“水”，原作“山”，今據中華點校本改。

［25］麟游：治所在今陝西省麟游縣東。

［26］五將山：在今陝西省岐山縣東北。　黝土山：不詳。

德順州，[1]上，刺史。宋德順軍，國初隸熙秦路，[2]皇統二年升爲州，大定二十七年來屬。貞祐四年四月升爲防禦，十月升爲節鎮，軍曰隴安。户三萬五千四百四十九。縣六、寨四、堡一：舊有上接鎮、通安寨、王家城、牧龍城、同家堡，[3]後廢。

隴干[4]　倚。

水洛[5]　本中安堡城。　堡一　中安。[6]

威戎[7]　本威戎堡城。

隆德[8]　本隆德寨。

通邊[9]　本通邊寨。　寨三　静邊舊爲縣，[10]得勝，[11]寧安。[12]

治平[13]　本治平寨。　寨一　懷遠。[14]

［1］德順州：治所在今寧夏回族自治區隆德縣。

［2］國初隸熙秦路：按上文京兆府路下曰：“皇統二年省并陝西六路爲四”，中有熙秦路。是皇統二年始并宋秦鳳、熙河二路爲一，此前當無熙秦路之稱。下文云，“大定二十七年來屬”鳳翔路，則金初當隸熙河路。據中華點校本校勘記，疑此“秦”當作“河”。

［3］上接鎮：不詳。　通安寨：在今甘肅省會寧縣東北。　王家城：不詳。　牧龍城：不詳。　同家堡：在今甘肅省静寧縣西南

屯家堡。

[4]隴干：與本州治所在同一地。“干”，原作“平”，據中華點校本改。

[5]水洛：諸書皆云水洛縣爲金升水洛城置，治所在今甘肅省莊浪縣，與此下“本中安堡城”異。中安堡，北宋慶曆三年（1043）置，在今寧夏回族自治區西吉縣東南十字路附近，與水洛城中隔通邊、威戎二縣。若水洛縣爲水洛城升置，則下文“本中安堡城”的記載有誤；如水洛縣確爲中安堡升置，則下文“堡一，中安”不可解。或水洛縣“本中安堡城”，此爲另一中安堡，但德順州計水洛縣在内共五縣由寨堡升置，其他四縣皆仍舊名，水洛縣似不應獨由“中安”改名爲“水洛”。待考。

[6]中安：在今寧夏回族自治區西吉縣東南十字路附近。

[7]威戎：治所在今甘肅省静寧縣東南威戎鎮。

[8]隆德：即今寧夏回族自治區西吉縣東南隆德堡。

[9]通邊：即今甘肅省莊浪縣東北通邊寨。

[10]静邊：在今甘肅省静寧縣東南。

[11]得勝：在今寧夏回族自治區西吉縣東南硝河鄉附近。

[12]寧安：在今寧夏回族自治區西吉縣西北白城子鄉上白城子。

[13]治平：治所在今甘肅省静寧縣西南治平鎮。

[14]懷遠：在今寧夏回族自治區隆德縣東偏城附近。

平凉府，[1]散，中。宋渭州隴西郡平凉軍節度。舊爲軍，後置陜西西路轉運司，陜西東西路提刑司。[2]大定二十六年來屬。[3]户三萬一千三十三。縣五、鎮五、寨一：

平凉[4]　倚。有笄頭山、馬屯山。[5]

潘原[6]　有烏鼠山、銅城山。[7]

崇信[8]　有閣川水。[9]　鎮一　西赤城。[10]

華亭[11]　有小隴山。[12]

化平[13]　本名安化，大定七年更。　鎮四　安化、安國、白岩河、耀武。[14]　寨一　瓦亭。[15]

[1]平凉府：治所在今甘肅省平凉市。

[2]陜西西路轉運司：官署名。金初以原宋永興軍路爲陜西東路，原宋秦鳳路爲陜西西路。後曾分陜西爲六路，皇統二年省并爲四路。但轉運司、提刑司等機構仍按陜西東、西路設置。

[3]大定二十六年來屬：按上文鳳翔府下云“大定二十七年升總管府”，故德順州、鎮戎州、秦州、隴州下皆云“大定二十七年來屬”，平凉府不應獨異，疑“六”當作“七”。見中華點校本校勘記。

[4]平凉：治所與本府在同一地。

[5]笄頭山：一名翠屏山，在今甘肅省平凉市西北。“笄”，原作“羊”，今據中華點校本改。　馬屯山：一名馬毛山。在今寧夏回族自治區固原市西南；一説在今甘肅省平凉市西。

[6]潘原：治所在今甘肅省平凉市東南四十里涇水北岸四十里鋪鎮之曹灣村。

[7]鳥鼠山：一名鳥鼠同穴山。在今陜西省渭源縣西南十五里，渭水所出。但此鳥鼠山顯然與之不同，所指不詳。　銅城山：在今甘肅省平凉市與華亭縣邊界。

[8]崇信：治所在今甘肅省崇信縣。

[9]閣川水：即今甘肅省境内涇水支流汭河。

[10]西赤城：即今甘肅省崇信縣西南赤城鎮。

[11]華亭：治所在今甘肅省華亭縣。

[12]小隴山：在今陜西省千陽縣西，爲隴山南段，其北爲大隴山。

[13]化平：治所在今寧夏回族自治區涇源縣。

[14]安化：在今寧夏回族自治區涇源縣南。　安國：即今甘肅省平涼市西北安國鎮。　白岩河：在今寧夏回族自治區涇源縣東南。　耀武：在今甘肅省平涼市境。

[15]瓦亭：即今寧夏回族自治區隆德縣東北涇水北岸瓦亭。

鎮戎州，[1]下，刺史。本鎮戎軍，大定二十二年爲州，二十七年來屬。户一萬四百四十七。縣二、堡三、寨八：

東山[2]　本東山寨。

三川[3]　本三川寨。[4]　堡三　彭陽、乾興、開遠。[5]　寨八　天聖、飛泉、熙寧、靈平、通峽、蕩羌、九羊、張義。[6]

[1]鎮戎州：治所在今寧夏回族自治區固原市。

[2]東山：治所在今寧夏回族自治區彭陽縣西古城鄉。

[3]三川：治所在今寧夏回族自治區固原市彭堡鄉隔城子古城。

[4]三川寨：原作“三水寨”，今據中華點校本改。

[5]彭陽：在今寧夏回族自治區固原市東南彭陽。　乾興：在今寧夏回族自治區固原市東北。　開遠：在今寧夏回族自治區固原市南開城。

[6]天聖：在今寧夏回族自治區固原市東北。　飛泉：在今寧夏回族自治區彭陽縣北。　熙寧：在今寧夏回族自治區固原市北三十五里陸家古城堡遺址。　靈平：在今寧夏回族自治區固原市西北楊郎鄉西北王浩堡古城。　通峽：在今寧夏回族自治區固原市西北黑城鎮北莧麻河谷口。　蕩羌：在今寧夏回族自治區海原縣東南莧麻河水庫附近。　九羊：在今寧夏回族自治區西吉縣東。　張義：

在今寧夏回族自治區固原市西南五十里張易鄉。

秦州，[1]下。宋天水郡雄武軍節度，後置秦鳳路。國初置節度，皇統二年置防禦使，隸熙秦路，大定二十七年來屬。元光二年四月升爲節鎮，軍曰鎮遠，後罷，貞祐三年復置。[2]户四萬四百四十八。縣八、城一、寨三、鎮二：舊有甘谷城、甘泉城、結藏城、定西寨、西顧堡，[3]後廢。

成紀[4]　倚。有龍馬泉。[5]

冶坊[6]

甘谷[7]

清水[8]　宋舊縣。有中隴山、嶓冢山、清水。[9]

鷄川[10]

隴城[11]　有大隴山、瓦亭山。[12]　寨一　隴城。[13]

西寧[14]　貞祐四年十月升爲西寧州，以甘谷、鷄川、治平三縣隸焉。[15]

秦安[16]　城一　伏羌。[17]　寨二　三陽務、弓門。[18]　鎮二　静戎、床穰。[19]

[1]秦州：治所在今甘肅省天水市。

[2]“元光二年四月”至“貞祐三年復置”：按元光當在貞祐之後，疑此倒置。

[3]甘谷城：在今甘肅省通渭縣西南，後升爲甘谷縣。　甘泉城：在今甘肅省會寧縣東南。　結藏城：不詳。　定西寨：在今甘肅省天水市西北渭河北岸。　西顧堡：不詳。

[4]成紀：與本州治所在同一地。

［5］龍馬泉：不詳。

［6］冶坊：治所在今甘肅省清水縣東北四十里黄門鄉。“冶”，原作“治”，今據中華點校本改。

［7］甘谷：治所在今甘肅省通渭縣西南。

［8］清水：治所在今甘肅省清水縣。

［9］中隴山：《元豐九域志》，秦鳳路秦州清水縣“有小隴山”，《元和志》卷三九，隴右道秦州清水縣也有“小隴山”，此“中”字當作“小”。小隴山即隴山南段，北接大隴山，在清水縣東。　嶓冢山：在今甘肅省天水市西南。　清水：源出今甘肅省張家川回族自治縣東，西南流經清水縣北，至今天水市東入渭水。“清”，原作“渭”，今據中華點校本改。

［10］鷄川：治所在今甘肅省通渭縣西南吉川鎮。

［11］隴城：治所在今甘肅省天水市西南。《中國歷史地圖集》置於甘肅省秦安縣東北、張家川回族自治縣西。按古隴城縣有二，此爲五代唐長興三年（932）置。另一爲北魏置，治所在今甘肅省秦安縣東北隴城鎮，但該縣西魏時改名略陽縣，隋時先後改名爲河陽縣、隴城縣，至唐安史之亂後地入吐蕃。《中國歷史地圖集》誤將其作爲本書隴城縣。

［12］大隴山：即隴山北段，南接小隴山。按本隴城縣在天水市西南，則境内不能有大隴山。　瓦亭山：不詳。

［13］隴城：寨名。在今甘肅省秦安縣東北九十里隴城鄉。

［14］西寧：治所在今甘肅省會寧縣東三十里張城堡。

［15］治平：屬德順州。治所在今甘肅省静寧縣西南治平鎮。

［16］秦安：治所在今甘肅省秦安縣。

［17］伏羌：即今甘肅省甘谷縣。

［18］三陽務：在今甘肅省天水市北。　弓門：即今甘肅省張家川回族自治縣東南恭門鎮。

［19］静戎：在今甘肅省清水縣西南。　床穰：在今甘肅省清水縣西。

隴州，[1]下。宋汧陽郡，防禦。海陵時隸熙秦路，大定二十七年來屬。户一萬六千四百四十二。縣三、鎮五：

汧陽[2]　倚。有汧水、隃麋澤。[3]　鎮二　安化、新興[4]

汧源[5]　有吴岳山、白環水。[6]　鎮三　吴山、定戎、隴西。[7]

隴安[8]　泰和八年以隴安寨升。有秦嶺山、渭水。[9]

[1]隴州：治所在今陝西省千陽縣西北。

[2]汧陽：與本州治所在同一地。

[3]隃麋澤：在今陝西省千陽縣東，久堙。

[4]安化：在今陝西省千陽縣西北。　新興：即今陝西省千陽縣西北新興浦。

[5]汧源：治所在今陝西省隴縣。

[6]吴岳山：又名吴山、岍山、西鎮山，在今陝西省隴縣西南，爲西北向東北走向的山脉。　白環水：在今陝西省隴縣西南。

[7]吴山：在今陝西省寶鷄市西北功鎮。　定戎：不詳。　隴西：在今陝西省隴縣境。

[8]隴安：治所在今陝西省寶鷄市西北香泉鎮。

[9]秦嶺山：即今陝西省秦嶺山脉。

鄜延路，[1]府一，[2]領節鎮一，刺郡四，縣十六，鎮五，[3]城二，堡四，寨十八，關二。

[1]鄜延路：治所在今陝西省延安市。

[2]府一：原脱此二字，今據中華點校本補。

[3]鎮五：以下所列實六。

延安府，[1]下。宋延安郡彰武軍節度使，皇統二年置彰武軍總管府。户八萬八千九百九十四。縣七、寨四、堡一、鎮一。[2]

膚施[3]　倚。有五龍山、伏龍山、洛水、清水、濯巾水。[4]　鎮一　樂盤。[5]

延川[6]　有濯巾河、黄河、吐延水。[7]　寨一　永平。[8]

延長[9]　有獨戰山、濯巾水。[10]

臨真[11]　有庫利川。[12]

甘泉[13]　有洛水。

敷政[14]　有三堆山、洛水。[15]

門山[16]　有重覆山、黄河、渭牙川水。[17]　堡二　安定，[18]置第六正將。[19]安寨。[20]　寨四　萬安，[21]興定二年廢。德安，[22]置第五副將。[23]招安。[24]永平，[25]有丹陽驛。[26]

[1]延安府：治所在今陝西省延安市。

[2]縣七、寨四、堡一、鎮一：殿本作"縣七，鎮一，寨五，堡二"，與以下所列數字相符。

[3]膚施：與本府治所在同一地。

[4]五龍山：在今陝西省延安市北。　伏龍山：在今陝西省延安市西北。　洛水：本卷所載洛水有二，延安府下三"洛水"均爲同州馮翊縣的洛水。　濯巾水：也作濯中水、濯筋水，一名清水。即今陝西省北部的延河，爲黄河支流。

[5]樂盤：在今陝西省延安市西南。

[6]延川：治所在今陝西省延川縣。

[7]吐延水：今名清澗河。源出陝西省子長縣西北，東南流經子長縣北折東，至清澗縣西折而東南流，入黄河。原脱“吐”字，今據中華點校本改。

[8]永平：在今陝西省延川縣西北永坪。

[9]延長：治所在今陝西省延長縣。

[10]獨戰山：在今陝西省延川縣東南，接延長縣界。

[11]臨真：治所在今陝西省延安市東南臨真鎮。

[12]庫利川：《太平寰宇記》卷三六記此川在臨真縣北十五里，則當在今陝西省延安市東南臨真鎮北。疑即今雲岩河。“川”，原作“山”，今據中華點校本改。

[13]甘泉：治所在今陝西省甘泉縣。

[14]敷政：治所在今陝西省甘泉縣西北閻家溝。

[15]三堆山：在今陝西省甘泉縣西北。

[16]門山：《中國古今地名大辭典》與《中國歷史地圖集》都認爲門山縣治所在今陝西省延長縣東南。但下文所載安定、安寨、萬安、德安、招安等寨堡却都在今陝西省子長縣與安寨縣西，則門山縣治不可能在延長縣的東南。疑門山縣在今陝西省安塞縣以西。

[17]重覆山：不詳。　渭牙川水：不詳。

[18]安定：即今陝西省子長縣西北安定鎮。

[19]第六正將：金於西部沿邊諸路邊境地區設置將營，設正將、副將、部將、隊將等軍職官員，負責統領邊兵，輪番巡守邊境。正將正七品。鄜延路共九大將營，此爲第六營的正將。

[20]安寨：在今陝西省安塞縣西北。

[21]萬安：在今陝西省子長縣北。

[22]德安：即今陝西省安塞縣真武洞鎮。

[23]第五副將：金於西部沿邊諸路邊境地區設置將營，設正將、副將、部將、隊將等軍職官員，負責統領邊兵，輪番巡守邊境。副將爲正八品。鄜延路共九大將營，此爲第五營的副將。

[24]招安：在今陝西省安塞縣西南招安鄉。

［25］永平：在今陝西省延川縣西北永坪鎮。

［26］丹陽驛：不詳。

丹州，[1]中，刺史。宋咸寧郡軍事，國初因之。户一萬三千七十八。縣一、鎮一、關一：

宜川[2]　有雲巖山、孟門山、黄河、庫利川。[3]　鎮一　雲巖。[4]　關一　烏仁。[5]

［1］丹州：治所在今陝西省宜川縣。

［2］宜川：與本州治所在同一地。

［3］雲巖山：在今陝西省宜川縣北。　庫利川："川"，原作"山"，今據中華點校本改。

［4］雲巖：在今陝西省宜川縣北雲巖鎮。

［5］烏仁：在今陝西省宜川縣東北。

保安州，[1]下，刺史。宋保安軍，大定二十二年升爲州。户七千三百四十。縣一、寨三、鎮二、堡一、城一：

保安[2]　大定十二年以保安軍置。　寨三　德靖、順寧、平戎。[3]　鎮二　静邊、永和。[4]　堡一　園林。[5]　城一　金湯。[6]

［1］保安州：治所在今陝西省志丹縣。

［2］保安：與本州治所在同一地。

［3］德靖：在今陝西省志丹縣西南。　順寧：即今陝西省志丹縣西北順寧鎮。　平戎：在今陝西省志丹縣東北。

［4］静邊：不詳。　永和：不詳。

[5]園林：即今陝西省志丹縣東北園林驛。

[6]金湯：即今陝西省志丹縣金湯村。

綏德州，[1]下，刺史。唐綏州，宋綏德軍，大定二十二年升爲州。户一萬二千七百二十。縣一、寨十、城一、堡一、關一：

清澗[2]　本宋清澗城，大定二十二年升。　寨十　暖泉、義合、清邊、臨夏、白草、米脂置第二將、懷寧、鎮邊、綏平、克戎置第四將。[3]　城一　嗣武。[4]　堡一　開光。[5]　關一　永寧。[6]

[1]綏德州：治所在今陝西省綏德縣。

[2]清澗：治所在今陝西省清澗縣。

[3]暖泉：在今陝西省米脂縣東。　義合：即今陝西省綏德縣東義合寨。　清邊：在今陝西省米脂縣東北。　臨夏：在今陝西省子洲縣西。　白草：在今陝西省清澗縣東北百餘里白草寺附近。　米脂：即今陝西省米脂縣。　第二將：此指鄜延路第二將營。　懷寧：在今陝西省子洲縣南淮寧灣鄉附近。　鎮邊：在今陝西省横山縣東。　綏平：在今陝西省子洲縣西南淮寧河畔。　克戎：在今陝西省子洲縣東北。　第四將：此指鄜延路第四將營。

[4]嗣武：在今陝西省榆林市東南無定河東岸。

[5]開光：堡名。在今陝西省綏德縣北。

[6]永寧：不詳。

鄜州，[1]下。宋洛交郡康定軍節度，[2]國初因之，置保大軍節度使。户六萬二千九百三十一。縣四、鎮一：

洛交[3]　倚。有疏屬山、洛水、華池水。[4]　鎮一三川。[5]

直羅[6]　有大盤山、羅川水。[7]

鄜城[8]　有楊班湫。[9]

洛川[10]　有洛川水、圁水。[11]

[1]鄜州：治所在今陝西省富縣。

[2]康定軍：應爲"保大軍"。參中華點校本校勘記。

[3]洛交：與本州治所在同一地。

[4]疏屬山：即雕山，在今陝西省綏德縣南。此處的疏屬山不詳所指。　洛水：即同州馮翊縣的洛水。　華池水：即今葫蘆河。源出甘肅省華池縣，東南經陝西省富縣境，至陝西省黄陵縣東北入洛河。

[5]三川：在今陝西省富縣西南三川驛。"川"，原作"水"，今據中華點校本改。

[6]直羅：治所在今陝西省富縣西直羅鎮。

[7]大盤山：不詳。"大"，原作"水"，今據中華點校本改。　羅川水：源出今陝西省富縣西，東流折東北入華池水（今葫蘆河）。

[8]鄜城：治所在今陝西省洛川縣東南鄜城。

[9]楊班湫：不詳。

[10]洛川：治所在今陝西省洛川縣東北舊縣鎮。

[11]洛川水：在今陝西省洛川縣東北境。　圁水：不詳。

坊州，[1]中，刺史。宋中部郡軍事。户二萬七百四十六。縣二、鎮一：

中部[2]　有沮河、橋山、石堂山、洛水、蒲谷水。[3]

宜君[4]　有沮水。　鎮一　玉華。[5]

[1]坊州：治所在今陝西省黄陵縣。

[2]中部：與本州治所在同一地。

[3]沮河：又名東沮水。即今陝西省黄陵縣洛河支流沮河。　橋山：在今陝西省黄陵縣北。　石堂山：在今陝西省黄陵縣西北七十里。　洛水：即同州馮翊縣的洛水。　蒲谷水：源出陝西省黄陵縣北，東行入華池水（今葫蘆河）。

[4]宜君：治所在今陝西省宜君縣。　沮水：本卷所載沮水有二。其一在今陝西省涇河、黄河之間，渭河之北。一説漆沮爲一水，即今之洛河；一説即今石川河；一説即今石川河及古鄭國渠東段。另一沮水即本州中部縣境又名東沮水的沮河。此兩沮水都近宜君縣境，此不詳何指。

[5]玉華：即今陝西省宜君縣西南玉華鎮。

天會五年，元帥府宗翰、宗望奉詔伐宋，[1]若克宋則割地以賜夏。及宋既克，乃分割楚、夏疆封，[2]自麟府路洛陽溝距黄河西岸，[3]西歷暖泉堡，[4]鄜延路米脂谷至累勝寨，[5]環慶路威邊寨，[6]逾九星原至委布谷口，[7]涇原路威川寨略古蕭關至北谷口，[8]秦鳳路通懷堡至古會州，[9]自此距黄河，依見流分熙河路盡西邊，[10]以限楚、夏之封，或指定地名有懸邈者，相地勢從便分畫。

[1]元帥府：官署名。金太宗天會三年（1125）設都元帥府，掌征討之事。長官爲都元帥，從一品。　宗翰：女真人。本名粘没喝，漢語訛爲粘罕，國相撒改長子。本書卷七四有傳。　宗望：女真人。本名斡魯補，又作斡離不，金太祖子。本書卷七四有傳。

[2]楚：金在汴京所設附屬政權，俗稱僞楚。天會四年宗望等執宋徽宗與宋欽宗北歸，次年三月，立宋降臣張邦昌爲大楚皇帝，五月，宋高宗即位於南京（今河南省商丘南），張邦昌被殺，楚亡。

歷時三十餘日。

[3]麟府路：金初路名。所在地不詳。　洛陽溝：不詳。

[4]暖泉堡：當即前文暖泉寨，在今陝西省米脂縣東。

[5]米脂谷：當即米脂川，在今陝西省米脂縣境内。　累勝寨：不詳。

[6]環慶路：宋路名，金初沿用。治所設在慶州，即今甘肅省慶陽市。　威邊寨：在今陝西省吴旗縣西南。"邊"，原作"延"，今據中華點校本改。

[7]九星原：不詳。　委布谷口：不詳。

[8]涇原路：宋路名，金初沿用。治所設在渭州，即今甘肅省平凉市。　威川寨：在今寧夏回族自治區同心縣東南。　古蕭關：蕭關有二。一是漢蕭關，在今寧夏回族自治區固原市東南；一是北宋崇寧四年（1105）所築，在今寧夏回族自治區同心縣南。此指前者。　北谷口：不詳。

[9]通懷堡：不詳。　古會州：西魏始置會州，治所在今甘肅省靖遠縣，後廢。北宋崇寧三年復置。金大定二十二年（1182）移治保川縣，在今靖遠縣西南，改名爲新會州。此云古會州，當指今甘肅省靖遠縣。

[10]熙河路：宋路名，金初沿用。治所設在熙州，即今甘肅省臨洮縣。

慶原路，[1]舊作陝西西路。府一，領節鎮二，刺郡三，縣十八，[2]鎮二十三，城二，堡四，寨二十二，[3]邊將營八。

[1]慶原路：治所在今甘肅省慶陽市。

[2]縣十八：殿本作"縣十九"，與以下所列數字相符。

[3]寨二十二：殿本作"寨十六"，與下文所列數字相符。

慶陽府，[1]中。宋安化郡慶陽軍節度。本慶州軍事，國初改安國軍，後置定安軍節度使兼總管，皇統二年置總管府。户四萬六千一百七十一。縣三、城二、堡一、寨三、鎮七：

安化[2]　倚。有馬嶺山、延慶水[3]。

彭原[4]　有彭池原、睦陽川。[5]　鎮二　董志、赤城。[6]

合水[7]　有子午山。[8]　鎮五　金櫃、懷安、業樂、五交、景山。[9]　城二　白豹、大順。[10]　寨三　安疆、華池、柔遠。[11]　堡一　荔原。[12]

[1]慶陽府：治所在今甘肅省慶陽市。

[2]安化：與本州治所在同一地。

[3]馬嶺山：在今甘肅省慶陽市西北。　延慶水：源出陝西省吴旗縣西，南流至今甘肅省慶陽市入馬嶺水（今環江）。

[4]彭原：治所在今甘肅省慶陽市西峰區北彭原鄉。

[5]彭池原：在今甘肅省寧縣北。　睦陽川：不詳。

[6]董志：即今甘肅省慶陽市西南董志鎮。　赤城：即今甘肅省慶陽市西南赤城鎮。

[7]合水：治所在今甘肅省合水縣東北老合水鎮。

[8]子午山：即今陝西省黄陵縣西子午嶺。

[9]金櫃：即今甘肅省合水縣。　懷安：即今甘肅省華池縣西北懷安鎮。　業樂：在今甘肅省華池縣西南悦樂鎮。“業”，原作“華”，今據中華點校本改。　五交：即今甘肅省華池縣西五蛟鄉。　景山：即今甘肅省慶陽市西景山里。

[10]白豹：城名。即今陝西省吴旗縣西南白豹鎮。　大順：城名。本名馬鋪砦，在今甘肅省華池縣西北白馬鄉。

［11］安疆：在今甘肅省華池縣東北。“疆”，原作“强”，今據中華點校本改。　華池：在今甘肅省華池縣東南東華池。　柔遠：即今甘肅省華池縣。

［12］荔原：堡名。即今甘肅省華池縣東南荔原堡。

環州，[1]上，刺史。宋軍事，國初因之，大定間升爲刺郡。户九千五百四。縣一、堡寨六、鎮三：

通遠[2]　倚。有鹹河、馬嶺坂、塔子平榷場。[3]　堡三　木瓜、歸德、興平。[4]舊有惠丁、射香、流井三堡，[5]後廢。　寨六　定邊、平遠、永和、洪德、烏倫、安邊。[6]　鎮三　合道、馬嶺、木波。[7]

［1］環州：治所在今甘肅省環縣。

［2］通遠：與本州治所在同一地。

［3］鹹河：在今甘肅省慶陽市西北，東北流入馬嶺水（今環江）。　馬嶺坂：當即馬嶺山，在今甘肅省慶陽縣西北，接環縣界。塔子平榷場：當是對西夏貿易的榷場，所在地不詳。

［4］木瓜：即今陝西省定邊縣南木瓜城。　歸德：在今甘肅省環縣北。　興平：在今甘肅省環縣西北。

［5］惠丁：在今甘肅省環縣東北。　射香：不詳。　流井：在今甘肅省環縣西北。

［6］定邊：在今陝西省吴旗縣西北。　平遠：在今甘肅省環縣北。　永和：在今甘肅省環縣東南。“和”，原作“鄉”，今據中華點校本改。　洪德：在今甘肅省環縣西北洪德城。　烏倫：在今甘肅省環縣西北。　安邊：在今甘肅省環縣西北。《元豐九域志》卷三作“安塞”。

［7］合道：在今甘肅省環縣南合道街。　馬嶺：即今甘肅省慶陽市北馬嶺鎮。　木波：即今甘肅省環縣東南木鉢鎮。

寧州，[1]中，刺史。宋彭原郡興寧軍節度，國初因之，皇統二年降爲軍，仍加“西”字，天德二年去“西”字，爲刺郡。户三萬四千七百五十七。縣四、鎮五：

安定[2]　本名定安，大定七年更。倚。有洛水、九陵水。[3]　鎮一　交城。[4]

定平[5]　鎮二　棗社、大昌。[6]

真寧[7]　有子午山、羅川水。[8]　鎮二　要關、山河。[9]

襄樂[10]　有延川水。[11]

[1]寧州：治所在今甘肅省寧縣。

[2]安定：與本州治所在同一地。

[3]洛水：本卷所載洛水有二，一在今河南省境内，一在今陝西省境内，都不經寧縣。疑此洛水爲涇水之誤。　九陵水：源出子午山，西南流，至今甘肅省寧縣南入馬蓮河。

[4]交城：在今甘肅省寧縣西焦村鄉。

[5]定平：治所在今甘肅省正寧縣西南政平鎮。

[6]棗社：即今甘肅省寧縣東南早勝鎮。　大昌：即今甘肅省寧縣西南太昌鎮。《元豐九域志》卷三作“永昌”。

[7]真寧：治所在今甘肅省正寧縣西南羅川鎮。

[8]子午山：原脱“山”字，今據中華點校本改。

[9]要關：在今甘肅省正寧縣境。　山河：即今甘肅省正寧縣。

[10]襄樂：治所在今甘肅省寧縣東北湘樂鎮。

[11]延川水：源出子午山西麓，西南流至甘肅省寧縣北入今馬蓮河。

邠州，[1]中。宋新平郡静難軍節度使，[2]國初因之。户四萬七千二百九十一。縣五、鎮三、寨一：

新平[3]　倚。有涇水、潘水。[4]

淳化[5]　有仲山、車箱坂。[6]

宜禄[7]　有涇水、汭水。　鎮一　亭口。[8]

永壽[9]　宋隸醴州。[10]有高泉山。[11]　鎮一　永壽。[12]舊有邵寨鎮，[13]後割隸涇州。　寨一　常寧。[14]

三水[15]　有石門山、涇水、羅川水。[16]　鎮一　清泉。[17]

[1]邠州：治所在今陝西省彬縣。

[2]宋新平郡静難軍節度使："静"，原作"靖"，今據中華點校本改。

[3]新平：與本州治所在同一地。

[4]潘水：不詳。

[5]淳化：治所在今陝西省淳化縣。

[6]仲山：在今陝西省淳化縣南。　車箱坂：一名車盤嶺，在今陝西省淳化縣南。

[7]宜禄：治所在今陝西省長武縣。

[8]亭口：即今陝西省長武縣南亭口鎮。

[9]永壽：治所在今陝西省永壽縣西北六里永壽村。

[10]醴州：治所在今陝西省乾縣。

[11]高泉山：在今陝西省彬縣西南。

[12]永壽：在今陝西省永壽縣東北永壽坊。

[13]邵寨鎮：即今甘肅省靈臺縣東南邵寨鎮。

[14]常寧：即今陝西省永壽縣東北常寧鎮。

[15]三水：治所在今陝西省旬邑縣東北職田鎮。

[16]石門山：在今陝西省旬邑縣東。

[17]清泉：在今陝西省旬邑縣東南。《宋會要》方域十二之十五與食貨十九之七皆作“龍泉”。

原州，[1]上，刺史。宋平凉郡軍事，[2]大定二十七年爲涇州支郡，後復軍事。户一萬七千八百。縣二、鎮三、寨五：

臨涇[3]　倚。有陽晋水、朝那水。[4]

彭陽[5]　有大湖河、蒲川河。[6]　鎮三　蕭鎮、柳泉、新城。[7]　寨五　綏寧、平安、靖安、開邊、西壕。[8]

[1]原州：治所在今甘肅省鎮原縣。

[2]宋平凉郡軍事：原脱“郡”字，今據中華點校本補。

[3]臨涇：與本州治所在同一地。

[4]陽晋水：即今涇水支流洪川河。　朝那水：不詳。

[5]彭陽：治所在今甘肅省鎮原縣東南六十里彭陽鄉。

[6]大湖河：一作大胡河，源出今寧夏回族自治區固原市南，東南流至今甘肅省鎮原縣東南入蒲川河（今蒲河）。　蒲川河：即今涇河支流蒲河。

[7]蕭鎮：在今甘肅省慶陽市西南蕭金鎮。　柳泉：在今甘肅省鎮原縣西北。　新城：在今甘肅省鎮原縣西南新城鎮。

[8]綏寧：在今寧夏回族自治區彭陽縣東北孟塬鄉。　平安：也作安平寨。在今甘肅省鎮原縣西八十里。　靖安：在今寧夏回族自治區彭陽縣北草廟鄉。“靖”，原作“清”，今據中華點校本改。　開邊：在今甘肅省鎮原縣西北開邊。　西壕：在今甘肅省鎮原縣北西壕鎮。

涇州，[1]中，彰化軍節度使。本治涇川，[2]元光二年徙治長武。户二萬六千二百九十。縣四、寨一、鎮二：

涇川[3]　本保定縣，大定七年更。　寨一　官地。[4]

長武[5]

良原[6]

靈臺[7]　鎮二　百里、邵寨。[8]

［1］涇州：治所在今甘肅省涇川縣北涇河北岸。

［2］本治涇川："川"，原作"州"，今據中華點校本改。

［3］涇川：與本州治所在同一地。

［4］官地：在今陝西省涇川縣境。

［5］長武：治所在今陝西省長武縣西北涇河南岸。

［6］良原：治所在今甘肅省靈臺縣西北梁原鎮。

［7］靈臺：治所在今甘肅省靈臺縣。

［8］百里：也稱百城，即今甘肅省靈臺縣西南百里鎮。　邵寨：即今甘肅省靈臺縣東南邵寨鎮。

邊將：

第二將營，在荔原堡西，白豹城南七十五里，户三千七百一十六。

次西第四將營，户一千二百三十二。

次西第三將營，户二千一百五。

次西第八將營，户一千二百二十二。

次西第七將營，户八百五十。

次西第九將營，户七百二十七。

次西第六將營，户九百八十九。

次西第五將營，户三百六十四。[1]

[1]“第二將營”至“户三百六十四”：金於西部沿邊各路設置將營，設正將、副將、部將、隊將等軍職官員，負責統領邊兵，輪番巡守邊境。正將爲正七品。鄜延路將營九、慶原路將營十、臨洮路將營十四、鳳翔路將營十六、河東路將營三，不知是在河東南路還是河東北路。除上面提到鄜延路的第二、四、五、六等四將營及下面臨洮路提到第八、十兩將營以外，僅此路提到八將營。此云第二將營“在荔原堡西，白豹城南七十五里”，疑其駐地都不在居民區内，所轄户爲軍屯户。本卷散見的六營都設於行政建置區内，爲例外情況，故本卷有載。另，上文慶原路條下説本路有“邊將營八”，此所列確爲八營。但本書卷五七《百官志三》載本路有十將營，疑此有脱、誤。

皇統六年，以德威城、西安州、定邊軍等沿邊地賜夏國，[1]從所請也。正隆元年，命與夏國邊界對立烽候，以防侵軼。

[1]德威城：在今甘肅省靖遠縣西南黄河東岸。　西安州：在今寧夏回族自治區海原縣西古西安州。　定邊軍：在今陝西省吴旗縣西鐵邊城鎮附近。

臨洮路，[1]皇統二年改熙州爲臨洮府，置熙秦路總管府，大定二十七年更今名。府一，領節鎮一，防禦一，刺郡四，縣一十三，[2]鎮六，城六，[3]堡十二，寨九，關二。

[1]臨洮路：治所在今甘肅省臨洮縣。

[2]縣一十三：殿本作“縣十五”，與以下所列數字相符。

[3]城六：殿本作“城七”，與以下所列數字相符。

臨洮府，[1]中。宋舊熙州臨洮郡鎮洮軍節度，後更爲德順軍，皇統二年置總管府。産甘草、菴蕳子、大黄。户一萬九千七百二十一。縣三、鎮一、城一、堡四：

狄道[2]　有白石山、洮水、浩亹河。[3]　鎮一　慶平。[4]　城一　景骨。[5]

當川[6]　堡一　通谷。[7]

康樂[8]　堡三　渭源，[9]臨洮，[10]南川臨宋界。[11]

[1]臨洮府：治所在今甘肅省臨洮縣。

[2]狄道：與本府治所在同一地。

[3]白石山：在今甘肅省臨洮縣東。　洮水：即今甘肅省黄河支流洮河。　浩亹河：即今青海省、甘肅省境内湟水支流大通河。

[4]慶平：即今甘肅省渭源縣西北慶坪鎮。

[5]景骨：在今甘肅省臨洮縣境内。

[6]當川：治所在今甘肅省康樂縣西北黨川鋪。

[7]通谷：俗名寸金城，在今甘肅省臨洮縣東二十二里。

[8]康樂：治所在今甘肅省康樂縣。

[9]渭源：即今甘肅省渭源縣。

[10]臨洮：在今甘肅省臨洮縣西北。

[11]南川：在今甘肅省臨洮縣南。

積石州，[1]下，刺史。本宋積石軍溪哥城，大定二十二年爲州。户五千一百八十五。縣一、城三、堡三：

懷羌[2]　西至生羌界八十里。　城三　循化，[3]西至生羌界一百里。大通，[4]臨河、夏界。[5]來羌，[6]臨夏邊。　堡三通津、臨灘、來同。[7]

[1]積石州：治所在今青海省循化撒拉族自治縣。

[2]懷羌：治所在今甘肅省臨夏縣西南。

[3]循化：在今甘肅省夏河縣北。

[4]大通：在今青海省循化撒拉族自治縣西黄河南岸。

[5]河：指黄河。

[6]來羌：一説在今青海省循化撒拉族自治縣境；一説在今甘肅省臨夏市東北。

[7]通津：一説在今青海省循化撒拉族自治縣西南；一説在今甘肅省夏河縣東北。　臨灘：一説在今甘肅省積石山保安族東鄉族撒拉族自治縣東南；一説在今甘肅省臨夏市北。　來同：一説在今甘肅省臨夏市西北；一説在今甘肅省積石山保安族東鄉族撒拉族自治縣西北。

洮州，[1]下。宋嘗置團練。刺史。舊軍事。臨宋界，至西生羌界八十里。户一萬一千三百三十七。堡二：通祐，[2]臨宋界，無民户，置軍守。鐵城，[3]臨宋界，無民户，置軍守。

[1]洮州：治所在今甘肅省臨潭縣。

[2]通祐：在今甘肅省臨潭縣或卓尼縣境内。

[3]鐵城：在今甘肅省岷縣東北。

蘭州，[1]上，刺史。宋金城郡軍事。户一萬一千三百六十。縣三、鎮三、城二、堡三、關一：

定遠[2]　兼第十將，[3]去質孤堡一十五里。[4]

龕谷[5]　宋舊寨。

阿干[6]　宋舊寨。　城二　寧遠、安羌。[7]　堡三　東關。[8]質孤，臨夏邊，兼第八將。[9]西關，[10]臨黄河、夏邊。　鎮三　原川、豬觜、納米。[11]　關一　京玉。[12]

[1]蘭州：治所在今甘肅省蘭州市。

[2]定遠：治所在今甘肅省榆中縣西北定遠鎮。

[3]第十將：臨洮路共十四邊將營，此指第十營。

[4]質孤堡：一説在今甘肅省榆中縣西北；一説在今甘肅省蘭州市東。

[5]龕谷：治所在今甘肅省榆中縣南小康營鄉。

[6]阿干：治所在今甘肅省蘭州市南阿干鎮。

[7]寧遠：在今甘肅省蘭州市附近。　安羌：在今甘肅省康樂縣境内。

[8]東關：在今甘肅省蘭州市東。

[9]第八將：此指臨洮第八營。

[10]西關：在今甘肅省蘭州市西。“關”，原作“開”，今據中華點校本改。

[11]原川：在今甘肅省蘭州市或皋蘭縣境内。　豬觜：在今甘肅省榆中縣西北。　納米：在今甘肅省榆中縣北。

[12]京玉：在今甘肅省蘭州市西北黄河南岸。

鞏州，[1]下，節度。宋通遠軍，皇統二年升軍事爲通遠軍節度使。户三萬六千三百一。縣五、寨四、鎮一：

隴西[2]　宋舊縣。

通渭[3]

定西[4]　貞祐四年六月升爲州，以通西、安西隸焉。鎮一　鹽川。[5]舊有赤觜鎮，[6]後廢。通西[7]

安西[8]　寨四　熟羊，[9]臨宋界。來遠，[10]去宋界二十五里，舊爲鎮。永寧，[11]去宋界三十里。南川。[12]舊有平西、寧遠二寨，[13]及南三岔堡。[14]

[1]鞏州：治所在今甘肅省隴西縣。

[2]隴西：與本州治所在同一地。

[3]通渭：治所在今甘肅省通渭縣。

[4]定西：治所在今甘肅省定西縣南。

[5]鹽川：在今甘肅省隴西縣西南。

[6]赤觜鎮：在今甘肅省隴西縣西北。

[7]通西：治所在今甘肅省隴西縣北。

[8]安西：治所在今甘肅省定西縣。

[9]熟羊：在今甘肅省隴西縣西北。

[10]來遠：在今甘肅省武山縣西南三十里灘歌鄉。

[11]永寧：在今甘肅省甘穀縣西四十里鋪附近。

[12]南川：不詳。

[13]平西：在今甘肅省定西縣西北。　寧遠：即今甘肅省武山縣。

[14]南三岔堡：不詳。“岔”，原作“分”，今據中華點校本乙正。

會州，[1]上，刺史。宋前舊名汝遮。户八千九百一十八。縣一、舊有會川城。[2]寨二、關一：

保川[3]　寨二　平西、通安。[4]　關一　會安，[5]舊作會寧。

[1]會州：治所在今甘肅省靖遠縣。大定二十三年（1183）城陷於西夏，僑治於會川城，名新會州。

[2]會川城：在今甘肅省靖遠縣西南。

[3]保川：大定二十二年改敷川縣爲保川縣，治所在今甘肅省靖遠縣。大定二十三年會州城陷於西夏，移治於此。

[4]平西：一名青石峽，在今甘肅省定西縣北。　通安：在今甘肅省會寧縣東北。

[5]會安：一説在今甘肅省靖遠縣西南；一説在今甘肅省榆中縣東北。

河州，[1]下，防禦。宋安鄉郡軍事。至都四千七百一十里。皇統二年升軍事爲防禦，貞祐四年十月升爲節鎮，軍曰平西。户一萬四千九百四十二。縣二、城一、寨三、鎮一：

枹罕[2]　國初廢，貞元二年復置。

寧河[3]　城一　安鄉關。[4]　寨三　南川、通會關、定羌城。[5]　鎮一　積慶。[6]

[1]河州：治所在今甘肅省臨夏市。

[2]枹罕：與本州治所在同一地。

[3]寧河：治所在今甘肅省和政縣。

[4]安鄉關：城名。在今甘肅省臨夏市北黄河南岸。

[5]南川：在甘肅省臨夏市西南。　通會關：在今甘肅省和政縣南。　定羌城：即今甘肅省廣河縣。

[6]積慶：在今甘肅省和政縣境内。

金史　卷二七

志第八

河渠

黄河　漕渠　盧溝河　滹沱河　漳河

黄河

金始克宋，[1]兩河悉畀劉豫。[2]豫亡，河遂盡入金境。[3]數十年間，或決或塞，遷徙無定。金人設官置屬，以主其事。沿河上下凡二十五埽，[4]六在河南，[5]十九在河北，[6]埽設散巡河官一員。[7]雄武、滎澤、原武、陽武、延津五埽則兼汴河事，[8]設黄汴都巡河官一員於河陰以莅之。[9]懷州、孟津、孟州及城北之四埽則兼沁水事，[10]設黄沁都巡河官一員於懷州以臨之。[11]崇福上下、衛南、淇上四埽屬衛南都巡河官，[12]則居新鄉。[13]武城、白馬、書城、教城四埽屬濬滑都巡河官，[14]則處教城。曹甸都巡河官則總東明、西佳、孟華、淩城四埽。[15]曹濟都巡河官則司定陶、濟北、寒山、金山四埽者也。[16]

故都巡河官凡六員。後又特設崇福上下埽都巡河官兼石橋使。[17]凡巡河官，皆從都水監廉舉，[18]總統埽兵萬二千人，[19]歲用薪百一十一萬三千餘束，草百八十三萬七百餘束，椿杙之木不與，此備河之恒制也。

[1]宋：此指北宋（960—1127）。

[2]兩河：指北宋的河南、河北兩路。北宋河南路治所在今河南省開封市，河北路治所在今河北省大名縣東北。　劉豫：本書卷七七有傳。

[3]河：指黄河。

[4]凡二十五埽（sào）：埽，指治河中用以護岸和堵口的器材，凡用埽料修成的隄壩也叫埽。此指管理河防器材的機構，設有諸埽物料場官，負責本場河防器材的收支、保管。此云沿河上下共二十五埽，本書卷五六《百官志二》也作“凡二十五埽”，但總計埽名却爲二十六。其中黄汴都巡河官下六埽，多一河陰。據此下文可知，河陰爲黄汴都巡河官駐所。《百官志》將河陰計入諸埽，誤。

[5]河南：路名。即南京路，治所在今河南省開封市。

[6]河北：路名。金分河北爲東、西路。東路治所在今河北省河間市，西路治所在今河北省正定縣。此下所列各埽有屬於山東路者，知此河北與以下指河北東、西路者不同，泛指黄河以北。

[7]散巡河官：都巡河官的下屬官員。負責河隄的防護、維修以及防汛工作。

[8]雄武：所在地不詳。　滎澤：地名。在今河南省鄭州市西北。　原武：縣名。治所在今河南省原陽縣西南原武鎮。　陽武：縣名。治所在今河南省原陽縣。　延津：縣名。治所在今河南省延津縣西。一説在今河南省延津縣。　汴河：即汴渠，有二。一是自今河南省滎陽市東北分黄河，東南流經今開封市南、民權縣與原商丘縣北，復東南經今安徽省碭山縣、蕭縣北，至江蘇省徐州市北入

泗水；另一個即隋通濟渠、唐廣濟渠的東段。隋開通濟渠，自今河南省滎陽市北引黄河東南流，經今河南省開封市、杞縣、睢縣、寧陵縣、商丘市、夏邑縣、永城縣，東南經安徽省宿州市、靈璧縣、泗縣和江蘇省泗洪縣，至盱眙縣對岸入淮河。因中間自今河南滎陽至開封一段就是原來的汴水，故唐宋人將出黄河至進入淮河的通濟渠東段全流統稱爲汴水、汴河或汴渠。南宋與金劃淮水爲界，此渠不再爲運道所經，不久即被湮没。今僅存江蘇泗洪境内的一段，俗名老汴河，上承濉水，東南流入洪澤湖。

[9]都巡河官：都水監下屬官員。負責河隄的防護、維修以及防汛工作。從七品。　河陰：縣名。治所在今河南省鄭州市西北七十里任莊。

[10]懷州：治所在今河南省沁陽市。　孟津：縣名。治所在今河南省孟津縣東舊縣址。　孟州：治所在今河南省孟縣。　沁水：即今沁河。源出山西省沁源縣北，南流至河南省武陟縣東南入黄河。

[11]黄沁都巡河官：按，本書卷二六《地理志下》稱懷州設“黄沁河隄都大管勾司”，本書卷五六《百官志二》作“黄沁河隄大管勾司”，並稱始設於皇統三年（1143）四月，當是此都巡河官所在官署名。

[12]崇福上下：埽名。所在地不詳。　衛南：鎮名。在今河南省滑縣東南。　淇上：埽名。所在地不詳。

[13]新鄉：縣名。治所在今河南省新鄉市。

[14]武城：鎮名。在今河南省滑縣西南沙店。　白馬：縣名。治所在今河南省滑縣東舊滑縣。衛南、武城二鎮都屬白馬縣。　書城：埽名。所在地不詳。　教城：埽名。所在地不詳。　濬滑都巡河官：本書卷五六《百官志二》作“滑濬都巡河官”。

[15]東明：縣名。治所在今山東省東明縣東南東明集。　西佳：埽名。所在地不詳。　孟華：埽名。所在地不詳。　凌城：埽名。所在地不詳。

[16]定陶：縣名。治所在今山東省定陶縣西北。　濟北：所在地不詳。　寒山：所在地不詳。　金山：所在地不詳。

[17]石橋使：官名。負責橋船渡口的管理與譏察。

[18]都水監：官署名。掌川澤、津梁、舟楫、河渠之事。長官爲都水監，正四品。下屬機構有街道司。

[19]埽兵：護埽之兵稱埽兵。

大定八年六月，[1]河決李固渡，[2]水潰曹州城，[3]分流于單州之境。[4]九年正月，朝廷遣都水監梁肅往視之。[5]河南統軍使宗室宗叙言：[6]"大河所以決溢者，以河道積淤，不能受水故也。今曹、單雖被其患，而兩州本以水利爲生，所害農田無幾。今欲河復故道，不惟大費工役，又卒難成功。縱能塞之，他日霖潦，亦將潰決，則山東河患又非曹、單比也。[7]又沿河數州之地，驟興大役，人心動摇，恐宋人乘間構爲邊患。"而肅亦言："新河水六分，舊河水四分，今若塞新河，則二水復合爲一。如遇漲溢，南決則害於南京，[8]北決則山東、河北皆被其害。不若李固南築隄以防決溢爲便。"尚書省以聞，[9]上從之。

[1]大定：金世宗年號（1161—1189）。

[2]李固渡：省稱作"李固"。在今河南省滑縣西南。

[3]曹州：州名。治所在今山東省荷澤市。

[4]單州：州名。治所在今山東省單縣。

[5]梁肅：字孟容，本書卷八九有傳。

[6]統軍使：統軍司長官。督領軍馬，鎮攝封陲，分管營衛、視察奸僞。正三品。　宗叙：女真人。本名德壽，闍母第四子。本

書卷七一有傳。

[7]山東：路名。金分山東爲東、西路。山東東路治所在今山東省青州市，山東西路治所在今山東省東平縣。

[8]南京：京路名。治所在今河南省開封市。

[9]尚書省：官署名。爲金代最高政務機關。長官爲尚書令，正一品。下屬機構有吏、户、禮、兵、刑、工六部及左、右司。

十年三月，[1]拜宗叙爲參知政事，[2]上諭之曰："卿昨爲河南統軍時，嘗言黄河隄埽利害，甚合朕意。朕每念百姓凡有差調，吏互爲奸，[3]若不早計而迫期徵斂，則民增十倍之費。然其所徵之物，或委積經年，至腐朽不可復用，使吾民數十萬之財，皆爲棄物，此害非細。卿既參朝政，凡類此者皆當革其弊，擇所利而行之。"

[1]十年三月：原脱"十年"，從施國祁《金史詳校》卷三下補。

[2]參知政事：爲執政官，宰相之貳，佐治省事。從二品。始設於天眷元年（1138）。

[3]吏互爲奸：此句語意不明。本書卷六《世宗紀上》作"官吏互爲奸弊"。卷七一《宗叙傳》作"官吏爲奸"。疑本卷有脱漏。

十一年，河決王村，[1]南京孟、衛州界多被其害。[2]

[1]王村：在今河南省衛輝市東北衛河南岸。

[2]南京孟、衛州界多被其害：衛州，治所在今河南省衛輝市。按，本書卷六《世宗紀上》大定十一年（1171）未記河決事，唯於是年正月丙申載"命賑南京屯田猛安被水災者"，大定十年未見

河决的記載，而正月水少，似不應河决。未詳此年河决於何時。

十二年正月，尚書省奏："檢視官言，水東南行，其勢甚大。可自河陰廣武山循河而東，[1]至原武、陽武、東明等縣，孟、衛等州增築隄岸，日役夫萬一千，期以六十日畢。"詔遣太府少監張九思、同知南京留守事紇石烈邈小字阿補孫監護工作。[2]

[1]廣武山：在今河南省滎陽市東北黄河南岸。

[2]太府少監：太府監屬官。協助太府監掌出納邦國財用錢穀之事。從五品。　張九思：本書卷九〇有傳。按，本書張九思本傳中未載此事，亦未載九思曾爲太府少監。　同知南京留守事：南京留守司屬官，例兼本府同知、本路兵馬都總管。正四品。　紇石烈邈：女真人。本書僅見於此及卷七。

十三年三月，以尚書省請修孟津、滎澤、崇福埽隄以備水患，上乃命雄武以下八埽並以類從事。

十七年秋七月，大雨，河决白溝。[1]十二月，尚書省奏："修築河隄，日役夫一萬一千五百，以六十日畢工。"詔以十八年二月一日發六百里内軍夫，并取職官人力之半，餘聽發民夫，以尚書工部郎中張大節、同知南京留守事高蘇董役。[2]

[1]白溝：地名。本書卷九七《張大節傳》記此事作"河决于衛"，則白溝當在衛州境。

[2]尚書工部郎中：尚書省工部屬官。協助工部尚書掌修造營建法式、諸作工匠、屯田、山林川澤之禁、江河隄岸、道路橋梁等

事。從五品。　張大節：本書卷九七有傳。按，本傳中載此事爲，“河决於衛，横流而東，滄境有九河故道，大節即相宜繕隄，水不爲害”。與此所載不同。且本傳記載張大節自工部郎中改户部郎中、太府監、横海軍節度使，而後纔寫治河事，似其治河時官職應爲横海軍節度使。但據本傳，張大節在章宗即位後由横海軍節度使轉中都路都轉運使，則其爲横海軍節度使當在大定末，此爲大定十七年(1177)，其官職當以工部郎中爲是。本傳繫此事於任横海軍節度使之後，疑誤。　高蘇：本書僅此一見。

先是，祥符縣陳橋鎮之東至陳留潘崗，[1]黄河隄道四十餘里以縣官攝其事，南京有司言，乞專設埽官，十九年九月，乃設京埽巡河官一員。[2]

[1]祥符縣：治所在今河南省開封市。　陳橋鎮：在今河南省原武縣南。　陳留：縣名。治所在今河南省開封市東南陳留城。　潘崗：地名。在今河南省開封市東北。

[2]京埽巡河官：官名。當是散巡河官之一。本書《百官志》不載，當是所置時間不長。

二十年，[1]河决衛州及延津京東埽，彌漫至于歸德府。[2]檢視官南京副留守石抹輝者言：[3]“河水因今秋霖潦暴漲，遂失故道，勢益南行。”宰臣以聞。乃自衛州埽下接歸德府南北兩岸增築隄以捍湍怒，計工一百七十九萬六千餘，日役夫二萬四千餘，期以七十日畢工。遂于歸德府創設巡河官一員，埽兵二百人，且詔頻役夫之地與免今年税賦。

[1]二十年：本書卷七《世宗紀中》河決繫於是年十二月己亥，本書卷二三《五行志》則爲“秋，河決衛州”，按十二月正是河水小時，不可能決河，本卷下石抹輝者言“河水因今秋霖潦暴漲，遂失故道”，則以《五行志》爲是，當繫於秋。是年八月十九日爲己亥，應是此日。

[2]歸德府：治所在今河南省商丘市。

[3]南京留守：南京留守司長官，例兼本府府尹、本路兵馬都總管。正三品。南京，京路名。治所在今河南省開封市。　石抹輝者：女真人。本書僅此一見。

二十一年十月，以河移故道，命築隄以備。

二十六年八月，河決衛州隄，壞其城。上命户部侍郎王寂、都水少監王汝嘉馳傳措畫備禦。[1]而寂視被災之民不爲拯救，乃專集衆以網魚取官物爲事，民甚怨嫉。上聞而惡之。既而，河勢泛濫及大名。[2]上於是遣户部尚書劉瑋往行工部事，[3]從宜規畫，黜寂爲蔡州防禦使。[4]

[1]户部侍郎：尚書户部屬官。協助户部尚書掌户口、錢糧、土地的政令及貢賦出納、金幣轉通、府庫收藏等事。正四品。　王寂：本書見於此及本書卷一〇、二七、四五。　都水少監：都水監屬官。協助都水監掌川澤、津梁、舟楫、河渠之事。從五品。　王汝嘉：事見於本卷及卷八、一〇、六六。　馳傳措畫備禦：按，本書卷七《世宗紀中》作：“河決，衛州壞。命户部侍郎王寂、都水少監王汝嘉徙衛州胙城縣。”

[2]大名：府名。治所在今河北省大名縣東北。

[3]户部尚書：尚書省户部長官。掌户口、錢糧、土地的政令

及貢賦出納、金幣轉通、府庫收藏等事。正三品。　劉瑋：本書卷九五有傳。　行工部事：金末臨時機構行工部的長官。行工部爲尚書省工部的派出機構。章宗以後，由於用兵、河防等事涉及數路，需統籌安排，因而臨時設立行尚書省或行六部以總其事，事畢撤銷。金末漸遍布全國。“工”，原作“户”，從施國祁《金史詳校》卷三下改。

[4]蔡州防禦使：州官名。防禦州長官。掌防捍不虞，禦制盜賊，總判州事。從四品。蔡州治所在今河南省汝南縣。

冬十月，上謂宰臣曰：“朕聞亡宋河防一步置一人，可添設河防軍數。”它日，[1]又曰：“比聞河水泛溢，民罹其害者，貲産皆空。今復遣官於被災路分推排，何耶?”右丞張汝霖曰：[2]“今推排者皆非被灾之處。”上曰：“雖然，必其鄰道也。既鄰水而居，豈無驚擾遷避者乎，計其貲産，豈有餘哉，尚何推排爲。”十一月，又謂宰臣曰：“河未决衛州時嘗有言者，既决之後，有司何故不令朕知。”命詢其故。

[1]它日：本書卷八《世宗紀下》繫於是年十二月丙申。

[2]右丞：即尚書右丞，爲執政官，宰相之貳，佐治省事。正二品。　張汝霖：渤海人。本書卷八三有傳。

二十七年春正月，尚書省言：“鄭州河陰縣聖后廟，[1]前代河水爲患，屢禱有應，嘗加封號廟額。今因禱祈，河遂安流，乞加褒贈。”上從其請，特加號曰昭應順濟聖后，廟曰靈德善利之廟。

[1]鄭州：治所在今河南省鄭州市。

二月，以衛州新鄉縣令張簾、丞唐括唐古出、主簿温敦偎喝，[1]以河水入城閉塞救護有功，皆遷賞有差。御史臺言：[2]"自來沿河京、府、州、縣官坐視管内河防缺壞，[3]特不介意。若令沿河京、府、州、縣長貳官皆於名銜管勾河防事，[4]如任内規措有方能禦大患，或守護不謹以致疏虞，臨時聞奏，以議賞罰。"上從之，仍命每歲將泛之時，令工部官一員沿河檢視。[5]於是以南京府及所屬延津、封丘、祥符、開封、陳留、胙城、杞縣、長垣，[6]歸德府及所屬宋城、寧陵、虞城，[7]河南府及孟津，河中府及河東，[8]懷州河内、武陟，[9]同州朝邑，[10]衛州汲、新鄉、獲嘉，[11]徐州彭城、蕭、豐，[12]孟州河陽、温，[13]鄭州河陰、滎澤、原武、汜水，[14]濬州衛，[15]陝州閿鄉、湖城、靈寶，[16]曹州濟陰，[17]滑州白馬，[18]睢州襄邑，[19]滕州沛，[20]單州單父，[21]解州平陸，[22]開州濮陽，[23]濟州嘉祥、金鄉、鄆城，[24]四府、十六州之長貳皆提舉河防事，四十四縣之令佐皆管勾河防事。[25]

[1]縣令：縣官名。掌養百姓、按察所部、宣導風化、勸課農桑、平理獄訟、捕除盜賊、禁止游惰，兼管常平倉及通檢推排簿籍。從七品。新鄉，縣名。治所在今河南省新鄉市。　張簾：本書僅此一見。　丞：縣官名。爲縣令之佐。正九品。　唐括唐古出：女直人。本書僅此一見。　主簿：縣官名。爲縣令之佐。正九品。　温敦偎喝：女真人。本書僅此一見。

[2]御史臺：官署名。掌糾察朝儀、彈劾官邪、勘鞫官府公事，審斷所屬部門理斷不當引起上訴的案件。長官爲御史大夫，正三品，大定十二年（1172）升爲從二品。下設御史中丞，從三品；侍御史二員，從五品；治書侍御史二員，從六品；殿中侍御史二員，正七品；監察御史十二員，正七品。

[3]京：也稱京路，爲金代地方最高一級的行政建置。長官爲諸京留守。　府：地方二級行政建置，隸於路。長官爲府尹。　州：地方二級行政建置，隸屬於路。分三種：節度州，長官爲節度使；防禦州，長官爲防禦使；刺史州，長官爲刺史。　縣：地方三級行政建置，隸於府或州。長官爲縣令。

[4]長貳官：即長官、佐貳官。據本書卷五五《百官志一》，皇統五年（1145），“定京府尹牧、留守、知州、縣令、詳穩、群牧爲‘長官’，同知、簽院、副使、少尹、通判、丞曰‘佐貳官’”。

[5]工部官：尚書省工部所屬官員。有尚書一員，正三品；侍郎一員，正四品；郎中一員，正五品；員外郎二員，從六品；主事二員，從七品。

[6]南京府：中華點校本疑此爲“開封府”之誤。　封丘：縣名。治所在今河南省封丘縣西南。一説即今河南省封丘縣。　開封：縣名。治所在今河南省開封市。　陳留：縣名。治所在今河南省開封市東南陳留城。　胙城：縣名。治所在今河南省延津縣北胙城。　杞縣：治所在今河南省杞縣。　長垣：縣名。治所在今河南省長垣縣東北四十四里。

[7]宋城：縣名。治所在今河南省商丘市睢陽區。　寧陵：縣名。治所在今河南省寧陵縣。　虞城：縣名。治所在今河南省虞城縣北利民鎮西南三里。

[8]河中府：治所在今山西省永濟市西南蒲州鎮。　河東：縣名。治所在今山西省永濟市西南蒲州鎮。

[9]懷州：治所在今河南省沁陽市。　河内：縣名。治所在今河南省沁陽市。　武陟：縣名。治所在今河南省武陟縣南。

[10]同州：治所在今陝西省大荔縣。　朝邑：縣名。治所在今陝西省大荔縣東南朝邑鎮。

[11]汲：縣名。治所在今河南省衛輝市。　獲嘉：縣名。治所在今河南省獲嘉縣。

[12]徐州：治所在今江蘇省徐州市。　彭城：縣名。治所在今江蘇省徐州市。　蕭：縣名。治所在今安徽省蕭縣西北。　豐：縣名。治所在今江蘇省豐縣。

[13]河陽：縣名。治所在今河南省孟縣。　温：縣名。治所在今河南省温縣西南。

[14]汜水：縣名。治所在今河南省滎陽市西北汜水鎮。

[15]濬州：治所在今河南省浚縣。　衛：縣名。治所在今河南省浚縣西南四十七里衛賢鄉。

[16]陝州：治所在今河南省三門峽市西陝縣老城。　閿鄉：縣名。治所在今河南省靈寶市西北文鄉。　湖城：縣名。治所在今河南省靈寶市西北原閿鄉縣城。　靈寶：縣名。治所在今河南省靈寶市東北老城。

[17]濟陰：縣名。治所在今山東省曹縣西北。

[18]滑州：治所在今河南省滑縣東舊滑縣。

[19]睢州：治所在今河南省睢縣。　襄邑：縣名。治所在今河南省睢縣。

[20]滕州：治所在今山東省滕州市。　沛：縣名。治所在今江蘇省沛縣。

[21]單父：縣名。治所在今山東省單縣。

[22]解州：治所在今山西省運城市西南解州。　平陸：縣名。治所在今山西省平陸縣西南平陸城。

[23]開州：治所在今河南省濮陽市。　濮陽：縣名。治所在今河南省濮陽市。

[24]濟州：治所在今山東省濟寧市。　嘉祥：縣名。治所在今山東省嘉祥縣。　金鄉：縣名。治所在今山東省金鄉縣。　鄆城：

縣名。治所在今山東省鄆城縣東。

[25]四十四縣：上述合計爲四十二縣，非四十四縣。另，本書卷八《世宗紀下》作“命沿河京、府、州、縣長貳官，並帶管勾河防事”，不確。

初，衛州爲河水所壞，乃命增築蘇門，[1]遷其州治。至二十八年，水息，居民稍還，皆不樂遷。於是遣大理少卿康元弼按視之。[2]元弼還奏：“舊州民復業者甚衆，且南使驛道館舍所在，向以不爲水備，以故被害。若但修其隄之薄缺者，可以無虞，比之遷治，所省數倍，不若從其民情，修治舊城爲便。”乃不遷州，仍勑自今河防官司怠慢失備者，皆重抵以罪。

[1]蘇門：縣名。治所在今河南省輝縣市。據本書卷二五《地理志中》，河北西路衛州蘇門，“本共城，大定二十九年改爲河平，避顯宗諱也。明昌三年（1192）改爲今名”，則此縣稱蘇門在明昌三年以後。此時在大定二十八年（1188）以前，當稱共城。

[2]大理少卿：大理寺屬官。協助大理卿掌審斷天下奏案、詳核疑獄。從五品。　康元弼：本書卷九七有傳。

二十九年五月，河溢于曹州小隄之北。六月，上諭旨有司曰：“比聞五月二十八日河溢，[1]而所報文字如此稽滯。[2]水事最急，功不可緩，稍緩時頃，則難固護矣。”十二月，工部言：[3]“營築河隄，用工六百八萬餘，就用埽兵軍夫外，有四百三十餘萬工當用民夫。”遂詔命去役所五百里州、府差顧，[4]於不差夫之地均徵顧錢，驗物力科之。每工錢百五十文外，[5]日支官錢五十文，米升半。仍命彰化軍節度使内族裔、都水少監大齡壽提控五百人往來彈壓。[6]

[1]五月二十八日：本書卷九《章宗紀一》繫此事於五月戊午，按，五月戊午爲二十九日，此云二十八日，異。

[2]所報文字如此稽滯：是年（1189）閏五月，五月二十八日河決，而章宗至六月始知，事已過一月有餘。

[3]工部：官署名。尚書省下屬機構。掌修造營建法式、諸作工匠、屯田、山林川澤之禁、江河隄岸、道路橋梁等事。長官爲工部尚書，正三品。

[4]顧：同"雇"。

[5]每工錢百五十文外：原脱"錢"字，從中華點校本補。

[6]彰化軍節度使：州官名。爲節度州長官，掌鎮撫諸軍防刺，總判本鎮兵馬之事，兼本州管内觀察使。從三品。彰化軍治所在今甘肅省涇川縣北涇河北岸。　裔：女真人。本名完顔裔，皇族。金世宗時已仕至同知中京留守事，因在任專恣，降爲復州刺史。至大定末晋升爲山東統軍，因世宗之喪，私過都城而未哭臨，笞五十，降爲彰化軍節度使。在章宗時仕至參知政事，曾行省於北京平叛。後因在任期間失職，被杖一百，除名。　大齡壽：本書僅此一見，從姓氏上看應是渤海人。

先是，河南路提刑司言：[1]"沿河居民多困乏逃移，蓋以河防差役煩重故也。竊惟禦水患者，不過隄埽，若土功從實計料，薪藁樁杙以時徵斂，[2]亦復何難。今春築隄，都水監初料取土甚近，[3]及其興工乃遠數倍，人夫懼不及程，貴價買土，一隊之間多至千貫。又許州初科薪藁十八萬餘束，[4]既而又配四萬四千，是皆常歲必用之物，農隙均科則易輸納。自今隄埽興工，乞令本監以實計度，量一歲所用物料，驗數折税，或令和買，於冬月分爲三限輸納爲便。”詔尚書省詳議以聞。

[1]河南路提刑司：官署名。掌審察刑獄，照刷案牘，糾察官事及豪猾之人。長官爲提刑使，正三品。河南路提刑司設在許州，即今河南省許昌市，明昌四年（1193）七月移治南京，即今河南省開封市。

[2]藁：同“稿”。

[3]都水監：都水監長官。掌川澤、津梁、舟楫、河渠之事。正四品。

[4]許州：治所在今河南省許昌市。

明昌元年春正月，[1]尚書省奏：“臣等以爲，自今凡興工役，先量負土遠近，增築高卑，定功立限，牓諭使人先知，無令增加。力役并河防所用物色，委都水監每歲於八月以前，先拘籍舊貯物外實闕之數，[2]及次年春工多寡，移報轉運司計置，[3]於冬三月分限輸納。如水勢不常，夏秋暴漲危急，則用相鄰埽分防備之物，不足，則復於所近州縣和買。然復慮人户道塗泥淖，艱于運納，止依税内科折他物，更爲增價，當官支付，違者並論如律。仍令所屬提刑司正官一員馳驛監視體究，如此則役作有程，而河不失備。”制可之。

[1]明昌：金章宗年號（1190—1196）。

[2]闕：同“缺”。

[3]轉運司：官署名。掌賦税錢穀，倉庫出納，權衡度量之制。長官爲轉運使，正三品。

四年十一月，[1]尚書省奏："河平軍節度使王汝嘉等言，[2]'大河南岸舊有分流河口，如可疏導，足泄其勢，及長隄以北，恐亦有可以歸納排瀹之處，[3]乞委官視之。濟北埽以北宜創起月隄'。臣等以爲宜從所言。其本監官皆以諳練河防故注以是職，當使從汝嘉等同往相視，庶免異議。如大河南北必不能開挑歸納，其月隄宜依所料興修。"上從之。

[1]四年十一月：按，本書卷二三《五行志》，是年六月河决衛州，此所記當是對本次河决的應對措施，本卷失載河决。

[2]河平軍節度使：州官名。節度州長官。從三品。河平軍治所在今河南省衛輝市。

[3]瀹（yuè）：疏通河道。

十二月，勑都水監官提控修築黄河隄，及令大名府差正千户一員，[1]部甲軍二百人彈壓勾當。

[1]千户：爲"猛安"的漢語意譯，千户也稱猛安，爲女真地方行政設置及長官名稱。猛安相當於防禦州，同時也是軍事編制及軍官名稱，也用爲榮譽爵稱。

五年春正月，尚書省奏："都水監丞田櫟同本監官講議黄河利害，[1]嘗以狀上言，前代每遇古隄南决，多經南、北清河分流，[2]南清河北下有枯河數道，河水流其中者長至七八分，北清河乃濟水故道，[3]可容三二分而已。今河水趨北，齧長隄而流者十餘處，而隄外率多積水，恐難依元料增修長隄與創築月隄也。可於北岸墻村决河入梁山濼故道，[4]依舊作南、北兩清河分流。然北清河舊隄歲久不完，當立年限增築大隄，而梁山故道多有屯田軍户，亦宜遷徙。今擬先於南岸王村、宜村兩處决隄導水，[5]使長隄可以固護，姑宜仍舊，如不能疏導，即依上開决，分爲四道，竢見水勢隨宜料理。"[6]尚書省以櫟等所言與明昌二年劉瑋等所案視利害不同，及令陳言人馮德輿與櫟面對，[7]亦有不合者，送工部議。復言："若遽於墻村疏决，緣瀕北清河州縣二十餘處，兩岸連亘千有餘里，其隄防素不修備，恐所屯軍户亦卒難徙。[8]今歲先於南岸延津縣隄决隄泄水，其北岸長隄自白馬以下，定陶以上，並宜加功築護，庶可以遏將來之患。若定陶以東三埽棄隄則不必修，止决舊壓河口，引導積水東南行，流隄北張彪、白塔兩河間，[9]礙水軍户可使遷徙，及梁山濼故道分屯者，亦當預爲安置。"宰臣奏曰："若遽從櫟等所擬，恐既更張，利害非細。比召河平軍節度使王汝嘉同計議，先差幹濟官兩員行户工部事覆視之，同則就令計實用工物、量州縣遠近以調丁夫，其督趣春工官即充今歲守漲，及與本監官同議經久之利。"詔以知大名府事内族裔、尚書户部郎中李敬義充行户工部事，[10]以參知政事胥持國都提控。[11]又奏差德州防禦使李獻可、尚書户部郎中焦旭於山東當水所經州縣築護城隄，[12]及北清河兩岸舊有隄處别率丁夫修築，亦就令講究河防之計。

［1］都水監丞：都水監屬官。協助都水監掌川澤、津梁、舟楫、河渠之事。正七品。　田櫟：僅見於本卷及卷九五、一〇〇。　本監官：指都水監所屬各官，有都水監、少監、丞、掾等。

［2］南北清河：古黄河岔流。北清河自梁山泊分出，東北流經山東省東阿、長清、濟南、濟陽、惠民、東營等縣市，入渤海。南清河也出自梁山泊。黄河自李固渡分出岔流，東北行，經河南省濮陽市南折向東南，經山東省鄄城縣、鄆城縣、巨野縣，至今山東省嘉祥縣東北與南清河匯。東南流，經山東省魚臺縣與江蘇省沛縣，至江蘇省徐州市東復歸古黄河。

［3］濟水：古爲“四瀆之一”。包括黄河南、北兩部分。河北部分今仍名濟水，源出今河南省濟源市西王屋山，入黄河，惟其下游河道歷代屢有變遷。河南部分爲黄河所分支脉，其分流點約在今河南省滎陽市北，東流經原陽、封丘等縣，至今山東省定陶縣西，折東北入巨野澤，又自澤北出經梁山縣東，折東北經今平陰、長清、齊河、歷城、鄒平、博興等縣，而入海，歷代屢有變遷，故道或堙，或爲他河所奪。此云北清河即濟水故道，指的是河南部分自巨野以下的故道。

［4］墻村：不詳。　梁山泊：在今山東省梁山、鄆城等縣之間。南部梁山以南，本大野澤的一部分，五代時澤西北移，環梁山皆成湖區，始稱梁山泊。北宋時面積逐漸擴大，周圍八百里。元末涸。

［5］王村：不詳。　宜村：在今河南省衛輝市。

［6］竢：同“俟”。

［7］馮德輿：本書僅此一見。

［8］卒：同“猝”。

［9］張彪：河名。不詳。　白塔：河名。不詳。

[10]知大名府事：府官名。帶京朝官銜者或試銜者主持府事時稱知府事，簡稱知府。執掌與府尹同，掌宣風導俗，肅清所部，總判府事。大名府，治所在今河北省大名縣東北。　尚書户部郎中：尚書户部屬官。協助户部尚書掌户口、錢糧、土地的政令及貢賦出納、金幣轉通、府庫收藏等事。正五品。　李敬義：官爲户部郎中，曾參加新律的修訂工作。明昌五年（1194）以户部郎中爲賜高麗生日使。

[11]胥持國：本書卷一二九有傳。

[12]德州：治所在今山東省陵縣。　李獻可：即李石子。本書卷八六有傳。　焦旭：本書卷九七有傳。

他日，上以宋閻士良所述《黄河利害》一帙付參知政事馬琪曰：[1]“此書所言亦有可用者，今以賜卿。”

[1]閻士良所述《黄河利害》：不詳。　馬琪：本書卷九五有傳。

二月，上諭平章政事守貞曰：[1]“王汝嘉、田櫟專管河防，此國家之重事也。朕比問其曾於南岸行視否？乃稱‘未也’。又問水决能行南岸乎？又云‘不可知’。且水趨北久矣，自去歲便當經畫，今不稱職如是耶？可諭旨令往盡心固護，無致失備，及講究所以經久之計。稍涉違慢，當併治罪。”

[1]平章政事：爲宰相，掌丞天子，平章萬機。從一品。始設於天眷元年（1138）。　守貞：女真人。即完顔守貞。本書卷七三有傳。

三月，行省并行户工部及都水監官各言河防利害事。[1]都水監元擬於南岸王村、宜村兩處開導河勢，緣比來水勢去宜村隄稍緩，[2]唯王村岸向上數里卧捲，[3]可以開决作一河，且無所犯之城市村落。又擬於北岸墻村疏决，依舊分作兩清河入梁山故道，北清河兩岸素有小隄不完，後當築大隄。[4]尚書省謂："以黄河之水勢，若於牆村决注，則山東州縣膏腴之地及諸鹽場必被淪溺。[5]設使修築壞隄，而又吞納不盡，功役至重，虚困山東之民，非徒無益，而又害之也。况長隄已加固護，復於南岸疏决水勢，已寢决河入梁山濼之議，水所經城邑已勸率作護城隄矣，先所修清河舊隄已遣罷之。[6]監丞田櫟言定陶以東三埽棄隄不當修，止言'决舊壓河口以導漸水入隄北張彪、白塔兩河之間，凡當水衝屯田户須令遷徙'。臣等所見，止當隄前作木岸以備之，其間居人未當遷徙，至夏秋水勢泛溢，權令避之，水落則當各復業，此亦户工部之所言也。"上曰："地之相去如此其遠，彼中利害，安得悉知？惟委行省盡心措畫可也。"

[1]行省：官署名。行尚書省的簡稱。章宗以後，因用兵、河防等事涉及諸路，需統籌安排，因而臨時設立行尚書省，作爲尚書省的派出機構以總其事，事畢撤銷。金末漸遍布全國，成爲臨時性地方設置。長官爲行尚書省事，或簡稱行省事，一般由執政充任。行户工部：官署名。爲尚書省户部、工部的派出機構，是因用兵、河防而設立的一種臨時性機構，事畢撤銷。金末漸遍布全國。

[2]緣比來水勢去宜村隄稍緩："比"，原作"北"，從中華點

校本改。

[3]卧捲：也作“揄捲”。《宋史·河渠志一》：“浪勢旋激，岸土上隤，謂之‘揄捲’。”

[4]後當築大隄：“後”，殿本作“復”。

[5]淪：浸漬。

[6]已：殿本作“宜”。

四月，以田櫟言河防事，上諭旨參知政事持國曰：“此事不惟責卿，要卿等同心規畫，不勞朕心爾。如櫟所言，築隄用二十萬工，[1]歲役五十日，五年可畢，此役之大，古所未有。況其成否未可知，就使可成，恐難行也。遷徙軍户四千則不爲難，然其水特決，尚不知所歸，儻有潰走，[2]若何枝梧？[3]如令南岸兩處疏决，[4]使其水趨南，或可分殺其勢。然水之形勢，朕不親見，難爲條畫，雖卿亦然。丞相、左丞皆不熟此，[5]可集百官詳議以行。”百官咸謂：“櫟所言棄長隄，無起新隄，放河入梁山故道，使南北兩清河分流，爲省費息民長久之計。臣等以爲黄河水勢非常，變易無定，非人力可以斟酌、可以指使也。況梁山濼淤填已高，而北清河窄狹不能吞伏，兼所經州縣農民廬井非一，使大河北入清河，山東必被其害。櫟又言乞許都水監符下州府運司，[6]專其用度，委其任責，一切同於軍期，仍委執政提控。[7]緣今監官已經添設，又於外監署司多以沿河州府長官兼領之，及令佐管勾河防，其或怠慢已有同軍期斷罪的决之法，凡櫟所言無可用。”遂寢其議。

［1］二十萬工：施國祁《金史詳校》卷三下認爲，“十”當作“千”。

［2］儻：同“倘”。

［3］枝梧：亦作“支吾”，抗拒。

［4］如令南岸兩處疏決：“令”，原作“今”，從中華點校本改。

［5］丞相：指尚書左丞相與尚書右丞相。爲宰相，掌丞天子，平章萬機。從一品。始設於天眷元年（1138）。此時尚書左丞相空缺，尚書右丞相爲徒單克寧。　左丞：即尚書左丞。爲執政官，宰相之貳，佐治省事。正二品。此時尚書左丞爲烏林荅願。

［6］運司：官署名。即轉運司。掌賦稅錢穀，倉庫出納，權衡度量之制。長官爲轉運使，正三品。

［7］執政：指執政官。金於尚書省設尚書左、右丞各一員，正二品，參知政事二員，從二品，爲執政官。　提控：管理。

八月，以河決陽武故隄，灌封丘而東，尚書省奏，都水監、行部官有失固護。詔命同知都轉運使高旭、武衛軍副都指揮使女奚列奕小字韓家奴。同往規措。[1]尚書省奏：“都水監官前來有犯，已經戒諭，使之常切固護。今王汝嘉等殊不加意，既見水勢趨南，不預經畫，承留守司累報，[2]輒爲遷延，以至害民。即是故違制旨，私罪當的決。”詔汝嘉等各削官兩階，杖七十罷職。[3]

［1］同知都轉運使：轉運司屬官。協助轉運使掌賦稅錢穀，倉庫出納，權衡度量之制。從四品。　高旭：爲梁肅舉薦，曾爲平陽酒使。本書僅見於此及卷八七。　武衛軍副都指揮使：武衛軍都指揮使司屬官。武衛軍初名京師防城軍，負責京城的治安工作，世宗大定十七年（1177）改名爲武衛軍。武衛軍副都指揮使爲從四品。　女奚列奕：女真人。本書僅此一見。

［2］留守司：官署名。爲地方最高行政建置。金於五京設留守司，主管京路政務。長官爲留守，例兼本府府尹與本路兵馬都總管。正三品。

［3］汝嘉等各削官兩階杖七十罷職：按，本書卷一〇《章宗紀二》，王汝嘉等受杖於九月甲子。

上謂宰臣曰："李愈論河決事，[1]謂宜遣大臣往，以慰人心，其言良是。曏慮河北決，措畫隄防，猶嘗置行省，況今方横潰爲害，而止差小官，恐失衆望。自國家觀之，雖山東之地重於河南，[2]然民皆赤子，何彼此之間。"乃命參知政事馬琪往，仍許便宜從事。[3]上曰："李愈不得爲無罪，雖都水監官非提刑司統攝，若與留守司以便宜率民固護，或申聞省部，[4]亦何不可使朕聞之。徒能張皇水勢而無經畫，及其已決，乃與王汝嘉一往視之而還，亦未嘗有所施行。問王村河口開導之月，則對以四月終，其實六月也，月日尚不知，提刑司官當如是乎。"[5]尋命户部員外郎何格賑濟被浸之民。[6]

［1］李愈：本書卷九六有傳。

［2］河南：指南京路，治所在今河南省開封市。

［3］乃命參知政事馬琪往，仍許便宜從事：馬琪治河本書卷一〇《章宗紀二》繫於是年九月。其本傳稱"琪行尚書省事往治之"，本書卷一〇《章宗紀二》作"仍許便宜從事"，當是馬琪以參知政事銜行尚書省事於河南。

［4］省部：指尚書省及其下屬機構六部。

［5］提刑司官：指提刑司所屬官員，包括提刑使、副使、簽司事、判官、知事、知法等。

[6]户部員外郎：尚書省户部屬官。協助户部尚書掌户口、錢糧、土地的政令及貢賦出納、金幣轉通、府庫收藏等事。從六品。何格：本書僅見於此及卷一〇。本書卷一〇《章宗紀二》繫此事於十月壬寅。

時行省參知政事胥持國、馬琪言：[1]“已至光禄村周視隄口。[2]以其河水浸漫，隄岸陷潰，至十餘里外乃能取土。而隄面窄狹，僅可數步，人力不可施，雖窮力可以暫成，終當復毁。而中道淤澱，地有高低，流不得泄，且水退，新灘亦難開鑿。其孟華等四埽與孟陽隄道，沿汴河東岸，但可施功者，即悉力修護，將於農隙興役，及凍畢工，則京城不至爲害。”[3]

[1]行省參知政事：官名。尚書省的派出機構行尚書省的屬官。行省長官爲行尚書省事，或簡稱行省事，一般由執政充任。此官爲行省事之佐。

[2]光禄村：不詳。

[3]京城：此指南京。治所在今河南省開封市。

參知政事馬琪言：“都水外監員數冗多，每事相倚，或復邀功，議論紛紜不一，隳廢官事。擬罷都水監掾，設勾當官二員。又自昔選用都、散巡河官，止由監官辟舉，皆諸司人，或有老疾，避倉庫之繁，行賄請托，以致多不稱職。擬升都巡河作從七品，於應入縣令廉舉人内選注外，[1]散巡河依舊，亦於諸司及丞簿廉舉人内選注，[2]並取年六十以下有精力能幹者。到任一年，委提刑司體察，若不稱職，即日罷之。如守禦有方，致河水安流，任滿，從本監及提刑司保申，量與升除。凡河橋司使副亦擬同此選注。”[3]繼而胥持國亦以爲言，乃從其請。

[1]於應入縣令廉舉人内選注外：本書卷五六《百官志二》作“以合得縣令人年六十者選充”。

[2]亦於諸司及丞簿廉舉人内選注：本書卷五六《百官志二》作“于諸局及丞簿廉舉人，並見勾當人六十以下者充”。

[3]河橋司使副：河橋司爲都水監下屬機構，掌橋船渡口的譏察、維修。據本書卷五六《百官志二》，河橋司長官爲管勾，其佐爲同管勾，本書卷五八《百官志四》有“管勾河橋”“同管勾河橋”，可證非河橋司使副。本書僅此見“河橋司使副”，疑誤。

閏十月，平章政事守貞曰：“馬琪措畫河防事未見功，役之數加之，積歲興功，民力將困，今持國復病，請別遣有材幹者往議之。”上曰：“隄防救護若能成功，則財力固不敢惜。第恐財殫力屈，成而復毀，如重困何。”宰臣對曰：“如盡力固護，縱爲害亦輕，若恬然不顧，則爲害滋甚。”上曰：“無乃因是致盜賊乎？”守貞曰：“宋以河決興役，亦嘗致盜賊，然多生於凶歉。今時平歲豐，少有差役，未必至此。且河防之役，理所當然，今之當役者猶爲可耳。至於科徵薪芻，不問有無，督輸迫切則破産業以易之，恐民益困耳。”上曰：“役夫須近地差取，若遠調之，民益艱苦，但使津濟可也。然當俟馬琪至而後議之。”庚辰，琪自行省還，入見，言：“孟陽河隄及汴隄已填築補修，水不能犯汴城。[1]自今河勢趨北，來歲春首擬於中道疏决，以解南北兩岸之危。凡計工八百七十餘萬，可於正月終興工。臣乞前期再往河上監視。”上以所言付尚書省，而治檢覆河隄并守漲官等罪有差。

[1]汴城：指南京路，治開封府，即今河南省開封市。

他日，[1]尚書省奏事，上語及河防事，馬琪奏言："臣非敢不盡心，然恐智力有所不及。若别差官相度，儻有奇畫，亦未可知。如適與臣策同，方來興功，亦庶幾稍寬朝廷憂顧。”上然之，命翰林待制奥屯忠孝權尚書户部侍郎、太府少監温昉權尚書工部侍郎，[2]行户、工部事，修治河防，且諭之曰："汝二人皆朕所素識，以故委任，冀副朕意。如有錯失，亦不汝容。”

[1]他日：本書卷一〇《章宗紀二》繫此事於是年閏十月丙戌。

[2]翰林待制：翰林學士院屬官。分掌詞命文字，分判院事。正五品。　奥屯忠孝：女真人。本書卷一〇四有傳。　權尚書户部侍郎：代理之官稱“權”。尚書户部侍郎爲尚書省下屬機構户部屬官，協助户部尚書掌户口、錢糧、土地的政令及貢賦出納、金幣轉通、府庫收藏等事。正四品。　太府少監：太府監屬官。協助太府監掌出納邦國財用錢穀之事。從五品。　温昉：後曾爲尚書户部侍郎，行六部尚書於撫州。本書僅見於本卷及卷一〇、九八。　權尚書工部侍郎：代理之官稱權。尚書工部侍郎爲尚書省工部屬官。協助工部尚書掌修造營建法式、諸作工匠、屯田、山林川澤之禁、江河隄岸、道路橋梁等事。正四品。

承安元年七月，[1]勑自今沿河傍側州、府、縣官雖部除者皆勿令員闕。

[1]承安：金章宗年號（1196—1200）。

泰和二年九月，[1]勑御史臺官：[2]“河防利害初不與卿等事，然臺官無所不問，應體究者亦體究之。”

[1]泰和：金章宗年號（1201—1208）。

[2]御史臺官：包括御史大夫，從二品；御史中丞，從三品；侍御史，從五品；治書侍御史，從六品；殿中侍御史，正七品；臨察御史，正七品；典事，從七品；架閣庫管勾，從八品；檢法，從八品；獄丞，從九品。

五年二月，以崔守真言，[1]“黄河危急，芻藁物料雖云折税，每年不下五六次，或名爲和買，而未嘗還其直”，[2]勑委右三部司正郭澥、御史中丞孟鑄講究以聞。[3]澥等言：“大名府、鄭州等處自承安二年以來，所科芻藁未給價者，計錢二十一萬九千餘貫。”遂命以各處見錢差能幹官同各州縣清强官一一酬之，續令按察司體究。[4]

[1]崔守真：本書僅此一見。

[2]直：同“值”。

[3]右三部司正：尚書省下屬機構右三部檢法司長官。正八品。郭澥：本書僅此一見。　御史中丞：御史臺屬官。協助御史大夫掌

糾察朝儀、彈劾官邪、勘鞫官府公事及審斷内外刑獄所屬理斷不當事。從三品。　孟鑄：本書卷一〇〇有傳。

[4]按察司：官署名。原爲提刑司，掌審斷刑獄、照刷案牘、糾察貪官污吏豪猾之人、私鹽酒及一切應禁之事，兼勸農桑。長官爲按察使，正三品。

宣宗貞祐三年十一月壬申，[1]上遣參知政事侯摯祭河神於宜村。[2]

[1]宣宗：廟號。即完顏吾睹補，漢名珣。1213年至1223年在位。　貞祐：金宣宗年號（1213—1217）。原脱“十一月”，從施國祁《金史詳校》卷三下補。

[2]侯摯：本書卷一〇八有傳。

三年四月，單州刺史顏盞天澤言：[1]“守禦之道，當決大河使北流德、博、觀、滄之境。[2]今其故隄宛然猶在，工役不勞，水就下必無漂没之患。而難者若不以犯滄鹽場損國利爲説，必以浸没河北良田爲解。臣嘗聞河側故老言，水勢散漫，則淺不可以馬涉，深不可以舟濟，此守禦之大計也。若曰浸民田，則河徙之後，淤爲沃壤，正宜耕墾，收倍于常，利孰大焉。若失此計，則河南一路兵食不足，而河北、山東之民皆瓦解矣。”詔命議之。

[1]單州刺史：州官名。爲刺史州長官，負責本州政務。正五品。單州治所在今山東省單縣。　顏盞天澤：女真人。事見於本卷及卷一四、一〇三。

[2]德：州名。治所在今山東省陵縣。　博：州名。治所在今山東省聊城市。　觀：州名。治所在今河北省東光縣。　滄：州名。治所在今河北省滄州市東南四十里舊州鎮。

四年三月，延州刺史温撒可喜言：[1]"近世河離故道，自衛東南而流，由徐、邳入海，[2]以此，河南之地爲狹。臣竊見新鄉縣西河水可決使東北，其南有舊隄，水不能溢，行五十餘里與清河合，則由濬州、大名、觀州、清州、柳口入海，[3]此河之故道也，皆有舊隄，補其缺罅足矣。如此則山東、大名等路，皆在河南，而河北諸郡亦得其半，退足以爲禦備之計，進足以壯恢復之基。"又言："南岸居民，既已籍其河夫修築河堰，營作戍屋，又使轉輸芻粮，賦役繁殷，倍於他所，夏秋租稅，猶所未論，乞減其稍緩者，以寬民力。"事下尚書省，宰臣謂："河流東南舊矣。一旦決之，恐故道不容，衍溢而出，分爲數河，不復可收。水分則淺狹易渡，天寒輒凍，禦備愈難，此甚不可。"詔但令量宜減南岸郡縣居民之賦役。

[1]延州刺史：州官名。刺史州長官。正五品。延州治所在今河南省延津縣西。　温撒可喜：女真人。本書僅見於此及卷一四。

[2]邳：州名。治所在今江蘇省睢寧縣西北古邳鎮。

[3]清州：治所在今河北省青縣。　柳口：地名。在今天津市西青區。

五年夏四月，勑樞密院，[1]沿河要害之地，可壘石岸，仍置撒星樁、陷馬塹以備敵。

[1]樞密院：官署名。掌軍興武備機密之事。長官爲樞密使，從一品。下設樞密副使、簽書樞密院事、同簽樞密院事等官。

漕渠

金都於燕，[1]東去潞水五十里，[2]故爲牐以節高良河、白蓮潭諸水，[3]以通山東、河北之粟。凡諸路瀕河之城，則置倉以貯傍郡之稅，若恩州之臨清、歷亭，[4]景州之將陵、東光，[5]清州之興濟、會川，[6]獻州及深州之武强，[7]是六州諸縣皆置倉之地也。[8]其通漕之水，舊黄河行滑州、大名、恩州、景州、滄州、會川之境，[9]漳水東北爲御河，[10]則通蘇門、獲嘉、新鄉、衛州、濬州、黎陽、衛縣、彰德、磁州、洺州之餽，[11]衡水則經深州會于滹沱，[12]以來獻州、清州之餉，皆合于信安海壖，[13]泝流而至通州，[14]由通州入牐，十餘日而後至于京師。其他若霸州之巨馬河，[15]雄州之沙河，[16]山東之北清河，皆其灌輸之路也。然自通州而上，地峻而水不留，其勢易淺，舟膠不行，故常從事陸輓，人頗艱之。

[1]燕：京路名。後改爲中都路。治所在今北京市。

[2]潞水：即今北京市通州區以下的白河。

[3]高良河白蓮潭：不詳。但從下文來看，此閘位於通州至北京的水路上，則此二河當是流入通州附近運河的小水，在今北京市通州區境内。

[4]恩州：治所在今山東省武成縣東北舊城。　臨清：縣名。

治所在今山東省臨清市西南。　歷亭：縣名。治所在今山東省武成縣東北舊城。

［5］景州：治所在今河北省東光縣。　將陵：縣名。治所在今山東省德州市。　東光：縣名。治所在今河北省東光縣。

［6］興濟：縣名。治所在今河北省滄州市北興濟鎮。　會川：縣名。治所在今河北省青縣。

［7］獻州：治所在今河北省獻縣。　深州：治所在今河北省深州市南。　武强：縣名。治所在今河北省武强縣西南武强。

［8］六州諸縣皆置倉之地也：本書卷二五《地理志中》載"置河倉"有八：深州武强縣、清州會川縣、滄州清池縣、南皮縣、景州東光縣、將陵縣、恩州歷亭縣、臨清縣。此言"六州"，而上文僅提到恩、景、清、獻、深五州，應是漏記了滄州。

［9］會川：縣名。此會川以前所列皆府州名。講運河經此數府州之境，運河所經最後一州應是清州，會川爲清州治所。此不應獨出縣名。似應書"清州"。又，此云"舊黄河"，以下列出運河所經的所有府州，當是以前運河曾引黄河之水貫通全程。金代此運河北段水改引漳水南支。

［10］漳水：發源於今山西省，有兩源。一是濁漳水，發源於山西省長子縣西，東北流至襄垣縣北，折而東南流入河南省林州市北界，與清漳水合；一名清漳水，發源於山西省昔陽縣南，南流入河南省林州市北界與濁漳水合。合流後，古仍稱清漳水。此爲漳水上游，從古至今大體未變。下游穿太行山脉入河北省，歷代變徙很多，但主要可以分爲兩支，北支經河北省磁縣南與源出磁縣西北鼓山的滏水（一名滏陽河）合而東北流，經今河北省曲周縣東折而北流，至隆堯縣東行。自河北省新河縣西稱胡盧河，東北流與古滹沱河南支匯，入御河。南支自河北省成安縣東北行，經館陶縣、臨西縣、清河縣、故城縣、景縣，至東光縣入御河。以北支爲主流。　御河：運河名。隋大業四年（608）開鑿。自今河南省武陟縣南引沁水東北流，經新鄉、衛輝、滑縣、內黄諸縣市，至河北省魏縣，

復東北經大名、館陶、臨清、清河等縣市，至山東武城縣，由此折而北流，經山東省德州仍入河北省境内，經吴橋、東光、南皮、滄縣、青縣、静海等縣達天津市區，又折而西北，經武清、安次二縣達於北京市。全程多利用自然河道，長一千多公里。自天津市西北渠段不久即毁，天津市以南唐以後改以清、淇二水爲源，不再引自沁水。北宋以後通稱御河。金代漳水南支自河北省東光縣入此運河，東光縣以北運河用漳河水。據此所載，當是東光縣以北的運河稱御河，而非全程通稱運河。

[11]黎陽：縣名。治所在今河南省濬縣。　磁州：治所在今河北省磁縣。　洺州：治所在今河北省永年縣東南廣府鎮。按，此節叙事混亂，蘇門、獲嘉、新鄉都是衛州屬縣，此皆單列與下面所記諸州府平行，黎陽與衛縣皆濬州屬縣，此與濬州並存。

[12]衡水：據顧祖禹《讀史方輿紀要》，漳水“東經交河縣南，合於滹沱。或謂之衡水，或謂之枯洚水，或謂之胡蘆河，或謂之長蘆河，其實皆漳水也”。此衡水爲漳水北支的别稱。漳水北支在金深州境内入滹沱。　滹沱：即今滹沱河，源出山西省繁峙縣東北，經今山西繁峙、代縣、原平、定襄，東穿太行山脉，進入河北平原。其下游歷代多有變遷。金代滹沱自今河北省靈壽縣、正定縣、藁城縣東流，至安平縣南折向東北，經饒陽縣西、肅寧縣南、任丘市西，與易水合。另自今河北省饒陽縣東分出一支，東南流，經今河北省武强縣南折而東北流，入御河。

[13]信安：縣名。治所在今河北省霸州市東南信安鎮。　海壖(ruán)：海邊之地。

[14]通州：治所在今北京市通州區。

[15]霸州：治所在今河北省霸州市。　巨馬河：即今河北省境内的巨馬河。

[16]沙河：源出今山西省靈丘縣南，屈曲東南流經今河北省阜平縣南、陽曲縣西，過新樂市、定州市、安國市入安平縣，與唐河合。今名沙河，唯新樂市以下歷代變遷，已非故道。但沙河自新樂

與唐河相合之後已稱唐河，入雄州後改名南易水。據此，似唐河、沙河合流以後以稱沙河爲是。或此誤，待考。

世宗之世，[1]言者請開盧溝金口以通漕運，[2]役衆數年，竟無成功，事見盧溝河。[3]其後亦以牐河或通或塞，而但以車輓矣。

[1]世宗：廟號。即完顔烏禄，漢名雍。1161 年至 1189 年在位。

[2]盧溝：一名蘆溝河。即今北京市、河北省永定河。清康熙三十七年（1698）始定名爲永定河。　金口：指金口閘，在今北京市西。

[3]事見盧溝河：原作"事見漕渠"。按，本段即是"漕渠"部分，原顯誤。中華點校本改爲"事見盧溝河"，是。

其制，春運以冰消行，暑雨畢。秋運以八月行，冰凝畢。其綱將發也，[1]乃合衆，以所載之粟苴而封之，[2]先以付所卸之地，視與所封樣同則受。凡綱船以前期三日修治，日裝一綱，裝畢以三日啓行。計道里分泝流、沿流爲限，至所受之倉，以三日卸，又三日給收付。凡輓漕脚直，水運鹽每石百里四十八文，米五十文一分二釐七毫，粟四十文一分三毫，錢則每貫一文七分二釐八毫。陸運傭直，米每石百里百一十二文一分五毫，粟五十七文六分八釐四毫，錢每貫三文九釐六毫。餘物每百斤行百里，平路則春冬百三十一文五分，夏秋百五十七文八分，山路則春冬百四十九文，夏秋二百一文。凡使司院務納課傭直，春冬九十文三分，夏秋百一十四文。諸民户射賃官船漕運者，其脚直以十分爲率，初年剋二分，二年剋一分八釐，三年剋一分七釐，四年剋一分五釐，五年以上剋一分。

[1]綱：舊時成批運輸貨物的組織。

[2]苴（jū）：包裹。

初，世宗大定四年八月，[1]以山東大熟，詔移其粟以實京師。十月，上出近郊，見運河湮塞，召問其故。主者云户部不爲經畫所致。[2]上召户部侍郎曹望之，[3]責曰："有河不加浚，使百姓陸運勞甚，罪在汝等。朕不欲即加罪，宜悉力使漕渠通也。"五年正月，尚書省奏，可調夫數萬，上曰："方春不可勞民，令宫籍監户、東宫親王人從、及五百里内軍夫，浚治。"

[1]大定：金世宗年號（1161—1189）。

[2]户部：官署名。尚書省下屬機構。掌户口、錢糧、土地的政令及貢賦出納、金幣轉通、府庫收藏等事。長官爲户部尚書，正三品。

[3]曹望之：本書卷九二有傳。

二十一年，以八月京城儲積不廣，詔沿河恩獻等六州粟百萬餘石運至通州，輦入京師。明昌三年四月，尚書省奏："遼東、北京路米粟素饒，[1]宜航海以達山東。昨以按視東京近海之地，[2]自大務清口并咸平銅善館皆可置倉貯粟以通漕運，[3]若山東、河北荒歉，即可運以相濟。”制可。

[1]遼東：本書卷一二六《文藝傳下》：“王庭筠字子端，遼東人。”卷一二八《循吏傳》，其祖父王政爲“辰州熊岳人”，“高永昌據遼東，知政材略，欲用之。”本書卷二四《地理志上》，東京道蓋州，“本高麗蓋葛牟城，遼辰州”。可見遼東實爲東京之别稱。《大金國志》卷九《熙宗孝成皇帝一》“東京留守宗雋”，東京二字下有小注稱“遼東”。下文説“按視東京近海之地”，也可以證明這一點。東京路治所在今遼寧省遼陽市。　北京：京路名。治所在今内蒙古自治區寧城縣大明城。

[2]東京：京路名。治所在今遼寧省遼陽市。

[3]大務清口：不詳。　咸平：路名。治所在今遼寧省開原市老城鎮。　銅善館：不詳。

承安五年，邊河倉州縣，可令折納菽二十萬石，漕以入京，驗品級養馬，於俸内帶支，仍漕麥十萬石，各支本色。乃命都水監丞田櫟相視運粮河道。

泰和元年，尚書省以景州漕運司所管六河倉，[1]歲税不下六萬餘石，其科州縣近者不下二百里，官吏取賄延阻，人不勝苦，雖近官監之亦然。遂命監察御史一員往來糾察之。[2]

[1]景州漕運司：官署名。負責河倉與漕運。長官爲提舉，正五品，由景州刺史兼任。景州治所在今河北省東光縣。

[2]監察御史：御史臺屬官。掌糾察内外非違，刷磨諸司察帳並監祭禮及出使之事。正員十二人，正七品。

五年，上至霸州，以故漕河淺澀，敕尚書省發山東、河北、河東、中都、北京軍夫六千，[1]改鑿之。犯屯田户地者，官對給之。民田則多酬其價。

[1]中都：京路名。治所在今北京市。

六年，尚書省以凡漕河所經之地，州縣官以爲無與於己，多致淺滯，使綱户以盤淺剥載爲名。奸弊百出。於是遂定制，凡漕河所經之地，州府官銜内皆帶“提控漕河事”，縣官則帶“管勾漕河事”，俾催檢綱運，營護隄岸。爲府三：大興、大名、彰德。[1]州十二：恩、景、滄、清、獻、深、衛、濬、滑、磁、洺、通。縣三十三：[2]大名、元城、館陶、夏津、武城、歷亭、臨清、吴橋、將陵、東光、南皮、清池、靖海、興濟、會川、交河、樂壽、武强、安陽、湯陰、臨漳、成安、滏陽、内黄、黎陽、衛、蘇門、獲嘉、新鄉、汲、潞、武清、香河、漷陰。[3]

[1]大興：府名。治所在今北京市。

[2]縣三十三：以下實三十四縣。

[3]大名：治所在今河北省大名縣東北。　元城：治所在今河北省大名縣東北。　館陶：治所在今山東省冠縣北舊館陶。　夏津：治所在今山東省夏津縣。　臨清：治所在今山東省臨清市西南。　吴橋：治所在今河北省吴橋縣東吴橋。　南皮：治所在今河北省南皮縣。　清池：治所在今河北省滄州市東南四十里舊州鎮。靖海：治所在今天津市静海縣。　興濟：治所在今河北省滄州市北

興濟鎮。　交河：治所在今河北省泊頭市西交河。　樂壽：治所在今河北省獻縣。　安陽：治所在今河南省安陽市。　湯陰：治所在今河南省湯陰縣。　臨漳：治所在今河北省臨漳縣西南舊縣村。　成安：治所在今河南省成安縣。　滏陽：治所在今河北省磁縣。　内黄：治所在今河南省内黄縣。　潞：治所在今北京市通州區。　武清：治所在今天津市武清縣西北舊縣東。　香河：治所在今河北省香河縣。　漷陰：治所在今北京市通州區東南。

十二月，通濟河創設巡河官一員，[1]與天津河同爲一司，[2]通管漕河牐岸，止名天津河巡河官，隸都水監。

[1]通濟河：古運河名。隋大業元年（605）開，分東西二段。西段起自東都洛陽（今河南省洛陽市）西宛，引谷、洛水貫洛陽城東出循陽渠故道至偃師入洛，由洛水入黄河。東段起自板渚（今河南省滎陽市北）引黄河水東行汴水故道，至今河南省開封市别汴水折而東南流，經今杞縣、睢縣、寧陵縣至原商丘縣東南行蘄水故道，經夏邑、永城、安徽宿縣、靈壁、泗縣、江蘇泗洪至盱眙對岸注入淮河。唐以後更名廣濟河。

[2]天津河：不詳。

八年六月，通州刺史張行信言：[1]“船自通州入牐，凡十餘日方至京師，而官支五日轉脚之費。”遂增給之。

[1]通州刺史：州官名。刺史州長官。正五品。通州治所在今北京市通州區。　張行信：本書一〇七有傳。

貞祐三年，既遷于汴，以陳、潁二州瀕水，[1]欲借民船以漕，不便。遂依觀州漕運司設提舉官，[2]募船户而籍之，命户部勾當官往來巡督。[3]

[1]陳：州名。治所在今河南省淮陽縣。　潁：州名。治所在今安徽省阜陽市。

[2]觀州漕運司：官署名。負責河倉與漕運。長官爲提舉，正五品。觀州，即原景州，大安年間以避章宗諱改名爲觀州。觀州漕運司實即原景州漕運司。

[3]户部勾當官：尚書省下屬機構户部所屬的架閣庫屬官。原名幹辦官，貞元四年（1156）改名勾當官。負責支納、勘覆交鈔及香、茶、鹽引等事，管理文帳。正八品。

四年，從右丞侯摯言，開沁水以便餽運。上又念京師轉輸之勞，命出尚厩牛及官車，[1]以助其力。

[1]尚厩：官署名。殿前都點檢司下屬機構。負責御馬的調習牧養。長官爲提點，正五品。

興定四年十月，[1]諭皇太子曰："中京運粮護送官，[2]當擇其人，萬有一失，樞密官亦有罪矣。[3]其船當用毛花輦所造兩首尾者，[4]仍張幟如渡軍之狀，勿令敵知爲粮也。"

[1]興定：金宣宗年號（1217—1222）。

[2]中京：京路名。又名北京，治所在今内蒙古自治區寧城縣大明城。

[3]樞密官：指樞密院屬官，包括樞密使、樞密副使、簽書樞

密院事、同簽樞密院事等。

[4]毛花輦：人名。即蒲察毛花輦，曾任都水監。

陝西行省把胡魯言：[1]“陝西歲運粮以助關東，[2]民力浸困，若以舟自渭入河，[3]順流而下，可以紓民力。”遂命嚴其偵候，如有警，則皆維於南岸。

[1]陝西行省：官署名。即設在陝西的行尚書省，爲尚書省的派出機構。章宗以後，因用兵、河防等事涉及諸路，需統籌安排，因而臨時設立行尚書省，作爲尚書省的派出機構以總其事，事畢撤銷。金末漸遍布全國，成爲臨時性地方設置。長官爲行尚書省事，或簡稱行省事，一般由執政充任。　把胡魯：本書一〇八有傳。

[2]關東：泛指舊函谷關或今潼關以東地區。

[3]渭：即今黄河中游支流渭河，源出今甘肅省渭源縣西鳥鼠山。　河：指今黄河。

時朝廷以邳、徐、宿、泗軍儲，[1]京東縣輓運者歲十餘萬石，[2]民甚苦之。元光元年，[3]遂於歸德府置通濟倉，設都監一員，以受東郡之粟。

[1]宿：州名。治所在今安徽省宿州市。　泗：州名。治所在今江蘇省盱眙縣西北，現已没入洪澤湖中。

[2]京東縣：指南京以東諸縣。

[3]元光：金宣宗年號（1222—1223）。

定國軍節度使李復亨言：[1]“河南駐蹕，兵不可闕，粮不厭多。比年，少有匱乏即仰給陝西，陝西地腴歲豐，十萬石之助不難。但以車運之費先去其半，民何以堪。宜造大船二十，由大慶關渡入河，[2]東抵湖城，[3]往還不過數日，篙工不過百人，使舟皆容三百五十斛，則是百人以數日運七千斛矣。自夏抵秋可漕三千餘萬斛，[4]且無稽滯之患。”上從之。

[1]定國軍：治所在今陝西省大荔縣。原脱“軍”字，依中華點校本補。　李復亨：本書一〇〇有傳。

[2]大慶關：在今陝西省大荔縣朝邑鎮東黄河上。

[3]湖城：在今江蘇省淮陰市西。

[4]三千餘萬斛：施國祁《金史詳校》卷三下認爲，“千”當作“十”。

時又於靈璧縣潼郡鎮設倉都監及監支納，[1]以方開長直溝，[2]將由萬安湖舟運入汴至泗，[3]以貯粟也。

[1]靈璧縣：治所在今安徽省靈璧縣。　潼郡鎮：不詳。　倉都監：按本書卷五六《百官志二》，提舉倉場司所屬官員有使、副使與監支納。卷五七《百官志三》諸倉條下有使、副使，以及“南京諸倉監支納官、草場監支納官”，都未提到倉都監一職。本書卷五六“興定五年創置潼關倉監支納一員，兼樞密院彈壓”，也未提到有倉都監。疑此爲因下文監支納官而誤衍。　監支納：提舉倉場司屬官。負責管理倉庫。正八品。據本書卷五六《百官志二》，“興定五年創置潼關倉監支納一員”，知靈璧縣所設官倉名爲潼關倉。

[2]長直溝：不詳。

[3]萬安湖：不詳。　汴：河名。即汴渠，有二。一是自今河

南省滎陽市東北分黄河，東南流經今開封市南、民權縣與原商丘縣北，復東南經今安徽省碭山縣、蕭縣北，至江蘇省徐州市北入泗水。另一個即隋通濟渠、唐廣濟渠的東段。隋開通濟渠，自今河南省滎陽市北引黄河東南流，經今河南省開封市、杞縣、睢縣、寧陵縣、商丘市、夏邑縣、永城縣，東南經安徽省宿州市、靈璧縣、泗縣和江蘇省泗洪縣，至盱眙縣對岸入淮河。因中間自今河南滎陽至開封一段就是原來的汴水，故唐宋人將出黄河至進入淮河的通濟渠東段全流統稱爲汴水、汴河或汴渠。南宋與金劃淮水爲界，此渠不再爲運道所經，不久即湮没。今僅存江蘇省泗洪縣境内的一段，俗名老汴河，上承濉水，東南流入洪澤湖。此指前者。　泗：河名。淮水支流。源出山東省泗水縣東蒙山南麓，四源並發，故名。西流經泗水、曲阜、兖州，折南至濟寧市東南魯橋鎮入運河。古泗水自魯橋以下又南循今運河至南陽鎮，穿南陽湖而南，經昭陽湖西、江蘇沛縣東，南至徐州市東北循淤黄河東南流至清江市西南入淮河。金以後自徐州以下一段爲黄河所奪，元以後魯橋、徐州間一段成爲大運河的一部分，泗水之稱從此局限於上游魯橋以上一段。

盧溝河

大定十年，議決盧溝以通京師漕運，上忻然曰："如此，則諸路之物可徑達京師，利孰大焉。"命計之，當役千里内民夫，上命免被災之地，以百官從人助役。已而，勑宰臣曰："山東歲飢，工役興則妨農作，能無怨乎。開河本欲利民，而反取怨，不可。其姑罷之。"十一年十二月，省臣奏復開之，自金口疏導至京城北入壕，而東至通州之北，入潞水，計工可八十日。十二年三月，上令人覆按，還奏"止可五十日"。上召宰臣責曰："所餘三十日徒妨農費工，卿等何爲慮不及此。"及渠成，以地勢高峻，水性渾濁。峻則奔流漩洄，齧岸善崩，濁則泥淖淤塞，積滓成淺，不能勝舟。其後，上謂宰臣曰："分盧溝爲漕渠，竟未見功，若果能行，南路諸貨皆至京師，而價賤矣。"平章政事駙馬元忠曰：[1]"請求識河道者按視其地。"竟不能行而罷。

[1]駙馬：官名。即駙馬都尉的省稱。正四品。　元忠：女真人。即烏古論元忠。本書卷一二〇有傳。

二十五年五月，[1]盧溝决於上陽村。[2]先是，决顯通寨，[3]詔發中都三百里内民夫塞之，至是復决，朝廷恐枉費工物，遂令且勿治。

[1]二十五年：施國祁《金史詳校》卷三下認爲當作"二十六年"。

[2]上陽村：不詳。

[3]顯通寨：不詳。

二十七年三月，宰臣以"孟家山金口牐下視都城，[1]高一百四十餘尺，止以射粮軍守之，[2]恐不足恃。儻遇暴漲，人或爲奸，其害非細。若固塞之，則所灌稻田俱爲陸地，種植禾麥亦非曠土。不然則更立重牐，仍於岸上置埽官廨署，及埽兵之室，庶幾可以無虞也"。上是其言，遣使塞之。

[1]孟家山金口閘：孟家山當是今天北京附近的石景山或其西

北之鬼子山。金口閘與前文所説的金口指同一處。金口始鑿於三國修車箱渠時。金、元兩代皆在此建閘，以控制永定河的引水量。

[2]射粮軍：軍種之一。爲各路所屬的部隊，主要負責各種雜役，非正式作戰部隊。

夏四月丙子，詔封盧溝水神爲安平侯。[1]

[1]詔封盧溝水神爲安平侯：據本書卷九一《徒單克寧傳》於大定二十七年（1187）“四月，克寧還朝”以後載“初，盧溝河決久不能塞，加封安平侯，久之，水復故道”。似此事當在大定二十七年四月之前。

二十八年五月，詔盧溝河使旅往來之津要，令建石橋。未行而世宗崩。章宗大定二十九年六月，[1]復以涉者病河流湍急，詔命造舟，既而更命建石橋。明昌三年三月成，勅命名曰廣利。有司謂車駕之所經行，使客商旅之要路，請官建東西廊，令人居之。上曰：“何必然，民間自應爲耳。”左丞守貞言：“但恐爲豪右所占，況罔利之人多止東岸，若官築則東西兩岸俱稱，亦便於觀望也。”遂從之。

[1]章宗：廟號。即完顔麻達葛，漢名璟。1189年至1208年在位。

六月，盧溝隄決，詔速遏塞之，無令泛溢爲害。右拾遺路鐸上疏言，[1]當從水勢分流以行，不必補修玄同口以下、丁村以上舊隄。[2]上命宰臣議之，遂命工部尚書胥持國及路鐸同檢視其隄道。[3]

[1]右拾遺：諫院屬官。正七品。　路鐸：本書一〇〇有傳。

[2]玄同口：不詳。　丁村：不詳。

[3]工部尚書：尚書省工部長官。掌修造營建法式、諸作工匠、屯田、山林川澤之禁、江河隄岸、道路橋梁等事。正三品。

滹沱河

大定八年六月，滹沱犯真定，[1]命發河北西路及河間、太原、冀州民夫二萬八千，[2]繕完其隄岸。

[1]真定：府名。治所在今河北省正定縣。

[2]河北西路：治所設在真定府，即今河北省正定縣。　河間：府名。治所在今河北省河間市。　太原：府名。治所在今山西省太原市。　冀州：治所在今河北省冀州市。

十年二月，滹沱河創設巡河官二員。

十七年，[1]滹沱決白馬崗，[2]有司以聞，詔遣使固塞，發真定五百里内民夫，以十八年二月一日興役，命同知真定尹鶻沙虎、同知河北西路轉運使徐偉監護。[3]

[1]十七年：本書卷二三《五行志》："十七年七月，大雨，滹沱、盧溝水溢。"本卷漏載盧溝。

[2]白馬崗：不詳。

[3]同知真定尹：府官名。協助府尹負責本府政務。從四品。真定府治所在今河北省正定縣。　鶻沙虎：本書僅此一見。　同知河北西路轉運使：河北西路轉運司屬官。協助轉運使掌賦稅錢穀，

倉庫出納，權衡度量之制。從四品。河北西路轉運司設在真定府，即今河北省正定縣。　徐偉：本書僅見於此及卷八。

漳河

大定二十年春正月，詔有司修護漳河牐，所須工物一切並從官給，毋令擾民。

明昌二年六月，漳河及盧溝隄皆決，詔命速塞之。

四年春正月癸未，有司言修漳河隄埽計三十八萬餘工，詔依盧溝河例，招被水闕食人充夫，官支錢米，不足則調礙水人户，依上支給。

金史　卷二八

志第九

禮一

郊

金人之入汴也，[1]時宋承平日久，[2]典章禮樂粲然備具。[3]金人既悉收其圖籍，載其車輅、法物、儀仗而北，[4]時方事軍旅，未遑講也。既而，即會寧建宗社，[5]庶事草創。皇統間，[6]熙宗巡幸析津，[7]始乘金輅，[8]導儀衛，陳鼓吹，[9]其觀聽赫然一新，而宗社朝會之禮亦次第舉行矣。繼以海陵狼顧，[10]志欲併吞江南，乃命官修汴故宫，繕宗廟社稷，悉載宋故禮器以還。[11]外而黷武，内而縱欲，其猷既失，奚敢議禮樂哉。

[1]金人之入汴也：金人於金天會五年（1127）攻入北宋都城汴京，滅亡北宋。汴，即汴京，也稱汴梁，北宋稱東京，金初稱汴京，金貞元元年（1153）改稱南京，今河南省開封市。

［2］宋：朝代名。分爲北宋和南宋，史稱960年至1127年建都開封的宋朝爲北宋，1127年至1279年政權南遷後建都臨安（今浙江省杭州市）的宋朝爲南宋，合稱兩宋。此指北宋。

［3］典章：制度法令等。

［4］法物：指宗廟樂器、車駕、鹵簿等。　儀仗：用於儀衛的兵仗等。

［5］會寧：今黑龍江省阿城市。金初京師所在地，天眷元年（1138）號上京，海陵貞元元年（1153）遷都燕京，削上京之號，祇稱會寧府，大定十三年（1173）復爲上京。　宗社：宗廟與社稷。宗廟是古代帝王、諸侯或大夫、士祭祀祖宗的處所。此指帝王祭祀祖宗的處所。社稷本意爲土神和穀神。此處指金朝皇帝修建祭祀土神和穀神的場所，行祭祀土神和穀神之禮。

［6］皇統：金熙宗年號（1141—1149）。

［7］熙宗：廟號。即完顏合剌，漢名亶（1119—1149），金朝第三任皇帝，1135年至1149年在位。海陵王弑熙宗後降其爲東昏王，世宗大定初，追謚武靈皇帝，廟號閔宗，陵曰思陵。大定十九年（1179），升祔於太廟，增謚弘基纘武莊靖孝成皇帝。二十七年，改廟號熙宗。本書卷四有紀。　析津：即析津府，古稱幽州、幽都府等，今北京。《遼史》卷一五《聖宗紀六》開泰元年（1012）十一月“改幽都府爲析津府”。

［8］金輅：天子所乘之車，以金（銅）飾鉤。

［9］鼓吹：古代的一種器樂合奏。演奏鼓吹樂的樂隊也稱鼓吹。

［10］海陵：封號。即完顏迪古迺，漢名亮（1122—1161），金朝第四任皇帝，1149年至1161年在位。大定二年（1162），降封爲海陵郡王，謚曰煬。二十年，再降爲海陵庶人。本書卷五有紀。

［11］禮器：也稱“彝器”，古代貴族在進行祭祀、喪葬、朝聘、征伐、宴享、婚冠等禮儀活動時所使用的器物。

世宗既興，[1]復收嚮所遷宋故禮器以旋，迺命官參校唐、宋故典沿革，[2]開“詳定所”以議禮，[3]設“詳校所”以審樂，統以宰相通學術者，於一事之宜適、一物之節文，既上聞而始彙次，至明昌初書成，[4]凡四百餘卷，名曰《金纂修雜録》。[5]凡事物名數，支分派引，[6]珠貫棋布，井然有序，炳然如丹。又圖吉、凶二儀，鹵簿十三節以備大葬，[7]小鹵簿九節以備郊廟。而命尚書左右司、春官、兵曹、太常寺各掌一本，[8]其意至深遠也。是時，寓内阜安，[9]民物小康，而維持幾百年者實此乎基。嗚呼，禮之爲國也信矣夫。而況《關雎》《麟趾》之化。[10]其流風遺思被於後世者，爲何如也。

[1]世宗：廟號。即完顔烏禄，漢名雍（1123—1189）。金朝第五任皇帝，1161 年至 1189 年在位。死後上尊謚曰“光天興運文德武功聖明仁孝皇帝”，廟號世宗，葬興陵。本書卷六至卷八有紀。

[2]唐：朝代名（618—907）。

[3]詳定所：按，《大金集禮》卷八《皇太子・皇統二年誥授儀》載，“五月十九日擬奏詳定所看詳”；卷三一《班位表奏・奏事》載，“天眷二年五月十三日，詳定所定到奏事儀”；卷三二《輟朝廢務・休假》載，“天眷二年五月十三日，詳定所定到儀式一款”等等，可知，熙宗時已經設有“詳定所”。

[4]明昌：金章宗年號（1190—1196）。

[5]《金纂修雜録》：四庫館臣整理《大金集禮》時稱：“考金世宗時嘗命官參校唐宋故典沿革，彙次上之，至章宗明昌初書成，凡四百餘卷，名曰《金纂修雜録》，今其書不傳。”（參見《大金集禮》紀昀等序文按語，文淵閣四庫全書本）。

[6]泒：同“派”，水的支流。

[7]鹵簿：古代帝王和王公大臣出行時排列其前後的儀仗隊。儀仗就是儀衛的兵仗。鹵簿包括車駕、旌旗儀衛等，也是古代禮儀制度的一個組成部分。

[8]尚書左右司：尚書省從屬機構。以吏部、户部、禮部爲左司，以兵部、刑部、工部爲右司。　春官：《周禮》稱宗伯爲春官，掌典禮。後代俗稱禮部尚書爲大宗伯，亦稱春官。此春官指禮部。　兵曹：官屬名。即兵部。　太常寺：官署名。金皇統三年（1143）始設，掌禮樂、郊廟、社稷、祠祀之事。

[9]寓：同“宇”。

[10]《關雎》《麟趾》之化：語出王岩《詩大序》，指周公王化對人的教化。《關雎》，《詩經·周南》的首篇。《麟趾》，《詩經·周南》的末篇。

宣宗南播，[1]疆宇日蹙，旭日方升而爝火之然，[2]蔡流弗東而餘燼滅矣。圖籍散逸既莫可尋，而其宰相韓企先等之所論列，[3]禮官張暐與其子行簡所私著《自公紀》，[4]亦亡其傳。故書之存，僅《集禮》若干卷，[5]其藏史館者又殘缺弗完，姑掇其郊社宗廟諸神祀、朝覲會同等儀而爲書，若夫凶禮則略焉。蓋自熙宗、海陵、衛紹王之繼弑，[6]雖曰“鹵簿十三節以備大葬”，其行乎否耶，蓋莫得而考也，故宣孝之喪禮存，[7]亦不復紀。噫，告朔餼羊雖孔子所不去，[8]而史之缺文則亦慎之。作《禮志》。

[1]宣宗南播：金貞祐二年（1214）五月，宣宗爲逃避蒙古進攻，將都城從中都（今北京市）遷至南京（今河南省開封市），史

稱宣宗南播、宣宗南遷或宣宗遷汴。宣宗，廟號。即完顏吾睹補，漢名珣（1163—1224）。金朝第八任皇帝，1213 年至 1223 年在位。正大元年（1224）謚曰“繼天興統述道勤仁英武聖孝皇帝”，廟號宣宗，葬德陵。本書卷一四至一六有紀。

[2]然：通“燃”。

[3]宰相韓企先等之所論列：本書卷七八《韓企先傳》稱，天會十二年（1134）“以企先爲尚書右丞相”，“方議禮制度，損益舊章。企先博通經史，知前代故事，或因或革，咸取折衷”。當指此議禮之事。

[4]禮官：即禮部官員，掌禮樂、祭祀、學校、貢舉、册命、天文、釋道、使官之事。有時也指宣徽院、御史臺負責禮儀的官員。　張暐：莒州日照（今山東省莒縣）人。正隆進士，官至禮部尚書、御史大夫。本書卷一〇六有傳。　行簡：即張行簡（？—1215），張暐之子，大定十九年（1179）進士第一，官至禮部尚書，兼侍講、同修國史。著有《禮例纂》，今佚。本書卷一〇六有附傳。

[5]集禮：即《大金集禮》。本書卷一〇六《張暐傳》稱，明昌六年（1195）十二月“戊午，禮部尚書張暐等進《大金儀禮》”，疑爲此書。今僅存四十卷。

[6]衛紹王：謚號。即完顏興勝，漢名永濟（？—1213）。1209 年至 1213 年在位，本書卷一三有紀。

[7]宣孝：金顯宗謚號。顯宗，即完顏胡土瓦，漢名允恭，世宗之子，大定二年（1162）立爲皇太子，二十五年六月病卒，七月賜謚號“宣孝太子”。章宗即位，追封尊謚“體道弘仁英文睿德光孝皇帝”，廟號顯宗。本書卷一九《世紀補》有紀。　𠷔：同“喪”，爲喪之本字。

[8]告朔餼羊雖孔子所不去：《論語・八佾》：“子貢欲去告朔之餼羊。子曰：‘賜也，爾愛其羊，我愛其禮。’”《四書集注・論語集注・八佾第三》釋曰：“告朔之禮：古者天子常以季冬，頒來歲十二月之朔於諸侯，諸侯受而藏之祖廟。月朔，則以特羊告廟，請

而行之。餼，生牲也。魯自文公始不視朔，而有司猶供此羊，故子貢欲去之。”“子貢蓋惜其無實而妄費。然禮雖廢，羊存，猶得以識之而可復焉。若並去其羊，則此禮遂亡矣，孔子所以惜之。”

南北郊[1]

金之郊祀，本於其俗有拜天之禮。[2]其後，太宗即位，[3]乃告祀天地，蓋設位而祭也。天德以後，[4]始有南北郊之制，大定、明昌其禮寖備。[5]

[1]南北郊：古代祭名。即郊祀，皇帝祭祀天地的重大禮儀。周代於冬至日祭天神於南郊，稱爲郊或南郊。《六書故》：“郊，祀天於郊，故亦謂之郊。”夏至日祭地神於北郊，稱爲社或北郊，合稱爲郊社或南北郊。後統稱祭天地爲郊。《字彙》：“郊，祭名。冬至祀天南郊，夏至祀地北郊，故謂祀天地爲郊。”

[2]本於其俗有拜天之禮：拜天之禮爲女真舊俗，按本書卷二《太祖紀》云：“故事，五月五日、七月十五日、九月九日拜天射柳，歲以爲常。”

[3]太宗：廟號。即完顔吴乞買，漢名晟（1075—1135），金太祖弟。金朝第二任皇帝，1123 年至 1135 年在位。天會十三年（1135）“三月庚辰，上尊謚曰文烈皇帝，廟號太宗。乙酉，葬和陵。皇統四年，改號恭陵。五年，增上尊謚曰體元應運世德昭功哲惠仁聖文烈皇帝。貞元三年十一月戊申，改葬於大房山，仍號恭陵”。本書卷三有紀。

[4]天德：金海陵王年號（1149—1153）。

[5]大定：金世宗年號（1161—1189）。

南郊壇，[1]在豐宜門外，[2]當闕之巳地。[3]圓壇三成，[4]成十二陛，[5]各按辰位。壝墻三匝，[6]四面各三門。

齋宫東北，[7]厨庫在南。壇壝皆以赤土圬之。[8]

［1］南郊壇：在中都外城南門外設圜壇祭祀天神。

［2］豐宜門：城門名。本書卷二四《地理志上》謂金中都外城“城門十三，東曰施仁、曰宣曜、曰陽春，南曰景風、曰豐宜、曰端禮，西曰麗澤、曰顥華、曰彰義，北曰會城、曰通玄、曰崇智、曰光泰”。徐夢莘《三朝北盟會編》引張棣《金虜圖經》稱金中都外城“其門十二，各有標名：東曰宣耀、曰施仁、曰陽春，西曰灝華、曰立澤、曰新益，南曰豐宜、曰景風、曰端禮，北曰通元、曰會城、曰崇知”。《大金國志》卷三三《燕京制度》稱中都外城“城門十二，每一面分三門，其正門兩傍又設兩門。正東曰宣曜、陽春、施仁，正西曰灝華、麗澤、彰義，正南曰豐宜、景風、端禮，正北曰通玄、會城、崇智”。本書《地理志》所記北門多出光泰一門，其餘基本相同。可知，豐宜門爲金中都外城南面正門。

［3］闕：古代建築物名。古代天子諸侯在宫門外築臺，臺上建屋，稱爲闕，又稱觀、魏、象魏等。可以登臨遠觀，也可以懸掛國家政令、刑法等布告，讓萬民觀之。崔豹《古今注》卷上《都邑》謂：“闕，觀也。古每門樹兩觀於其前，所以標表門宫也。其上可居，登之則可遠觀，故謂之觀。人臣將至此，則思其所闕，故謂之闕。”

［4］圜壇三成：本卷下文《南郊儀注·陳設》一節，設昊天上帝等神位於壇上，五方帝等神位於壇上第一等，内官等神位於壇上第二等，中官等神位於壇上第三等。又本書卷三九《樂志上·郊祀樂歌》送神曲辭有“圜壇四成，神安其位”之語，則南郊圜壇似有四成。成，這裏是“重”“層”的意思。

［5］十二陛：即十二個登上圜壇的臺階，爲子、丑、寅、卯、辰、巳、午、未、申、酉、戌、亥十二陛，可能反映天上十二個方位。陛，殿、壇的臺階，常用以專指天子殿堂上的臺階，這裏指圜

壇的臺階。

[6]壝（wéi）墻三匝：即環繞三層祭壇修建了三圈矮墻，分別爲外壝、中壝和内壝。壝，《周禮·大司徒》"設其社稷之壝"，鄭玄注"壝，壇與埒也"，謂"壝"爲祭壇及環繞祭壇四周的矮墻。匝，環繞一周爲一匝。

[7]齋宫：祭祀之前的齋戒之室。古人於祭祀之前，沐浴更衣，不飲酒，不吃葷，以示誠敬，謂之齋戒。

[8]壇壝皆以赤土圬之：圓壇及圍繞圓壇四周的矮墻都用紅色土泥鏝上。

北郊方丘，[1]在通玄門外，[2]當闕之亥地。方壇三成，成爲子午卯酉四正陛。[3]方壝三周，[4]四面亦三門。

[1]北郊方丘：在中都外城北門外設方丘祭祀地祇。

[2]通玄門：城門名。金中都外城北門。徐夢莘《三朝北盟會編》引張棣《金虜圖經》作"通元門"，當爲清人著録時，避康熙名諱，改玄作元。

[3]子午卯酉四正陛：即正北、正南、正東、正西四個登壇的臺階。

[4]方壝三周：指每一層修了一道圍墻，三層，故稱"三周"。

朝日壇曰大明，[1]在施仁門外之東南，[2]當闕之卯地，門壝之制皆同方丘。

[1]朝日壇：祭祀日神之壇。

[2]施仁門：城門名。金中都外城東門。

夕月壇曰夜明，[1]在彰義門外之西北，[2]當闕之西地，[3]掘地汙之，爲壇其中。

[1]夕月壇：祭祀月神之壇。

[2]彰義門：城門名。金中都外城西門。

[3]當闕之西地：原脱“之”字，中華點校本據本志文例補，今從。

常以冬至日合祀昊天上帝、皇地祇於圜丘，[1]夏至日祭皇地祇於方丘，春分朝日於東郊，[2]秋分夕月於西郊。[3]

[1]昊天上帝：亦稱天皇大帝，爲百神之君，天神之首。鄭玄注《周禮·大宗伯》云：“昊天上帝，冬至於圜丘所祀天皇大帝。”又云：“昊天上帝，又名大一常居，以其尊大，故有數名也。”賈公彦疏曰：“其紫微宫中皇天上帝，亦名昊天上帝。”西周以來形成冬至“圜丘祀天”（祭祀昊天上帝）之禮。　皇地祇：土地神，也稱后土皇地祇。先秦已出現后土神。《左傳·昭公二十九年》稱：“共工氏有子曰句龍，爲后土。”《禮記·月令》稱：“中央土……其帝黄帝，其神后土。”兩漢之際形成夏至“方丘祭地”（祭祀皇地祇）之禮。金朝常在“圜丘祀天”時同祭皇地祇，另於夏至日在北郊方丘祭祀皇地祇。

[2]朝日於東郊：即前往東郊朝日壇祭祀日神。

[3]夕月於西郊：即前往西郊夕月壇祭祀月神。

大定十一年始郊，[1]命宰臣議配享之禮。[2]左丞石琚奏曰：[3]“按《禮記》‘萬物本乎天，人本乎祖，此所以配上帝也’。[4]蓋配之者，侑神作主也。自外至者無主不止，故推祖考配天，[5]尊之也。兩漢、魏、晋以來，[6]皆配以一祖。至唐高宗，[7]始以高祖、太宗崇配。[8]垂拱初，[9]又加以高宗，遂有三祖同配之禮。至宋，亦嘗以三帝配，後禮院上議，以爲對越天地，神無二主，由是止以太祖配。[10]臣謂冬至親郊宜從古禮。”上曰：“唐宋以私親，不合古，不足爲法。今止當以太祖配。”[11]又謂宰臣曰：“本國拜天之禮甚重。今汝等言依古制築壇，亦宜。我國家絀遼、宋主，[12]据天下之正，郊祀之禮豈可不行。”乃以八月詔曰：“國莫大于祀，祀莫大于天，振古所行，舊章咸在。仰惟太祖之基命，詒我本朝之燕謀，奄有萬邦，于今五紀。因時制作，雖增飾于國容，推本奉承，猶未遑于郊見。况天休滋至而年穀屢豐，敢不敷繹曠文、明昭大報。取陽升之至日，將親享于圜壇，嘉與臣工，共圖熙事。以今年十一月十七日有事于南郊，咨爾有司，各揚乃職，相予肆祀，罔或不欽。”乃於前一日，遍見祖宗，告以郊祀之事。其日，備法駕鹵簿，[13]躬詣郊壇行禮。

[1]始郊：始行郊祀之禮。

[2]配享：亦作配享，祔祭，從祀。此指郊祀之從祀，即祭祀昊天上帝和皇地祇之從祀。

[3]左丞：即尚書左丞。尚書省屬官，爲執政官，宰相之貳，佐治省事。正二品。　石琚：金定州（今河北省定州市）人，字子美，天眷進士，官至右丞相。本書卷八八有傳。本書卷六《世宗紀上》大定九年（1169）十一月以“右丞石琚爲左丞”。

[4]此所以配上帝也：原“配”上有“祖”字，中華點校本據

《禮記·郊特牲》認爲無“祖”字。今從中華點校本。

［5］祖考：生曰父，死曰考。祖考指已故的祖父，也指祖先、祖父和父親，或泛指父祖之輩。此處指祖先。

［6］兩漢：朝代名。即西漢、東漢。公元前 206 年秦朝滅亡，項羽封劉邦爲漢王。公元前 202 年劉邦稱帝，建都長安（今陝西省西安市）。公元 8 年王莽代漢稱帝，建立新朝。公元 25 年劉秀重建漢朝，建都洛陽。公元 220 年曹丕代漢稱帝，改國號爲魏。史稱公元 8 年以前建都長安的漢朝爲西漢（前 206—8），公元 25 年建都洛陽以後的漢朝爲東漢（25—220），合稱兩漢。　魏：朝代名（220—265）。　晋：朝代名。265 年司馬炎代魏稱帝，改國號爲晋，316 年爲匈奴貴族建立的漢國所滅，317 年司馬睿在南方重建晋朝，420 年爲劉宋所取代。史稱 316 年以前的晋朝爲西晋，317 年以後的晋朝爲東晋。

［7］唐高宗：廟號。本名李治（628—683），649 年至 683 年在位。

［8］高祖：廟號。指唐高祖李淵（566—635），618 年至 626 年在位。　太宗：廟號。指唐太宗李世民（599—649），626 年至 649 年在位。

［9］垂拱：武則天年號（685—688）。

［10］太祖：廟號。指宋太祖趙匡胤（927—976），960 年至 976 年在位。

［11］太祖：廟號。指金太祖完顔阿骨打（1068—1123），金朝開國皇帝，1115 年至 1123 年在位。天會三年（1125）上尊謚曰“武元皇帝”，廟號太祖。皇統五年（1145），增謚“應乾興運昭德定功睿神莊孝仁明大聖武元皇帝”。本書卷二有紀。

［12］遼：朝代名（916—1125）。

［13］法駕：皇帝的車駕，也稱法車。按，本書卷四一《儀衛志上》稱天子儀衛之行仗“有法駕、大駕、黄麾仗”，“大定十一年前，祀南郊，朝享太廟及郊壇，用大駕七千人”；卷四二《儀衛志

下·大駕鹵簿》“大定十一年，將有事於南郊……增損黄麾仗爲大駕鹵簿，凡用七千人”；承安元年（1196），省臣奏文中亦有“南郊大禮，大駕鹵簿……世宗親行郊祀，仗用七千人”之語。此處“法駕”似爲“大駕”之誤。

儀注[1]

齋戒：[2]用唐制。大祀，[3]散齋四日，致齋三日。[4]中祀，[5]散齋二日，致齋一日。

[1]儀注：禮節制度。此指郊祀禮儀制度。

[2]齋戒：古人在祭祀或典禮前沐浴更衣，不飲酒，不吃葷，以清整身心，表示誠敬，稱爲齋戒。

[3]大祀：《舊唐書》卷四三《職官二》：“凡祭祀之名有四：一曰祀天神，二曰祭地祇，三曰享人鬼，四曰釋奠於先聖先師。”其差有大祀、中祀、小祀。若昊天上帝、皇地祇、神州、宗廟爲大祀。金代大祀與唐朝同。

[4]散齋：古代帝王舉行祭祀前所行之預備性禮儀。　致齋：即行齋戒之禮。

[5]中祀：唐朝以祭祀日月星辰、社稷、先代帝王、嶽鎮海瀆、帝社、先蠶、孔宣父、齊太公、諸太子廟等爲中祀。金代中祀與唐朝同。

天子親祀，皆前期七日，攝太尉誓亞終獻官、[1]親王、[2]陪祀皇族於宫省。[3]皇族十五以上，官雖不至七品者亦助祭受誓。又誓百官於尚書省。[4]攝太尉南向，司徒北向，[5]監祭御史在西，[6]監禮博士居東，[7]皆相向。太常卿、光禄卿在司徒後，[8]重行北向。司天監、光禄丞、太廟令丞、大樂令丞、太官令丞、良醖令、廩犧令、郊社丞、司尊、太祝、奉禮郎、協律郎、諸執事官皆重行西上北向。[9]禮直官以誓文授攝太尉，[10]乃誓曰："維某年歲次某甲，某月，某日，某甲，皇帝有事于南郊，各揚其職。其或不恭，國有常刑。"禮直官贊曰：[11]"七品以下官皆退。"餘皆再拜，退。誓於宮省之儀皆同。於是，皇帝散齋于别殿。

[1]攝太尉誓亞終獻官：太尉爲三公之一，掌論道經邦，燮理陰陽。正一品。多授予宗室、外戚和勳臣，是一種榮譽官銜。攝太尉，即代理太尉之職，常以低官階者出任。誓，指下文的"受誓""誓百官"。亞終獻，爲古代祭禮，郊祀陳祭品後要三次獻酒，第一次獻爵稱初獻，第二次獻爵稱亞獻，第三次獻爵稱終獻，合稱三獻。三獻官常以祭酒、司業、博士充。此指充任攝太尉並負責誓亞終獻的官員。

[2]親王：皇族中封王者稱親王。《大金集禮》卷九《親王》："皇統元年奏定，依令文，皇兄弟、皇子封一字王爲親王，並二品俸傔。已下宗室，封一字王皆非親王。"

[3]宮省：設在宮内的官署，具體情況不詳，本書百官志不載。

[4]尚書省：官署名。爲金最高政務機構。太宗天會四年(1126)始置尚書、中書、門下三省，尚書省實際執政。海陵王完顔亮廢中書、門下省，衹存尚書省，尚書省遂成爲最高政務機構，中國古代中央官制開始由三省制向一省制轉變。

[5]司徒：官名。三公之一，多爲虚銜，無實職。正一品。

[6]監祭御史："祭"，原作"察"。《五禮通考》謂"《史》作察，誤"。中華點校本依據本書卷五五《百官志一》，御史臺屬官監察御史掌"監祭禮"及本書卷二九《禮二·方丘儀》改正。今從。本卷以下徑改，不再出注。本書《百官志》不載監祭御史之

官，大約監祭御史由負責“監祭禮”的監察御史充任。

［7］監禮博士：負責監察各項典禮不如儀的官員，當由太常博士充任。本書卷五五《百官志一》太常寺屬官：“博士二員，正七品，掌檢討典禮。”

［8］太常卿：官名。太常寺長官。熙宗皇統三年（1143）正月始置，掌禮樂、郊廟、社稷、祠祀之事。從三品。　光禄卿：官名。秦設郎中令，掌管宫殿門户，漢武帝時改名光禄勳，居宫中。北齊設光禄寺，置卿和少卿，兼管皇室膳食帳幕。唐以後成爲專管皇室祭品、膳食及招待酒宴之官。《宋史》卷一六四《職官四》，光禄寺屬官有“卿、少卿、丞、主簿各一人。卿掌祭祀、朝會、宴饗酒醴膳羞之事，修其儲備而謹其出納之政，少卿爲之貳，丞參領之”。金代光禄卿亦是光禄寺長官，專管皇室祭品、膳食及招待酒宴等。《大金集禮》卷二二《孝成舊廟》：“於十月六日告本廟並差太常、光禄卿。”下小字注曰“三品”。本書《百官志》失載。

［9］司天監：官名。秘書監下屬司天臺屬官。掌天文曆數、風雲氣色，密以奏聞。從五品。　光禄丞：官名。光禄寺長官光禄卿之下輔佐之官。本書《百官志》不載。　太廟令丞：官名。太常寺下屬太廟署屬官。掌太廟、衍慶、坤寧宫殿神御諸物，及提控諸門關鍵，掃除、守衛等事。太廟令，從六品。太廟丞，從七品。　大樂令丞：官名。太常寺下屬大樂署屬官。掌調和律吕，教習音聲並施用之法。大樂令，從六品。大樂丞，從七品。　太官令丞：官名。尚食局下屬太官屬官。掌御膳、進食先嘗、兼管從官食等。本書《百官志》未載。　良醖令：官名。似爲酒務官。本書《百官志》未載。　廪犧令：官名。太常寺下屬廪犧署長官。一般由太廟令兼任，掌薦犧牲及養飼等事。從六品。　郊社丞：官名。太常寺下屬郊社署屬官，掌社稷、祠祀、祈禱並廳舍祭器等物。從七品。按，本卷下文“祀前三日”有“郊社令”，“祀前一日”既有“郊社令”又有“郊社丞”；卷二九《方丘儀》作“郊社令”，則郊天儀官員不應比方丘儀官員低，似“丞”字上脱一“令”字。　司

尊：官名。疑爲負責尊類禮器的官員。本書《百官志》未載。尊爲盛酒用酒器。　太祝：官名。太常寺屬官。掌奉祀神主。從八品。　奉禮郎：官名。太常寺屬官。掌設版位，執儀行事。從八品。　協律郎：官名。太常寺屬官。掌以麾節樂，調和律吕，監視音調。從八品。　執事官：似爲上述負責祭祀官員以外的分别負責執行某項具體祭祀事務的官員。本書《百官志》未載。

[10]禮直官：似爲太常寺屬下負責祭祀、典禮等禮儀行事的官員。本書《百官志》未載。

[11]贊：祭祀、典禮時司儀唱讀儀式叫人行禮曰“贊”，也稱贊禮。

前致齋一日，尚舍設御坐於大安殿，[1]當中南向。設東西房於御坐之側，設御幄於室内，施簾於楹下。享前三日，[2]陳設小次。[3]享前一日，設拜褥，及皇帝版位、皇帝飲福位，[4]及黄道氈褥，自玉輅下至升輿所。[5]

[1]尚舍：《宋史》卷一六四《職官志四》稱宋所設殿中省凡總六局，尚舍爲六局之一，掌次舍幄帟之事。金亦設有殿中省，尚舍亦當爲殿中省下屬機構和屬官，職掌亦應與宋相同。本書《百官志》不載。　大安殿：宫殿名。在中都宫城大安門内，爲宫中第一重宫殿。

[2]享：古代祭祀名。《禮記·祭義》：“君子生則敬養，死則敬享。”鄭玄注曰：“享，猶祭也。”指將祭品、珍品獻給祖先和神明，祖先和神明享受祭品。

[3]小次：皇帝祭祀時居息之處所。《周禮》卷六《掌次》：“朝日、祀五帝，則張大次、小次，設重帟重案。”賈公彦疏：“次，謂幄帳也，大幄、小幄。”《宋史》卷一五四《輿服志六》：“幕殿，即周官大、小次也。”金代郊祀時所設大次、小次，當與宋朝相似。

皇帝的大次設在東壝外門内道北，小次設在壇下卯陛北。

［4］皇帝版位：即皇帝神位牌。　飲福：古代稱祭祀後的酒肉爲“福”，享用祭祀後的酒肉稱“飲福”。

［5］玉輅：車名。玉飾的皇帝專用車。“輅”通“路”。《周禮·春官·巾車》載，“王之五路”有玉路、金路、象路、革路、木路。《左傳·桓公二年》孔穎達疏：“《巾車》五路，玉路爲大。”《儀禮·覲禮》賈公彥疏：“玉路以祀，不賜諸侯；金路以賓，同姓以封；象路以朝，異姓以封；革路以即戎，以封四衛；木路以田，以封蕃國。”金代皇帝所用之車也有玉輅、金輅、象輅、革輅、木輅等，也以玉輅爲重。　升輿：登車。

及致齋之日，通事舍人引文武五品以上官，[1]陪位如式。諸侍衛之官，各服其器服，[2]並結珮，[3]俱詣閤奉迎。上水二刻，侍中版奏“外辦”。[4]皇帝服衮冕，[5]結珮，乘輿出，警蹕、侍衛如常儀。[6]皇帝即御座，東向坐。[7]通事舍人承傳，殿上下俱拜，訖，西面，贊“各祇候”。一刻頃，侍中跪奏：“臣某言，請降就齋。”俛伏，[8]興，[9]還侍位。皇帝降座，入室，群官皆退。諸執事官皆宿於正寢，治事如故，不弔喪問疾，不判署刑殺文字，不决罰罪人，不與穢惡事。致齋日，惟祀事則行，餘悉禁。已齋而闕者，通攝行事。

［1］通事舍人：當指閤門通事舍人。本書卷五六《百官志二》宣徽院下屬機構閤門設有“閤門通事舍人二員，從七品，掌通班贊唱、承奏勞問之事”。

［2］器服：指禮器與禮服。

［3］珮：即玉佩，結在衣服上的飾物。

[4]侍中：門下省長官，金初例由丞相兼任。據本書卷五五《百官志一》："天會四年，建尚書省，遂有三省之制。"此官應始設於天會四年（1126）。正隆元年（1156）"罷中書、門下省"，此官遂成爲宰相的加銜，故本書《百官志》不載。

[5]衮冕：即衮衣和冠冕，古代帝王及公侯的祭祀禮服。

[6]警蹕：古時帝王出行時，左右侍衛爲警，止人清道爲蹕，以戒止行人。常稱帝王出入爲警蹕。

[7]東向坐：上文明言"尚舍設御坐於大安殿，當中南向"，此又謂皇帝"東向坐"，而臣僚"西面"，前後不一。《大唐開元禮》卷四《皇帝冬至祀圜丘》作"東向"，《政和五禮新儀》卷二五《皇帝祀昊天上帝儀》謂宋元豐三年（1080）後改爲"南向"。此處似雜糅唐宋之制而致誤。

[8]俛伏：指跪拜。俛，"俯"的異體字，屈身，低頭。

[9]興：起來。

陳設：前祀五日，儀鸞、尚舍陳設齋宮。[1]有司設扈從侍衛次於宮東西。[2]又設陪祀親王次宮東稍南，西向北上，宗室子孫位於其後。又設司徒、亞終獻行事、執事官次於壇南外壝門之西，[3]東向北上，重行異位。又設天名房，[4]在壇南外壝門之東，西向。大禮使次於其後，[5]皆西向。又設席大屋於壇外西北，駐車輅以備風雪。

[1]儀鸞：指宣徽院下屬機構儀鸞局屬官，掌殿庭鋪設、帳幕、香燭等事。

[2]次：臨時駐扎、停留。

[3]司徒亞終獻行事執事官：本卷下文有"亞終獻、司徒已下應行事陪從群官"。卷二九《方丘儀·齋戒》有"有司設三獻以下

行事官位”，《陳設》有“所司設三獻官以下行事、執事官次於外壝東門之外”。由此知行事、執事官分指履行祭祀儀式和協助執行事務、雜務的官員。《禮志》中常見行事官、執事官的不同説法。司徒、亞終獻屬前者不是後者。疑此處“亞終獻”下脱“以（或已）下”二字。

[4]天名房：本書僅此一見，其功用不詳。

[5]大禮使：官名。郊祀大典的主持者，臨時設置。

祀前三日，尚舍設大次於東壝外門内道北，南向。又設小次於壇下卯陛之北，[1]南向。有司設饌幔於東壝中門之北，[2]南向。設兵衛，各服其器服，守衛壝門，每門二人。郊社令帥其屬，[3]掃除壇之上下及壝之内外。乃爲燎位，[4]在南中壝東門之東，壇之巳位。[5]又爲瘞坎，[6]在中壝内戌位。

[1]卯陛：圓壇上有子、丑、寅、卯、辰、巳、午、未、申、酉、戌、亥十二陛，即十二個登壇的臺階，卯陛爲正東的臺階。

[2]饌（zhuàn）：指具有酒、牲、脯、醢等食物的飯食，或謂食物齊備謂之饌。《説文》：“饌，具食也。”《儀禮·燕禮》：“膳宰具官饌於寢東。”鄭玄注曰：“具官饌，具其官之所饌，謂酒也、牲也、脯醢也。”　饌幔：陳放祭祀用食物的幔帳，也稱“饌幕”。

[3]郊社令：官名。太常寺下屬機構郊社署長官。從六品。

[4]燎：古祭名。燃燒堆積柴薪，使烟氣上聞於天神。

[5]壇之巳位：大約壇上也按照天上十二位分爲子、丑、寅、卯、辰、巳、午、未、申、酉、戌、亥十二個方位。此指十二位中巳位。

[6]瘞（yì）坎：指瘞埋祭品的坑穴。瘞，埋葬。古祭名。將祭祀地祇的祭品埋起來。

祀前二日，太樂令帥其屬，[1]設登歌之樂於壇上稍南，[2]北向。玉磬在午陛之西，[3]金鐘在午陛之東，[4]柷一在鐘前稍北，[5]敔一在磬前稍北，[6]東西相向，歌工次之，[7]餘工各位於縣後。[8]琴瑟在前，[9]匏竹在後，[10]於壇下第一等上，皆重行異位，北向。又設宮縣樂南壝門外，[11]八佾二舞表於樂前。[12]又設《采茨》樂於應天門前。[13]

[1]太樂令：官名。本書卷五五《百官志一》太常寺下屬機構有大樂署，長官爲大樂令，從六品。此處所載"太樂令"即"大樂令"。

[2]登歌之樂：樂名。古代舉行祭典、大朝會時，樂師升堂所奏之歌。此處指演奏登歌之樂所用樂器。

[3]磬：樂器名。《爾雅·釋樂》邢昺疏："磬，樂器名也，以玉石爲之。"其中，以玉爲之者稱玉磬。　午陛：祭壇正南的臺階。

[4]鐘：樂器名。《釋名》曰："鐘，空也，内空受氣多。"因多爲銅製，也稱金鐘。

[5]柷（zhù）：樂器名。《爾雅·釋樂》郭璞注："柷如漆桶，方二尺四寸，深一尺八寸，中有椎柄，連底挏之，令左右擊。"中間有椎，摇動之則自擊，奏樂之始，都先要擊柷。

[6]敔（yǔ）：樂器名。一名楬。《爾雅·釋樂》邢昺疏："敔如伏虎，背上有二十七鉏鋙，刻以木，長尺，櫟之。"敔多爲木製，背部有刻，劃之則樂止。爲控制奏樂停止或結束時使用的樂器。

[7]歌工次之：原作"歌工之次"，中華點校本據《大金集禮》卷一一《陳設》"歌工次之"等禮文改，今從。

[8]餘工各位於縣後："位"，原作"立"，中華點校本據《大金集禮》卷一一《陳設》"餘工各位於懸後"等禮文改，今從。

縣：通“懸”，懸掛鐘磬等樂器的支架。

[9]琴：樂器名。《爾雅·釋樂》邢昺引《廣雅》疏曰：“‘琴長三尺六寸六分，五弦’者，此常用之琴也。”郭注：“或曰琴大者二十七弦，未詳長短。”　瑟：樂器名。《爾雅·釋樂》：“大瑟謂之灑。”郭璞注：“大瑟長八尺一寸，廣一尺八寸，二十七弦。”邢昺疏：“瑟者，登歌所用之樂器也。”引《禮圖》云：“雅瑟長八尺一寸，廣一尺八寸，二十三弦，其常用者十九弦，其餘四弦謂之番。番，羸也。頌瑟長七尺二寸，廣尺八寸，二十五弦。”

[10]匏（páo）竹：樂器名。匏指笙竽一類樂器，竹指竹製管樂器等。萬斯大《儀禮商》：“匏指笙，竹指管。”

[11]宮縣樂：樂名。古時鐘磬等樂器懸掛於架上，懸掛的形式和數量根據身分地位而不同。《周禮·春官·小胥》：“凡縣鐘磬，半爲堵，全爲肆。”鄭玄注：“鐘磬者，編縣之二八十六枚，而在一虡（鐘架），謂之堵。鐘一堵，磬一堵，謂之肆。”十六枚鐘或磬懸掛在同一個架上（即編鐘），稱爲“一堵”，鐘一堵，磬一堵，稱爲“一肆”。帝王所用樂器爲四肆，即室内四面墻壁各一肆，稱爲“宮懸”。所奏之樂稱宮懸樂。

[12]八佾：古代天子專用樂舞。佾，舞列。《左傳·隱公五年》杜預注：“天子用八，八八六十四人。諸侯用六，六六三十六人。”“大夫四，四四十六人。士二，二二四人。”孔穎達疏引服虔“以‘用六’爲六八四十八，大夫‘四’爲四八三十二，士‘二’爲二八十六。”注疏有所不同。

[13]采茨樂：樂名。本書卷四〇《樂志下》載《采茨》曲詞：“新都春色滿，華蓋定全燕。時運千齡協，星辰五緯連。六龍承曉日，丹鳳倚中天。王氣盤山海，皇居億萬年。”　應天門：中都皇宮正門。原名通天門，世宗大定五年（1165）更名爲應天門。

祀前一日，奉禮郎升設皇帝版位於壇上辰巳之間，北向。又設皇帝飲福位於其左稍却，北向。又帥禮直官設亞終獻位於卯陛之東北，西向北上。司徒位於卯陛之東，道南西向。禮部尚書、太常卿、光禄卿、禮部侍郎位各次之，[1]太常丞、光禄丞又次之。[2]又設大禮使位於小次之左少却，西向。又設分獻官、司天監、讀册中書侍郎位於中壝門道北，[3]西向。郊社令、廩犧令、太官令、良醖令位於其後。[4]又設郊社丞、太祝、奉禮郎以下諸執事官位於其後，[5]皆西向，重行異位。又設從祀文武群官一品至五品位於中壝門内道南，西向，皆重行立。又設助奠、祝史、齋郎位於東壝門外道北，[6]西向。又設陪祀皇族於道南，西向。六品至九品從祀群官，又於其南，皆西向，重行異位，各依其品。又設監祭御史二員，[7]一員在午陛之西南，一員在子陛之西北，[8]皆東向。又設監禮博士二員，一員在午陛之東南，一員在子陛之東北，皆西向。又設太樂令位於樂簴之間稍東，[9]西向。協律郎位於樂簴之西，東向。又設奉禮郎位於壇南稍東，[10]西向。贊者次之。司尊位於酌尊所，[11]俱北向。又設牲牓於外壝東門之外，[12]西向。饌牓於其北稍西，[13]南向。牲牓之東，牲位。[14]太史、太祝各位於牲後，[15]俱西向。又設禮部尚書、太常卿、光禄卿位於牲牓南稍北，西向。太常丞、光禄丞、太官令位於其後。監祭御史、監禮博士於禮部尚書位之西稍却，北向。廩犧令位在牲位西南，北向。又陳禮饌於饌牓之前案上。[16]

[1]禮部尚書：禮部長官。掌禮樂、祭祀、燕享、學校、貢舉、

儀式、制度、符印、表疏、圖書、册命、祥瑞、天文、漏刻、國忌、廟諱、醫卜、釋道、四方使客、諸國進貢、犒勞張設等事。正三品。　禮部侍郎：禮部尚書輔佐之官。正四品。

[2]太常丞：太常寺屬官。太常卿、少卿之輔佐。正六品。

[3]分獻官：官稱。金人將所祀天神分爲三等，第一等爲五方帝、日、月、神州地祇、天皇大帝、北極等神，第二等爲五神、五官、嶽鎮海瀆等神，第三等爲崑崙、山林川澤等神。祭祀時分别負責向三等各位天神進獻祭品的官員稱分獻官，亦分三等。

[4]郊社令：太常寺下屬郊社署長官。從六品。

[5]又設郊社丞、太祝、奉禮郎以下諸執事官位於其後："官"下原脱"位"字，中華點校本據清秦蕙田《五禮通考》引文補，今從。

[6]助奠：指參預助祭的各級官員。本書卷一三〇《列女傳》："古者女子生十年有女師，漸長有麻枲絲繭之事，有祭祀助奠之事。"本書《禮志》本卷和下卷："祝史、齋郎以次助奠。"這裏所説"助奠"，當指助祭。又，本卷"贊者分引分獻官、監祭御史、監禮博士、諸執事及太祝、祝史、齋郎、助奠、執尊罍、舉冪等官，入自中壝東門"，以及本書卷三〇《禮志三》"助奠讀祝奉罍洗爵洗等官位於其後"。這裏的"助奠"似又指負責助祭之官，但本書《百官志》未載。　祝史、齋郎：太常寺下屬機構郊社署屬官。協助郊社令、丞掌社稷、祠祀、祈禱並廳舍祭器等物。《金史》卷五五《百官志一》："郊社署。承安三年設祝史、齋郎百六十人，作班祗傔使，周年一替。大安元年，奏兼武成王廟署。"

[7]又設監祭御史二員："祭"，原作"察"，中華點校本據下文"監祭御史"、本書卷五五《百官志一》監察御史掌"監祭禮"以及本書卷二九《禮二・方丘儀》改正，今從。

[8]子陛：圓壇上有子、丑、寅、卯、辰、巳、午、未、申、酉、戌、亥十二陛，即十二個登壇的臺階，子陛爲正北的臺階。

[9]樂簴（jù）之間稍東：指放置登歌之樂樂器與鐘磬等樂器

中間稍東的位置。簴，古代懸掛鐘磬之木架，此指放置鐘磬之位。

[10]又設奉禮郎位於壇南稍東：原脱“位”字，中華點校本據清秦蕙田《五禮通考》卷一七引文補，今從。

[11]酌尊所：斟酒祭奠之處所。宋衛湜《禮記集説》卷一一三引鄭康成語曰“奠之，謂酌尊酒奠之，及脯之屬也”。

[12]牲牓：張示犧牲名單的告牌。牲，即犧牲，供祭祀用的純色全體牛、羊、豬等牲畜。　外壝：祭壇外層圍墻。

[13]饌牓：也作“饌榜”，爲張示祭祀所用食物之告牌。

[14]牲位：似爲停置祭祀所用牛、羊、豬等犧牲以供負責祭祀的禮官檢視之處。

[15]太史：西周春秋時，太史掌記載史事，編寫史書，兼管國家典籍、天文曆法、祭祀等事。

[16]禮饌：祭祀所用食物。

未後三刻，陳饌之時，[1]又設禮部尚書、太常卿、光禄卿位於案前稍東，北上，西向。太常丞、光禄丞、太官令位於其後，西向。又設監祭御史、監禮博士位於案前稍西，北上，東向。又設異寶嘉瑞位於宮縣西北，[2]太府少監位於寶後。[3]諸州歲貢位於宮縣東北，户部郎中位於其後。[4]天子八寶位於宮縣西南，[5]符寶郎八員各於寶後。[6]伐國毁寶位於宮縣東南，[7]少府少監位於其後。[8]又設大樂令位於宮縣之北稍東，協律郎二在大樂令南，東西相向。

[1]陳饌：陳列祭祀所用食物。

[2]異寶：奇珍異寶。　嘉瑞：古代謂帝王修德，時代清平，就會有吉祥之物出現，稱爲瑞應。嘉瑞就是指所謂瑞應出現的吉祥

之物。

[3]太府少監：太府監屬官。掌出納邦國財用錢穀事。從五品。

[4]户部郎中：尚書户部屬官。協助户部尚書掌管户口、錢糧、田土、榷場、市易以及貢賦、租税、貨幣流通、府庫收藏等事。從五品。

[5]天子八寶：《宋史》卷一五四《輿服志六》稱："秦制，天子有六璽，又有傳國璽，歷代因之。唐改爲寶，其制有八。"《史記》卷八《高祖本紀》正義稱秦代天子六璽爲，"皇帝行璽、皇帝之璽、皇帝信璽、天子行璽、天子之璽、天子信璽"。《舊唐書》卷四三《職官志二》稱唐朝"八寶"爲"一曰神寶"，"二曰受命寶"，"三曰皇帝行寶"，"四曰皇帝之寶"，"五曰皇帝信寶"，"六曰天子行寶"，"七曰天子之寶"，"八曰天子信寶"。《宋史》卷一五四《輿服志六》稱，徽宗崇寧五年（1106）作"鎮國寶"，大觀元年（1107），"又得玉工，用元豐中玉琢天子、皇帝六璽"。又"自作受命寶"。"鎮國、受命二寶，合天子、皇帝六璽，是爲八寶。"宋徽宗"八寶"在北宋滅亡時爲金人所得。金朝舉行郊祀等大禮時，可能使用獲取宋人之"八寶"。

[6]符寶郎：殿前都點檢司屬官。舊名牌印祗侯，世宗大定二年（1162）改稱符寶祗侯，後改稱符寶郎。主管皇帝印璽及金銀牌。本書卷五六《百官志二》作正員四人，卷五三《選舉志三》作"符寶郎十二人"，官品不詳。

[7]伐國毀寶：疑是從被征服國北宋所得而被金人廢棄的印寶。

[8]少府少監：少府監屬官。掌邦國百工營造之事。從五品。

司天監，未後二刻，同郊社令升設昊天上帝、皇地祇神座於壇上北方南向，地祇位在東稍却，席皆以藁秸。[1]太祖配位座於東方西向，[2]席以蒲越。[3]五方帝、日、月、神州地祇、天皇大帝、北極神座於壇上第一等，[4]席皆藁秸。内官五十四座、五神、五官、嶽鎮海瀆二十九座於壇上第二等，[5]中官一百五十有八座、崑崙、山林川澤二十一座於壇上第三等，[6]外官一百六座、丘陵墳衍原隰三十座於内壝之内，[7]衆星三百六十座在内壝之外，席皆以莞。[8]神座版各設於座首。[9]又設禮神玉。[10]俟告潔畢，權徹去壇上及第一等神位，祀日丑前五刻重設。[11]

[1]席：古代祭祀用席子。主要有五種。《周禮·春官·司几筵》鄭玄注，“五席，莞、藻、次、蒲、熊”。本書卷三〇《禮志三》所載金代五席祇有莞筵、繅席、次席和虎席四席。

[2]配位：即配享神座之位。配享，亦作配享，配食，祔祭。古代以功臣附祭於祖廟、以先賢先儒附祭於孔廟、以祖先附祭於天地，都稱配享。　太祖：廟號。指金太祖完顔阿骨打（1068—1123），1115年至1123年在位。本書卷二有紀。

[3]蒲越：亦稱“蒲席”“越席”“蒲筵”，爲蒲葦編織的席子。

[4]五方帝：指青帝、赤帝、黄帝、白帝和黑帝。《穀梁傳·僖公三十一年》楊士勳疏引《文耀鉤》云：“蒼帝春受制，其名靈威仰；赤帝夏受制，其名赤熛怒；黄帝受制王四季，其名含樞紐；白帝秋受制，其名白招炬；黑帝冬受制，其名汁光紀。是紫微宫者五方帝。”《宋史》卷一〇〇《禮志三》：“景德中，南郊鹵簿使王欽若言：‘五方帝位板如靈威仰、赤熛怒、含樞紐、白招拒、葉光紀，恐是五帝之名。理當恭避。’禮官言：‘《開寶通禮義纂》，五者皆是帝號。《漢書注》自有名。即蒼帝靈符，赤帝文祖，白帝顯紀，黑帝玄矩，黄帝神斗是也。既爲美稱，不煩回避。’”金代所祭五方帝當與宋同。　神州地祇：指神州之地神。　天皇大帝：《左傳·桓公五年》孔穎達疏：“鄭玄注書，多用讖緯，言天神有六，地祇有二，天有天皇大帝，又有五方之帝；地有崑崙之山神，又有

神州之神。”《周禮·大宗伯》：“以禋祀祀昊天上帝。”鄭玄注：“昊天上帝，冬至於圜丘所祀天皇大帝。”據此，天皇大帝就是昊天上帝。然本文“天皇大帝”之前已述“昊天上帝”，似並非爲一，待考。

北極：即北極星神。多將北極星神説成是昊天上帝或天皇大帝，本文北極星神與昊天上帝、天皇大帝並非爲一。　於壇上第一等：金代郊天所祀之神分三等：第一等爲五方帝、日神、月神、神州地祇、天皇大帝和北極神；第二等爲五神、五官、嶽鎮海瀆等；第三等爲崑崙、山林川澤等神。本卷後文稱，“近代郊，自第二等升天皇大帝、北極於第一等”，是知，天皇大帝和北極神原來並没有列爲第一等，後來纔升爲第一等。

［5］内官：《儀禮·公食大夫禮》：“内官之士，在宰東北。”賈公彦疏曰“夫人之官，内宰之屬也”；《周禮·春官·宗伯》賈公彦疏“漢以奄人爲内官”；《左傳·宣公十二年》“内官，近官”，孔穎達疏“其内官，親近王者”；《左傳·昭公元年》“内官不及同姓”，杜預注曰：“内官，嬪御。”可知，内官是指皇后、妃嬪等女官及宦官，此處當指逝去的皇后及妃嬪等。　五神：指木、火、土、金、水“五行”之神，《左傳·昭公二十九年》，“木正曰句芒，火正曰祝融，金正曰蓐收，水正曰玄冥，土正曰后土”。五行之神也稱五帝。《孔子家語·五帝》載季康子問於孔子曰：“舊聞五帝之名。而不知其實，請問何謂五帝？”孔子曰：“昔丘也聞諸老聃曰：‘天有五行，水火金木土，分時化育，以成萬物，其神謂之五帝。’”　五官：《左傳·昭公二十九年》：“五行之官，是謂五官。”孔穎達疏“此五行之官，配食五行之神”，又説“祭配食於五行之神，即下重、該、脩、熙、犁是也”，可知“五官”爲配食五行神之神。　嶽鎮海瀆：嶽指五嶽。《尚書·舜典》孔穎達疏引《釋山》云：“泰山爲東嶽，華山爲西嶽，霍山爲南嶽，恒山爲北嶽，嵩山爲中嶽。”鎮指五鎮。《隋書》卷七《禮儀志二》載，“開皇十四年（594）閏十月，詔東鎮沂山（今山東省沂水縣），南鎮會稽

山（今浙江省紹興市），北鎮醫無閭山（今遼寧省北寧市），冀州鎮（中鎮）霍山（今山西省霍州市），並就山立祠”，號爲四鎮，後以吴山（今陝西省隴縣）爲西鎮，成爲“五鎮”。海指四海，即東海、南海、西海、北海。瀆指四瀆，《爾雅·釋水》：“江、河、淮、濟爲四瀆。四瀆者。發源注海者也。” 於壇上第二等：原脱“上”字，中華點校本據上文“於壇上第一等”和下文“於壇上第三等”例文補。今從。

［6］中官：一説指宦官，另説指朝内的官，此處當指朝内的官。 崑崙：這裏指地中央之神。《左傳·桓公五年》孔穎達疏：“鄭玄注書，多用讖緯，言天神有六，地祇有二，天有天皇大帝，又有五方之帝；地有崑崙之山神，又有神州之神。”《禮記·曲禮下》：“天子祭天地，祭四方，祭山川，祭五祀，歲遍。”孔穎達疏：“案《地統書·括地象》云：‘地中央曰崑崙。’又云：‘其東南方五千里曰神州。’”按此傳説，崑崙山神爲地中央之神。 山林川澤：古人認爲，山林川澤皆有神靈。

［7］外官：古有九卿爲外官、宫外百官爲外官以及地方官爲外官等多種含義。此處指朝外的官。 丘陵墳衍原隰（xí）：古人認爲，丘陵墳衍原隰也有神靈。丘，小土山；陵，大土山；墳，隄岸、高地；衍，低平之地；原，寬闊平坦之地；隰，低濕之地。

［8］莞：水葱一類的植物。這裏指用水葱一類植物編織的席子。

［9］神座版：也稱神位版、神位、版位。《宋史》卷九九《禮志二》：“舊郊丘，神位板皆有司題署，命欽若改造之。至是，欽若奉板便殿，壇上四位，塗以朱漆金字，餘皆黑漆，第一等金字，第二等黄字，第三等以降朱字，悉貯漆匣，覆以黄縑帊。帝降階觀之，即付有司。又以新定《壇圖》，五帝、五嶽、中鎮、河漢合在第三等。”金代神位版製作失載，大約與宋相同。

［10］禮神玉：祀神所用之玉，一般情況下不予燔燒，與燔玉相對。禮神玉爲祭祀所用玉中之精華，是祭祀中最尊之禮。

［11］祀日丑前五刻重設：原脱“丑”字，中華點校本據下文

“祀日丑前五刻，禮部設祝册神座之右”以及“奠玉幣”亦云“祀日丑前五刻”例文補一“丑”字。今從。

奉禮郎同司尊及執事者設天、地、配位各左十有一籩，[1]右十有一豆，[2]俱爲三行。登三在籩豆間。[3]簠一簋一於登前，[4]簠在左，簋在右。各於神座前藉以席。又設天、地位太尊各二、著尊各二、犧尊各二、山罍各二，[5]壇上東南隅配位著尊二、犧尊二、象尊二，[6]在天、地位酒尊之東，俱北向西上，皆有坫，[7]加勺、冪，[8]爲酌尊所。又天、地位象尊各二、壺尊各二、山罍各四，[9]在壇下午陛之南，北向西上。配位壺尊二、山罍四在酉陛之北，[10]東向北上，皆有坫，設而不酌，亦左以明水，[11]右以玄酒。[12]

[1]籩（biān）：古代祭祀燕享時用以盛果脯等食物的竹編食器。《爾雅·釋器》：“竹豆謂之籩。”《周禮·天官·籩人》鄭玄注：“籩，竹器如豆者，其容實皆四升。”

[2]豆：古代食器。初以木製，後亦有陶製及青銅製作者。高一尺，徑一尺，形似高足盤。後多用於祭祀，以盛肉醬等食物。豆又爲豆、登、籩之通名。

[3]登：也作“鐙”。陶製禮器，亦有銅製者，用以盛大羹（肉汁）等食物。

[4]簠（fǔ）：古代盛穀物的器皿。多用於祭祀。初爲竹製，後亦有青銅製作者。多爲長方形，也有圓形者。 簋（guǐ）：古代盛穀物的器皿，多用於祭祀。初爲陶製，後以銅製者爲多。多爲圓形，也有方形者。

[5]太尊：也作大尊、泰尊，祭祀燕享用酒器。初爲陶製，後

多用青銅製作。　著尊：祭祀用酒器。　犧尊：也作獻尊，祭祀用酒器，犧牛之形狀。　山罍（léi）：亦稱山尊或山櫑，古代刻有山雲圖文的盛酒器具。多爲祭祀用酒器。

[6]象尊：祭祀用酒器。象形，用以盛鬱鬯等高級香酒。

[7]坫（diàn）：古代設於堂中兩楹間的土臺，用於諸侯相會飲酒時置放空杯及放置來會諸侯所饋贈的玉圭等物。此外，古代築在室内用於放置食物的土臺也稱“坫”。後亦稱放置爵尊等物之禮器爲“坫”。聶崇義《三禮圖集注》：“坫以致爵亦以承尊。”

[8]勺：用以酌酒的食器。用來從尊中挹酒注於爵。　冪（mì）：覆蓋祭祀所用禮器及食物之巾。以疏布、畫布、功布、葛布等爲之。

[9]壺尊：祭祀用酒器。六尊之一。《周禮·春官·司尊彝》：“其饋獻用兩壺尊。”鄭玄注曰：“壺者，以壺爲尊。”

[10]西陛：指圜丘壇正西的臺階。

[11]明水：古人祭祀時用銅鑒所取的露水。

[12]玄酒：亦稱上水、新水。古代祭祀用水代酒。

又設五方帝、日、月、神州地祇、天皇大帝、北極，第一等皆左八籩、右八豆，登在籩豆間，簠一簋一在登前，爵坫一在神座前。[1]第二等内官五十四座，五神、五官、嶽鎮海瀆二十九座，每座籩二、豆二、簠一、簋一、俎一、爵坫一。[2]第三等中官一百五十八座，崑崙、山林川澤二十一座，及内壝内外官一百六座，[3]丘陵墳衍原隰三十座，内壝外衆星三百六十座，每位籩二、豆二、簠一、簋一、俎一、爵一。又設第一等每位太尊二、著尊二，皆有坫，加勺。第二等每陛山尊二，[4]第三等每位蜃尊二，[5]内壝内外每辰概尊二，[6]皆加勺。自第二等已下皆用匏爵，[7]先洗拭訖，置於尊所，其尊所皆在神位之左。凡祭器皆藉以席，籩豆各加巾蓋。又設天、地及配位籩一、豆一、簠一、簋一、俎四及毛血豆各一，[8]并第一等神位每位俎二，於饌幔内。

[1]爵：爲飲酒器之總名，亦爲飲酒器之一種。此處之爵，指前者。

[2]俎（zǔ）：亦稱大房、房俎，載牲體之器。四足如案，長二尺四寸，寬一尺二寸，高一尺，漆飾或玉飾。

[3]外官一百六座："六"字下，原衍一"十"字，中華點校本按上文記有"外官一百六座"，以及《政和五禮新儀》卷二《神位》、《元史》卷七二《祭祀志一》亦皆謂此處"外官一百六座"，據改。今從。

[4]第二等每陛山尊二：因神祇地位不等，故設尊情況亦各不相同。壇中心的昊天上帝、皇地祇是主神，按每位設尊。第一等五方帝、日、月等，因數量少，也按位設尊。但第二等内官五十四座，數量多，不大可能按位設尊，故按陛設尊。壇第四層（成）開始分陛，分十二陛，每陛間設二尊。山尊，即山罍，祭祀用酒器，體積較大。

[5]第三等每位蜃（shèn）尊二：中華點校本據下文"良醖令帥其屬入實尊罍"，"第三等及内壝内，蜃尊實以汎齊。内壝外及衆星，概尊實以三酒"等文，認爲此處文有脱誤。按，此處"位"字有疑。上文"第二等每陛山尊二"，又"第三等中官一百五十八座，崑崙、山林川澤二十一座，及内壝内外官一百六座，丘陵墳衍原隰三十座"。數量衆多，不可能按位設尊。疑此處"位"字爲"陛"字之誤。蜃尊，祭祀時用以盛秬鬯的酒器。畫有蜃形，故名。

[6]内壝外每辰概尊二：《元史》卷七二《祭祀志一》説，"内壝外衆星三百六十位，每辰神位三十"，是將内壝外划爲十二等分，

也就是十二辰。内壝外神位衆多，且已經没有“陛”，所以按辰設尊，而不是按位或按陛設尊。“辰”（《開元禮》作“道”）也是設置尊的單位。概尊，祭祀用酒器，腹部有朱帶，故名概。

[7]匏爵：祭祀用酒器。宋聶崇義《三禮圖集注》稱：“《梓人》：‘爲飲器，爵受一升。’此匏爵既非人功所爲，臨時取可受一升、柄長五六寸者爲之。祭天地則用匏爵，故《禮記·郊特牲》曰：‘器用陶匏，以象天地之性也。’”

[8]毛血豆：當爲盛毛血之豆。毛、血爲祭祀所用犧牲之毛血，以示犧牲肉裹美善，外色完具。

又設皇帝洗二於卯陛下，[1]道北，南向。盥洗在東，[2]爵洗在西，[3]匜在東，[4]巾在西。篚南肆，[5]實玉爵坫。又設亞終獻洗位在小次之東，南向。盥洗在東，爵洗在西，加勺。篚在西，南肆，加巾。又設第一等分獻官盥洗、爵洗位，及第二等分獻官盥洗位，各於其辰陛道之左，罍在洗左，篚在洗右，俱内向，執罍篚者位於其後。

[1]洗：古盥洗器名。古代祭祀時洗手、洗爵，皆一人用枓（舀水器），從罍中挹水，從上澆之，其下注之水，謂之棄水。承棄水之器謂之洗，其形如盤。

[2]盥（guàn）洗：古代祭祀，洗爵之前必先洗手。此盥洗即洗手之器。

[3]爵洗：洗爵所用之器。

[4]匜（yí）：盛盥水及盛酒之器。

[5]篚（fěi）：盛物的竹器。方形，有蓋。

太府監、少府監祀前一日未後二刻，帥其屬升壇陳玉幣。[1]昊天上帝以蒼璧、蒼幣，[2]皇地祇黄琮、黄幣，[3]配位以蒼幣，黄帝以黄琮，[4]青帝以青珪，[5]赤帝以赤璋，[6]大明以青珪璧，[7]白帝以白琥，[8]黑帝以玄璜，[9]北極以青珪璧，天皇大帝以玄珪璧，[10]神州地祇以玄色兩珪有邸，[11]皆置於匣。[12]五帝之幣各從其方色。[13]凡幣皆陳於篚。設訖，俟告潔訖權徹去，[14]祀日重設。

[1]帥：通“率”，帶領。　玉幣：祭祀用物品。《周禮·春官·大宗伯》：“以玉作六器，以禮天地四方。以蒼璧禮天，以黄琮禮地，以青圭禮東方，以赤璋禮南方，以白琥禮西方，以玄璜禮北方。皆有牲幣，各放其器之色。”幣是古人用以祭祀或贈送賓客的束帛等物，後來也稱其他聘享的禮物。

[2]蒼璧：祭祀天神所用之璧。青色，圓形，中間有孔，直徑九寸，厚一寸。

[3]黄琮（cóng）：古人祭祀用黄色玉器。

[4]黄帝：五帝之一。少典之子，姓公孫，後因居姬水，改姬姓，號軒轅氏、有熊氏。帝嚳、顓頊等均爲其後。

[5]青帝：亦作蒼帝，五方帝之一。傳爲東方之神。　青珪：也作“青圭”，古人祭祀用青色玉器。上尖下方。

[6]赤帝：五方帝之一。傳爲南方之神。　赤璋：古人祭祀用赤色玉器。

[7]大明：此指太陽神。《禮記·禮器》：“大明生於東，月生於西。”鄭玄注：“大明，日也。”　青珪璧：即青圭璧，古人祭祀用青色玉器。

[8]白帝：五方帝之一。傳爲西方之神。　白琥：古人祭祀用刻有虎形的白色玉器。

[9]黑帝：五方帝之一。傳爲北方之神。　玄璜：古人祭祀用

半璧形玄色（黑色）玉器。

[10]玄珪璧：古人祭祀用玄色玉器。璧上琢出一圭，圭以璧爲本身，圭連於璧。

[11]玄色兩珪有邸：古人祭祀用玄色玉器。於圓璧上下琢出兩圭，以圓璧爲本身，圭璧相連，故曰“有邸”。“邸”即“柢”，即根也。

[12]匣：貯藏物品的器具。大的叫箱，小的叫匣。此指存放祭祀用禮器和祭品的器具。

[13]五帝之幣各從其方色：古人以東方爲青色，南方爲赤色，中央爲黄色，西方爲白色，北方爲黑色。

[14]徹：通“撤”。

祀日丑前五刻，禮部設祝册神座之右，[1]皆藉以案。[2]太常卿明燈燎。[3]户部郎中設諸州歲貢於宫縣東北，金爲前列，玉帛次之，餘爲從列，皆藉以席，[4]立於歲貢之後，北向。太府監、少府監設異寶嘉瑞於宫縣西，北上，瑞居前，中下次之，皆藉以席，立於寶後，北向。少府少監設伐國毀寶於宫縣東南，皆藉以席，立於寶後，北向。符寶郎設八寶於宫縣西南，各分立於寶南，皆北向。司天監、太府監、少府監、郊社令、奉禮郎升設昊天上帝、皇地祇、配位及壇上第一等神座，又設玉幣，各於其位。太祝取瘞玉加於幣，[5]以禮神之玉各置於神座前，乃退。

[1]禮部：尚書省下屬機構。長官爲尚書一員，正三品；侍郎一員，正四品；郎中一員，從五品；員外郎一員，從六品。　祝册：記載祝神之詞的册書。

[2]案：擺放器物的器具。形如几，長方形，高一尺二寸，有足，木製，上有玉飾。　藉以案：此指擺放到案上。

[3]明燈燎：此處當指將燈點燃。

[4]皆藉以席：全部用祭祀用席子襯墊，即將金、玉帛等全部擺放在席子上。

[5]瘞玉：用作埋祭之玉。秦蕙田《五禮通考》："瘞玉，以玉石爲之。"有時"以黝石代之"。

光禄卿帥其屬入實祭器。[1]昊天上帝、皇地祇、配位每位籩三行，以右爲上，形鹽在前，[2]魚鱐、糗餌次之，[3]第二行榛實在前，[4]乾桃、乾橑、乾棗次之，[5]第三行乾菱在前，[6]乾芡、乾栗、鹿脯次之。[7]豆三行，以左爲上，芹菹在前，[8]笋菹、葵菹次之，[9]第二行韭菹在前，[10]菁菹、魚醢、兔醢次之，[11]第三行豚胉在前，[12]醓醢、酏食、鹿臡次之。[13]簠黍，[14]簋稷，[15]登皆大羹。[16]第一等壇上一十位，每位皆實籩三行，以右爲上，形鹽在前，魚鱐次之，第二行乾橑在前，桃棗次之，第三行乾芡在前，榛實、鹿脯次之。豆三行以左爲上，芹菹在前，笋菹次之，第二行菁菹在前，韭菹、魚醢次之，第三行豚胉在前，醓醢、鹿臡次之。[17]簠黍，簋稷，登大羹。第二、第三等每位籩二，鹿脯、乾棗。豆二，鹿臡、菁菹。俎羊一段。[18]内壝内、内壝外每位籩鹿脯，[19]豆鹿臡，[20]俎羊一段。

[1]入實祭器：將祭品放入祭器之中。

[2]形鹽：《左傳·僖公三十年》："王使周公閱來聘。饗有昌歜、白、黑、形鹽。"杜預注曰："形鹽，鹽形象虎。"《周禮·天官·

冢宰》鄭玄注亦謂："築鹽以爲虎形，謂之形鹽。"

[3]鱐（sù）：曬乾的魚。《周禮·天官·庖人》："夏行腒鱐。"鄭玄注引鄭司農云："鱐，幹魚。" 糗（qiǔ）：是炒熟的米、麥等穀物，有搗成粉的，有不搗成粉的。 餌：用稻米等煮熟搗爛做成的糕餅。

[4]榛實：亦稱榛仁。榛是一種灌木或小喬木，所結果實叫榛子。

[5]乾（gān）桃：即曬乾的桃。 乾䕩（lǎo）：原作"乾橑"，中華點校本改作"乾䕩"。按：橑，意爲屋椽、柴薪。䕩，狹義爲乾梅，廣義則泛指乾果。此處從中華點校本作"䕩"，指晾乾的梅。 乾棗：即晾乾的棗。

[6]乾菱：即曬乾的菱角，一種草本植物。生在池沼中，果實的硬殼有角，果肉可以吃。

[7]芡（qiàn）：植物名。也稱"鷄頭"。多年生水生草本植物。全株有刺，葉圓盾形，夏季開花，漿果海綿質，種子球形，黑色，稱"芡實"或"鷄頭米"，可供食用或釀酒。 乾栗：即曬乾的栗。栗樹是一種喬木，果實叫栗子，包在多刺的殼斗内，可以吃。 鹿脯（fǔ）：鹿肉乾。

[8]芹菹：切斷的芹菜。

[9]笋菹：切碎的竹笋。 葵菹：切斷的葵。

[10]韮菹：切去頭尾的韮菜。

[11]菁菹：即切作長條的菁菜。菁，菜名。即蔓菁，又名蕪菁。 魚醢（hǎi）：指將魚肉切成小塊。醢的原意是指肉、魚等製成的醬。 兔醢：將兔肉切成小塊。

[12]豚（tún）胉（bó）：豚，小豬。胉，同"膊"，牲體的兩脅。《儀禮·士喪禮》："兩胉、脊、肺。"鄭玄注："胉，脅也。"

[13]醓（tǎn）醢：醓，多汁的肉醬，也屬醢。 酏（yǐ）食：酏，釀酒所用的薄粥。《禮記·内則》："小切狼臅膏，以與稻米爲酏。"酏食，亦作鍵食。《太常續考》："食，用糯米滚湯撈成飯，用

羊膏熬油，與蜜飯一同拌勻。”　鹿臡（ní）：鹿肉醬。臡，亦作“腝”，有骨之肉醬，醢的一種。

[14]簠黍：用簠盛黍。黍爲一年生草本植物，種子淡黄色，去皮後叫黄米，煮熟後有黏性。

[15]簋稷：用簋盛稷。稷即粟，穀子，去皮後稱小米，不黏。

[16]登皆大羹：登都用來盛大羹。大羹，也作太羹、大羹湆（qì）。煮肉汁，不加鹽菜。

[17]醓醢鹿臡次之：原、四庫全書本“醓醢”下皆衍“次之”二字，中華點校本據秦蕙田《五禮通考》卷一七引此文無“次之”二字，據删，符合上下文叙述體例。今從。

[18]俎羊一段：俎上放置羊牲一段。“段”，原作“叚”，中華點校本作“段”，今從中華本。

[19]籩鹿脯：用籩盛鹿脯。

[20]豆鹿臡：用豆盛鹿臡。

良醖令帥其屬入實尊罍，[1]昊天上帝、皇地祇大尊爲上，實以汎齊；[2]著尊次之，實以醴齊；[3]犧尊次之，實以盎齊；[4]象尊次之，實以醍齊；[5]壺尊次之，實以沉齊；[6]山罍爲下，實以三酒。[7]配位著尊爲上，實以汎齊；犧尊次之，實以醴齊；象尊次之，實以盎齊；壺尊次之，實以醍齊；山罍爲下，實以三酒。第一等每位大尊實以汎齊，著尊實以醴齊。第二等山尊實以醍齊。第三等及内壝内，蜃尊實以汎齊。[8]内壝外及衆星，[9]概尊實以三酒。

[1]入實尊罍：將祭品裝入尊中和罍中。

[2]汎齊（jì）：汎爲“泛”字的異體字。泛齊是五齊之中釀造

時間最短、酒味最薄之濁酒。

[3]醴（lǐ）齊：祭祀用酒，五齊之一。許嘉璐認爲，醴齊是“汁滓相和之薄酒，製酒與其他四齊不同，不用麴，而用蘖，蘖爲麥芽。一宿而熟，味薄而短，是五齊中最常用的”（許嘉璐主編《中國古代禮俗辭典》，中國友誼出版公司1991年版）。

[4]盎（àng）齊：祭祀用酒，五齊之一。盎齊汁滓各半，是一種白色的濁酒。

[5]醍（tǐ）齊：又作緹齊，祭祀用赤色濁酒，五齊之一。緹齊汁多於滓，汁紅赤，可用筐將汁漉出。

[6]沉齊：沉，亦作“沈”。祭祀用酒，五齊之一。沈齊滓沉於下，汁在上而清，是五齊之中釀造時間最長、酒味最爲濃厚之濁酒，相對其他五齊而言，則爲清酒。

[7]三酒：指事酒、昔酒和清酒，均爲去滓之酒，用於飲用和祭祀。

[8]蜃尊實以汎齊：諸尊所實酒有等級，而且是固定的。《大唐開元禮》卷二二、卷二三、卷二九、卷三〇、卷六四《吉禮》，《政和五禮新儀》卷八〇《吉禮》，《大金集禮》卷一〇《陳設》，《續文獻通考》卷六九《郊社考》，《五禮通考》卷三八《吉禮》，均稱“蜃尊實以沈（或作沉）齊”。本卷前文稱“大尊爲上，實以汎齊”，蜃尊所實，不當與太尊同。疑此處“汎齊”爲“沈齊”之誤。

[9]内壝外及衆星：上文稱“内壝外衆星三百六十座”，“内壝外”與“衆星”間無“及”字。此處“及”字疑衍。

省牲器：[1]祀前一日午後八刻，去壇二百步禁止行人。未後二刻，郊社令、丞帥其屬掃除壇之上下，司尊、奉禮郎帥執事者以祭器入，設於位。[2]司天監設神位，太府監、少府監陳玉幣於篚。未後三刻，禮直官引廩犧令與諸太祝、祝史以牲就位。[3]又禮直官、贊者分引禮部尚書、太常卿、光禄卿、禮部侍郎、太常丞、監祭御史、監禮博士、廩犧令、太官令、太官丞詣内壝東門外省牲位，立定，乃引禮部尚書、侍郎、太常丞及監祭御史、監禮博士升自卯階，視濯滌。[4]執事者皆舉冪告潔，[5]俱畢，降復位。禮直官稍前曰："告潔畢，請省牲。"禮部尚書、侍郎及太常卿、丞稍前，省牲訖，退，復位。次引光禄卿、丞巡牲一匝，光禄卿退，光禄丞西向折身曰"備訖"，[6]乃復位。次引廩犧令巡牲一匝，西向躬身曰"充"，[7]又引諸祝史巡牲一匝，首一員西向躬身曰"腯"。[8]畢，俱復位。禮直官稍前曰："請省饌。"[9]乃引禮部尚書以下各就位，立定，省饌，訖，禮直官引禮部尚書侍郎、太常卿丞各還齋所，餘官廩犧令與諸太祝、祝史以次牽牲詣厨，授太官令、丞。次引光禄卿丞、監祭、監禮詣厨，省鼎鑊，[10]視滌濯畢，乃還齋所。

[1]省牲器：祭祀前派遣官員檢視祭祀所用之犧牲和祭器。省(xǐng)，察看，檢視。牲，指祭祀用犧牲。器，指祭祀用禮器。省牲，也作"展牲"，祭祀前檢視祭祀所用犧牲。

[2]以祭器入設於位：將祭祀用禮器放到各自所設之位。

[3]以牲就位：將祭祀所用牛、羊、豬等犧牲牽入所設省牲之位。

[4]視濯滌：檢視祭祀所用禮器是否清洗乾净。

[5]舉冪告潔：即舉冪告知祭祀所用禮器及遮蓋禮器和食物之巾都已清潔。

[6]備訖：準備好了。

[7]充：肥。

[8]腯（tú）：肥壯。

[9]省饌：檢視祭祀所用食物。

[10]省鼎鑊（huò）：即檢視烹牲所用鼎鑊。鑊，即鍋。

晡後一刻，[1]太官令帥宰人以鸞刀割牲，[2]祝史各取毛血實以豆，置於饌幔。遂烹牲。祝史乃取瘞血貯於盤。[3]

[1]晡後一刻：晡爲申時，即午後三時至五時。一刻，約爲十五分鐘左右。晡後一刻，即午後五時十五分鐘左右。

[2]宰人：負責宰殺犧牲之人。　鸞刀：祭祀時割宰犧牲所用之刀。

[3]瘞血：此指用作血祭之牲血。

奠玉幣：祀日丑前五刻，亞終獻、司徒已下應行事、陪從群官，各服其服就次。司天監復設壇上及第一等神位。太府監、少府監陳玉幣。太常卿、郊社令丞明燭燎。光禄卿丞實籩豆簠簋尊罍，俟監祭、監禮案視訖，[1]徹去巾蓋。大樂令帥工人布於宫縣之内，[2]文舞八佾立於縣前表後，[3]武舞八佾各爲四佾立於宫縣左右，[4]引舞執纛等在前，[5]又引登歌樂工由卯陛而升，各就其位。歌、擊、彈者坐，吹者立。奉禮郎贊者先入就位，餘禮直官、贊者分引分獻官、監祭御史、監禮博士、諸執事及太祝、祝史、齋郎、助奠、執尊罍、舉冪等官，入自中壝東門，當壇南重行西上，北向立定。奉禮郎贊“拜”，分獻官以下皆再拜，訖。奉禮贊曰“各就位”，贊者、禮直官分引監祭御史、監禮博士，按視壇之上下，糾察不如儀者，退復位。禮直官引司徒入就位，西向立。禮直官引博士，[6]博士引亞獻，自東壝偏門入就位，西向立。又禮直官引終獻，次於其位。

[1]案視：即按視，巡視，檢視。

[2]工人：指大樂屬下樂工。本書卷五五《百官志一》太常寺下屬機構有“大樂署”，養樂工百人。

[3]文舞：宮廷雅樂舞蹈的一種。

[4]武舞：宮庭雅樂之一種。執干戚以進，以金鼓爲節。

[5]纛（dào）：古代帝王乘輿上用犛牛尾或雉尾製成飾物稱“纛”，用羽毛做的舞具也稱“纛”。此指用羽毛做的舞具。

[6]博士：金代國子監下屬國子學、太學均設有博士官，分掌教授生員、考校藝業等；太常寺也設有博士官，掌檢討典禮。本書卷一二《章宗紀四》載有“諸路醫學博士”，據此知各路也設有醫學博士。此處所載“博士”當爲太常寺屬官。

祀日未明一刻，通事舍人引侍中詣齋殿，跪奏“請中嚴”，俛伏，興。又少頃，乃跪奏“外辦”。[1]俟尚輦進輿，[2]乃跪奏稱“具官臣某，請皇帝降座升輿”。[3]皇帝至大次，乃跪奏稱“具官臣某，請皇帝降輿”。[4]皇帝入次，即位於大次外。質明，詣次前跪奏“請中嚴”，少頃，又奏“外辦”。訖，太常卿乃當次前跪稱“具官臣某，請皇帝行事”，俛伏，興。凡跪奏，准此。皇帝出次，乃前導至中壝門，殿中監進大圭，[5]太常卿奏“請執大圭”。[6]入自正門，皇帝入小次位，西向立。太常卿乃與博士分左右立定，乃奏“有司謹具，請行事”。

降神，[7]六成，樂止。太常卿別一員，乃升煙瘞血，[8]訖，乃奏"拜"，訖，俟侍中升壇，請詣盥洗位。[9]至位，奏"請搢大圭、盥手"。[10]訖，奏"請帨手"，[11]皇帝帨手，訖，奏"請執大圭"。乃引至壇上，殿中監進鎮圭，[12]乃奏"請搢大圭、執鎮圭"。皇帝執鎮圭，詣昊天上帝神座前，奏"請跪，奠鎮圭"。皇帝奠，訖，執大圭，俛伏，興。侍中進玉幣，乃奏"請搢大圭，跪奠玉幣"。訖，乃奏"請執大圭"，俛伏，興。少退，又奏"請再拜"。詣皇地祇及配位，奠鎮圭、玉幣，並如儀。[13]配位唯奏請奠鎮圭及幣。

[1]"通事舍人引侍中詣齋殿"至"乃跪奏'外辦'"：《舊唐書》卷四三《職官志二》："大朝會、大祭祀，則板奏中嚴外辦，以爲出入之節。輿駕還宮，則請解嚴，所以告禮成也。"《資治通鑑》卷二七五《後唐紀四》胡三省注："凡天子將出，侍中奏中嚴外辦。"

[2]尚輦：殿前都點檢司下設有尚輦局，屬官有尚輦局使、副使、直長、典輿都轄、收支都監、同監、本把等，掌承奉輿輦等事。此處尚輦，當指尚輦局屬官。　輿：原指車厢，因車厢載人載物，是車的主要部分，故輿亦爲車之總稱。

[3]升輿：即登車。

[4]降輿：即下車。

[5]殿中監：官名。唐宋置有殿中省，有殿中監、殿中少監、殿中丞等官員，掌供奉天子玉食、醫藥、服御、幄帟、輿輦、舍次之政令。遼置有殿中司，亦設有殿中監、殿中少監、殿中丞等官員。本書《百官志》不載殿中省或殿中司等機構，但書中多處出現殿中省、殿中監、殿中少監之名，似金朝仍設有殿中省，殿中監爲

其最高長官。　大圭：玉笏，也稱珽。長三尺，廣三寸，其首廣如椎形。天子內外大小祭祀，插在紳帶之間。因大圭在諸圭之中最長，故名。

[6]執大圭：即用手執大圭。

[7]降神：神從天而降。此指請神與迎神。

[8]升煙瘞血：此指燎祭與血祭。燎祭即焚柴以祭天神，血祭即瘞血以祭地神。

[9]俟侍中升壇，請詣盥洗位：原脱"請"字，中華點校本據殿本補，今從。

[10]搢大圭：將大圭插於腰帶之間。搢，插。

[11]帨（shuì）手：用巾擦手。

[12]鎮圭：亦作"瑱圭""珍圭"，天子所執之圭。玉製，長一尺二寸，上下刻"四鎮之山"。中間有"必"。"必"通"繹"，即繫帶，便於持取。

[13]並如儀：中華點校本按殿本"儀"上有"上"字。

奠玉幣畢，皇帝還版位，乃奏"請還小次、釋大圭"。皇帝入小次，乃立於小次之南稍東，以俟。

皇帝將奠配位之幣也，贊者分引第一等分獻官詣盥洗位，搢笏、盥手、帨手、執笏，[1]各由其陛升，唯不由午陛。詣神前，搢笏，跪，太祝以玉幣授之，奠訖，俛伏，興。再拜，訖，各由本陛降，復位。初，分獻將降也，禮直官引諸祝史、齋郎、應助奠者再拜，祝史各奉毛血之豆入，各由其陛升，諸太祝迎取於壇上，奠訖，退立於尊所。

[1]搢笏（hù）：插笏版插於腰帶上。笏，亦稱手版，有事則

書其上，以備遺忘。

進熟：奠玉幣訖，降還小次。有司先陳牛鼎三、羊鼎三、豕鼎三、魚鼎三，各在鑊右。太官令丞帥進饌者詣厨，以匕升牛羊豕魚，自鑊各實於鼎。[1]牛羊豕皆肩、臂、臑、肫、胳、正脊各一，[2]長脇二、短脇二、代脇二，[3]凡十一體。[4]牛、豕皆三十斤，羊十五斤，魚十五頭一十五斤，實訖，冪之。[5]祝史二人以扃對舉一鼎，[6]牛鼎在前，羊豕次之，魚又次之，有司執匕以從，各陳於每位饌幔位。從祀壇上第一等五方帝、大明、夜明、天皇大帝、神州地祇、北極，皆羊豕之體並同。光禄卿帥祝史、齋郎、太官令丞各以匕升牛羊豕魚於俎，[7]肩、臂、臑在上端，肫、胳在下端，脊、脇在中，魚即横置，頭在尊位，設去鼎冪。光禄卿丞同太官令丞實籩豆簠簋，籩實以粉餈，[8]豆實以糝食，[9]簠實稻，[10]簋實粱。[11]

[1]以匕升牛羊豕魚，自鑊各實於鼎：用匕將煮熟的牛、羊、豬、魚肉從鍋中取出來，放入各自鼎內。匕，亦作“朼”，食器和取食器。曲柄淺斗，狀如今之羹匙。古代“匕”分爲飯匕、牲匕、疏匕、挑匕等。此處所述之“匕”爲牲匕，是一種頭部尖鋭的取食器，用棘木、桑木或青銅製作，長三尺或五尺。聶崇義《三禮圖集注》引《雜記》云：“朼以桑，長三尺。注云：朼所以載牲體者也。祭用桑，吉則用棘。”

[2]肩：指牲體的前肢根部。　臂：指牲體前肢的一部分。　臑（nào）：此指牛羊豬前肢的一部分。　肫（chún）：亦作“脕”，又作“膞”，牲體後體的一部分。　胳（gé）：亦作“骼”，

動物後脛骨的一部分。　正脊：指牲體背部中間的骨骼。

[3]長脇、短脇、代脇："脇"同"脅"，指牲體腋下至肋骨盡處。《儀禮·少牢饋食禮》所載"脅"有"短脅""正脅"和"代脅"，"正脅"可能是本書所説"長脅"。陳祥道《禮書》稱，"脅骨三：代脅、長脅、脰脅也"。脰脅，當爲《儀禮·少牢饋食禮》所説"短脇"。《儀禮·有司》賈公彦疏又謂："脅亦爲三分，前分爲代脅，次中爲中脅，後分爲短脅。"中脅是否爲本書所説"長脅"，待考。《禮記·祭統》："骨有貴賤，殷人貴髀，周人貴肩。凡前貴於後。"孔穎達疏："脅則正脅在前爲貴，短脅爲賤。"

[4]凡十一體：牛羊豕皆肩、臂、臑、肫、胳、正脊各一，長脇二，短脇二，代脇二，凡十一體。"代脇二"，南監本、北監本、殿本、局本作"代脇一"。按，以上所列牲體，以種類計之則爲九，即肩、臂、臑、肫、胳、正脊、長脇、短脇、代脇，以數量計之則爲十二，皆與十一之數不合。《儀禮·少牢饋食禮》，"肩、臂、臑、膞、胳，正脊一、脡脊一、横脊一，短脅一、正脅一、代脅一皆二骨以並"，以種類和數量計均爲十一體。據此，則此處"正脊"下疑脱"脡脊、横脊"四字。另，《儀禮·特牲饋食禮》稱"肩、臂、臑、肫、胳，正脊二骨，横脊，長脅二骨，短脅"。鄭玄注："士之正祭禮九體，貶于大夫，有並骨二，亦得十一之名。"雖爲士禮，亦可證《禮經》原有但計數量之法不同。且底本"代脇二"，南監本、北監本、殿本、局本作"代脇一"，也合十一之數，則此處"代脇二"又似誤字。

[5]冪：亦作"鼏"。此指鼎冪，即用於蓋鼎的蓋子。鄭玄注稱鼎鼏用茅編織而成，但出土實物中也有用青銅製作的。

[6]扃（jiōng）：貫通鼎上兩耳的舉鼎横木。煮熟的牲體裝入鼎中以後，要用杠子將鼎從庖厨抬送到行禮的場所，"扃"就是專用抬鼎的杠子。

[7]以匕升牛羊豕魚於俎：用匕將牲肉從鼎中取出放在俎上。

[8]粉餈（cí）：古代食品。用稻、黍粉做成的餅。

［9］糝（sǎn）食：古代食品。用稻米粉和牛、羊、豖肉煎之成餌。

［10］稻：古之稻，多指糯稻，宋以後兼指粳稻。《太常續考》謂祭祀所用之稻“用白粳米”。

［11］粱：粟米之良種，即小米，爲古代之精食。

俟皇帝還小次，樂止。禮直官引司徒出詣饌幔所，與薦籩豆簠簋俎齋郎，各奉天、地、配位之饌。司徒帥太官令以序入内壝正門，樂作，至壇下，俟。祝史進徹毛血豆，[1]降自卯陛，以次出。訖，司徒與薦籩豆簠簋俎齋郎，奉昊天上帝、皇帝祇之饌，升自午陛。太官令、丞與薦籩豆簠簋俎齋郎，奉配位及第一等神位之饌，升自卯陛。各位太祝迎於壇陛之道間。於昊天上帝位，司徒搢笏北向跪奉，粉餈籩在糗餌之前，糝食豆在醓醢之前，簠左簋右，皆在登前，牛俎在豆前，羊豖魚俎次之，以右爲上。司徒俛伏，興，奉饌者奉訖，皆出笏就位，一拜。司徒次詣皇地祇奉奠，並如上儀。配位亦同。司徒及奉天、地、配位饌者以次降。太官令帥奉第一等神位之饌，各於其位，並如前儀。俱畢，樂止。司徒、太官令以下皆就位，訖，侍中升自卯陛，立於昊天上帝酌尊所，以俟。

［1］祝史進徹毛血豆：祝史官進至壇上將毛血豆撤下來。

太常卿乃當次前俛伏，跪奏“請皇帝詣盥洗位”，俛伏，興。皇帝出次，殿中監進大圭，乃奏“請執大圭”。至盥洗位，奏“請搢大圭、盥手”。皇帝盥手，訖。奏“請帨手”，皇帝帨手，訖。奏“請執大圭”，乃詣爵洗位。至位，奏“請搢大圭、受爵”，又奏“請洗爵”。皇帝洗爵，訖。奏“請拭爵”，[1]皇帝拭爵，訖。奏“請執大圭”，以爵授奉爵官。皇帝詣昊天上帝酌尊所，執爵，良醖令舉冪，侍中跪酌太尊之汎齊，酌訖，皇帝以爵授侍中。皇帝乃詣昊天上帝神座前，侍中進爵，乃奏“請搢大圭，跪執爵三祭酒”，訖。奏“請奠爵”，奠爵訖。奏“請執大圭”，俛伏，興。又奏“請少退”，立俟。中書侍郎讀册文，訖，乃奏“請再拜”。詣皇地祇位及配位，並如上儀。獻畢，皇帝還版位，乃奏“請還小次，釋大圭”。皇帝入小次，太常卿立於小次東南。

[1]拭爵：用巾將爵擦乾净。

禮直官引博士，博士引亞獻，詣盥洗位，搢笏，盥手，帨手，訖，詣爵洗位，搢笏，洗爵，拭爵，訖，以爵授執事者，執笏升自卯陛，詣昊天上帝酌尊所，西向立。執事者以爵授之，乃搢笏執爵。執尊者舉冪，良醖令跪酌著尊之醴齊，酌訖，復以爵授執事者，執笏詣昊天上帝神座前。初，亞獻至盥洗位，文舞退，武舞進，樂作。亞獻詣昊天上帝神座前，搢笏跪，執事者以爵授之，乃執爵三祭酒，奠爵，執笏，俛伏，興，少退，再拜。次詣皇地祇及配位，並如上儀。獻畢，降復位。

禮直官引博士，博士引終獻，詣盥洗位，盥手，洗爵，升壇奠獻，並如上儀。

初，終獻將升壇，禮直官分引第一等分獻官詣盥洗位，搢笏，盥手，帨手。執笏，各由其陛，唯不由午陛，詣神位酌尊所。[1]執事者以爵授之，乃酌汎齊，訖，以爵授執事者，共詣神座前，搢笏跪。執事者以爵授之，乃執爵三祭酒，奠爵，執笏，俛伏，興，少退，再拜，訖，各引還本位。

[1]詣神位酌尊所："詣"，原作"諸"。中華點校本據秦蕙田《五禮通考》卷一七引文作"詣"，改爲"詣"。今從。

初，第一等分獻官將升，贊引引第二等、第三等、内壝内外衆星位分獻各詣盥洗位，[1]搢笏，盥手，帨手，酌酒，奠拜，並同上儀。祝史、齋郎以次助奠，訖，各還本位。諸太祝各進徹籩、豆各一，少移故處，樂作。卒徹，樂止。

[1]贊引引第二等、第三等、内壝内外衆星位分獻各詣盥洗位：中華點校本認爲"贊引引"當作"贊者分引"，分獻下當有"官"字。

初，終獻禮畢，降復位，太常卿乃當次前俛伏，跪奏"請皇帝詣飲福位"。皇帝出次，殿中監進大圭。[1]乃奏"請執爵，三祭酒"，又奏"請啐酒"。[2]皇帝啐酒，訖，以爵授侍中，乃奏"請受胙"。[3]侍中再以爵酒進，乃奏"請受爵飲福"。皇帝飲福，訖，奏"請執大圭"。俛伏，興。又奏"請再拜"，訖，乃導還版位，西向立，俟送神樂止。乃奏“請詣望燎位”，[4]至位，南向立，俟火半柴，乃跪奏“具官臣某言禮畢”。皇帝還大次，出中壝門外，奏“請釋大圭”，皇帝入大次。

[1]殿中監進大圭：中華點校本“按此下有脱文”，根據上下文意，確有脱文，今從。

[2]啐（cuì）酒：即祭祀完畢在飲福位飲酒，標志禮成。啐，嘗、飲的意思。

[3]胙（zuò）：祭祀用的牲肉。

[4]望燎：郊天大典經過迎神、奠玉幣、進俎、行初獻禮、行亞獻禮、行終獻禮、撤豆、送神等程式之後，皇帝到望燎位觀看燎壇上的柴火焚燒犧牲玉幣等祭品。

初，終獻禮畢，司徒、侍中、太祝各升自卯陛，太祝持胙俎進，減天、地、配位前胙肉加於俎，皆取前脚第二節，又以黍稷飯共置一籩，奉詣司徒、侍中後，北向立。俟皇帝至飲福位，太常卿奏“請皇帝搢大圭啐酒”，訖，司徒乃進胙俎。皇帝受胙，訖，奉禮郎贊曰“賜胙”，贊者唱曰“再拜”，在位者皆再拜，送神，樂一成止。

皇帝既入大次，更通天冠、絳紗袍，[1]升輿，至齋宫，乘金輅。通事舍人引門下侍郎當輅前跪奏，[2]稱“具官臣某請車駕進發”。至侍臣上馬所，乃跪奏“具官臣某請車駕少駐，勑侍臣上馬”。侍中稱“制可”，乃退，傳制稱“侍臣上馬”。侍臣上馬畢，乃跪奏，稱“具官臣某請勑車右升”，千牛將軍升訖，[3]跪奏稱“具官臣某請車駕進發”。車駕動，前中後三部鼓吹凡十二隊齊作。應行禮陪從祀官先詣應天門奉迎，再拜。大樂令先詣應天門外，准備奏樂如儀。訖，擇日稱賀。

[1]通天冠：皇帝專用的禮冠，始於秦代。

[2]門下侍郎：門下省長官侍中之副貳。海陵王合中書、門下於尚書省以後，門下省已被取消，門下侍郎一職當不再設置。本書《禮志》所載門下侍郎，當爲舉行祭祀時而臨時設置的官職。

[3]千牛將軍：千牛衛屬官。漢武帝始設天子親軍，唐太宗在天子親軍之中增加千牛之衛，始有千牛衛親軍。遼朝和宋朝亦設有左右千牛衛親軍，有上將軍、大將軍、將軍、中郎將、郎將等官員。本書《百官志》未載是否設有千牛衛，但在卷四一《儀衛志上》中記載：“天眷法駕人數，攝官六百九十九人……千牛一人。”在天德五年（1153），海陵遷都於燕，所用黄麾仗第五節之中，有“金吾引駕四十九人：千牛將軍一人，千牛十人，郎將二人”，“千牛郎將花脚幞頭”。第六節“玉輅”中有“千牛將軍一人”等記載，説明金朝也設有千牛衛，有千牛將軍、千牛郎將等官員。

承安元年，[1]將郊，禮官言：“禮神之玉當用真玉，燔玉當用次玉。[2]昔大定十一年，天、地之玉皆以次玉代之，[3]臣等疑其未盡。禮貴有恒，不能繼者不敢以獻。若燔真玉，常祀用之恐有時或闕，反失禮制。若從近代之典及本朝儀禮，真玉禮神，次玉燔瘞，於禮爲當。近代郊，自第二等升天皇大帝、北極於第一等，前八位舊各有禮玉、燔玉，而此二位尚無之。按《周禮·典瑞》云‘以圭璧祀日月星辰’，近代禮九宫貴神、大火星位，[4]猶用《周禮》之説。其天皇大帝、北極二位，固宜用禮神之玉及燔玉也。”上命俱用真玉。

［1］承安：金章宗年號（1196—1200）。

［2］燔（fán）玉：祭祀時焚燒所用之玉。與禮神玉相對，禮神玉可以不燒。

［3］天、地之玉皆以次玉代之：祭祀天地本應用最好的玉而用較差的玉替代。

［4］九宮貴神：樂神名。古人南北曲常用的曲牌有仙吕宫、南吕宫、中吕宫、黄鐘宫、正宫、大石調、雙調、商調和越調九個宮調，合稱九宮。九宮之神被稱爲九宮貴神。　大火：星名。心宿之第二星。此指大火星神。

省臣又奏：[1]“前時郊，天、地、配位各用一犢，[2]五方帝、日、月、神州、天皇大帝、北極十位皆大祀，亦當用犢，當時止以羊代。第二等以下從祀神位則分割羊、豕以獻。竊意天、地之祀，籩豆尚多者以備陰陽之物，鼎俎尚少者以人之烹薦無可以稱其德，則貴質而已。故天地日月星辰之位皆用一俎，前時第一等神位徧用二俎，似爲不倫。今第一等神位亦當各用犢一，餘位以羊豕分獻，及朝享太廟則用犢十二。”[3]上從之。

［1］省臣：指尚書省大臣。尚書省設有尚書令，左、右丞相，平章政事，左、右丞，參知政事，郎中等官員，是國家最高行政機構，總領紀綱，儀刑端揆。

［2］犢：小牛，即牛犢。

［3］朝享：亦稱朝廟，宗廟祭祀。　太廟：皇帝的祖廟。

金史　卷二九

志第十

禮二

方丘儀　朝日夕月儀　高禖

方丘儀[1]

齋戒：[2]祭前三日質明，有司設三獻以下行事官位於尚書省。[3]初獻南面，[4]監祭御史位於西，[5]東向，監禮博士位於東，[6]西向，俱北上。司徒、亞終獻位於南，[7]北向。次光禄卿、太常卿，[8]次第一等分獻官、司天監，[9]次第二等分獻官、光禄丞、郊社令、大樂令、良醖令、廩犧令、司尊彝，[10]次内壝内外分獻官、太祝官、奉禮郎、協律郎、諸執事官，[11]就位，立定。次禮直官引初獻就位，[12]初獻讀誓曰："今年五月幾日夏至，祭皇地祇於方丘，[13]所有攝官，各揚其職。其或不敬，國有常刑。"讀畢，禮直官贊"七品以下官先退"，餘官對拜，訖，退。散齋二日，[14]宿於正寢，治事如故。

齋禁並如郊祀。守壝門兵衛與大樂工人,[15]俱清齋一宿。行禮官前期習儀於祠所。[16]

[1]方丘儀:在中都外城北門外設方丘祭祀地祇的制度和儀式。

[2]齋戒:古人在祭祀天地之前,沐浴更衣,不飲酒,不吃葷,不與妻妾同寢,不聽音樂,不弔喪,不理刑事,一心整潔心身,以示誠敬,稱爲齋戒。皇帝祭祀天地的齋戒要在齋宮内進行。大祀散齋四天,致齋三天。中祀散齋二天,致齋一天。

[3]三獻:郊祀陳祭品後要三次獻酒,第一次獻酒稱初獻,第二次獻酒稱亞獻,第三次獻酒稱終獻,合稱“三獻”。　尚書省:官署名。爲金最高政務機構。太宗天會四年(1126)始置尚書、中書、門下三省,尚書省實際執政。海陵王完顏亮廢中書、門下省,衹存尚書省,尚書省成爲最高政務機構,中國古代中央官制開始由三省制向一省制轉變。

[4]初獻:古代祭禮。古人祭祀陳列祭品以後的第一次獻酒稱初獻,負責獻酒的官員稱初獻官。

[5]監祭御史:負責監察祭祀典禮不如儀的官員。當由監察御史充任。本書卷五五《百官志一》,御史臺屬官“監察御史十二員,正七品,掌糾察内外非違、刷磨諸司察帳并監祭禮及出使之事”。

[6]監禮博士:負責監察各項典禮不如儀的官員。當由太常博士充任。本書卷五五《百官志一》,太常寺屬官“博士二員,正七品,掌檢討典禮”。

[7]司徒:三公之一。掌論道經邦,燮理陰陽。正一品。多爲虚銜,無實職。　亞終獻:指亞獻官和終獻官。古代祭祀儀式中,陳設祭品以後第二次、第三次獻酒分别稱亞獻和終獻,負責獻酒的官員稱亞獻官和終獻官。此指負責第二次、第三次獻酒官員就位的位置。

[8]光禄卿：秦設郎中令，掌管宫殿門户。漢武帝時改名光禄勳，居宫中。北齊設光禄寺，置卿和少卿，兼管皇室膳食帳幕。唐以後成爲專管皇室祭品、膳食及招待酒宴之官。《宋史》卷一六四《職官四》：光禄寺的屬官有“卿、少卿、丞、主簿各一人。卿掌祭祀、朝會、宴饗酒醴膳羞之事，修其儲備而謹其出納之政，少卿爲之貳，丞參領之”。金代光禄卿亦應是光禄寺長官，專管皇室祭品、膳食及招待酒宴等。《大金集禮》卷二二《孝成舊廟》：“於十月六日告本廟並差太常、光禄卿。”下小字注曰“三品”。本書《百官志》失載。　太常卿：太常寺長官。熙宗皇統三年（1143）正月始置，掌禮樂、郊廟、社稷、祠祀之事。從三品。

[9]第一等分獻官：金代祭祀之神分爲三等。據本書卷二八《禮志一》記載，金人郊祀，“五方帝、日、月、神州地祇、天皇大帝、北極神座於壇上第一等”，“内官五十四座、五神、五官、嶽鎮海瀆二十九座於壇上第二等”，“中官一百五十有八座、崑崙、山林川澤二十一座於壇上第三等”。祭祀時分别負責向三等各位天神進獻祭品的官員稱分獻官。其中，負責向第一等天神進獻祭品的官員稱第一等分獻官。　司天監：秘書監下屬司天臺屬官。掌天文曆數、風雲氣色，密以奏聞。從五品。

[10]第二等分獻官：金代祭祀時，負責向第二等各位神靈進獻祭品的官員稱第二等分獻官。　光禄丞：當爲光禄寺長官光禄卿之下輔佐之官。本書《百官志》不載。　郊社令：太常寺下屬機構郊社署長官。掌社稷、祠祀、祈禱並廳舍祭器等物。從六品。　大樂令：太常寺下屬大樂署屬官。掌調和律吕，教習音聲並施用之法。從六品。　良醞令：似爲酒務官。本書《百官志》未載。　廪犧令：太常寺下屬廪犧署長官。一般由太廟令兼任，掌薦犧牲及養飼等事。從六品。　司尊彝：疑爲負責尊類、彝類禮器的官員。本書《百官志》未載。尊和彝均爲盛酒的酒器。

[11]内壝内外分獻官：“壝”指祭壇及環繞祭壇四周的圍墻。《周禮·大司徒》：“設其社稷之壝。”鄭玄注：“壝，壇與埒埒（壇

周圍的矮墻）也。”金代南郊天壇與北郊方丘壇均環繞祭壇修建了三圈圍墻，分别稱爲外壝、中壝和内壝。最裏邊一圈圍墻稱内壝，在内壝内外也設置所祀天神、地祇以及配享等神靈之位，負責向内壝内外所祀神靈進獻祭品的官員稱“内壝内外分獻官”。　太祝：太常寺屬官。掌奉祀神主。從八品。　奉禮郎：太常寺屬官。掌設版位，執儀行事。從八品。　協律郎：太常寺屬官。掌以麾節樂，調和律吕，監視音調。從八品。　執事官：似爲上述負責祭祀官員以外的分别負責執行某項具體祭祀事務的官員。本書《百官志》未載。

［12］禮直官：似爲太常寺屬下負責祭祀、典禮等禮儀行事的官員。本書《百官志》未載。

［13］皇地祇：即土地神，也稱后土皇地祇。先秦已出現后土神，《左傳·昭公二十九年》稱：“共工氏有子曰句龍，爲后土。”《禮記·月令》稱：“中央土……其帝黄帝，其神后土。”兩漢之際形成夏至“方丘祭地”（祭祀皇地祇）之禮。金朝常在“圜丘祀天”時同祭皇地祇，另於夏至日在北郊方丘祭祀皇地祇。

［14］散齋二日：祭祀前的齋戒。“齋”本作“齊”，《禮記·祭義》稱祭祀先祖之前“致齊於内，散齊於外。齊之日，思其居處，思其笑語，思其志意，思其所樂，思其所嗜。齊三日，乃見其所爲齊者”。鄭玄注曰：“致齊思此五者也，散齊七日不御、不樂、不吊耳。”又《祭統》稱：“君子之齊也，專致其精明之德也，故散齊七日以定之，致齊三日以齊之。定之之謂齊，齊者，精明之至也，然後可以交於神明也。”是知，散齋可以外出，但不飲酒，不吃葷，不御，不聽音樂，不弔喪。本書卷二八《禮志一》：“齋戒：用唐制。大祀，散齋四日，致齋三日。中祀，散齋二日，致齋一日。”此處載“散齋二日”，當爲中祀。

［15］守壝門兵衛：即守衛方丘壇外壝、中壝和内壝之兵士。　大樂工人：即大樂屬下樂工。本書卷五五《百官志一》太常寺下屬機構有大樂署，養樂工百人。

［16］習儀：即祭祀前演習祭祀禮儀。

陳設：祭前三日，所司設三獻官以下行事、執事官次於外壝東門之外，[1] 道南，北向，西上，隨地之宜。又設饌幕於内壝東門之外，[2] 道北南向。

［1］次：以布帷、蘆席臨時張設供居息之處所。凡大祭祀、朝覲、田獵、射禮、冠禮、喪禮都要設次。金代南郊祭天、北郊祭地，三獻以下官之次設在外壝東門之外，不分大小次。皇帝的大次設在東壝外門内道北，小次設在壇下卯陛北。　外壝：環繞方丘祭壇四周的三圈圍墻中最外邊的一圈，稱“外壝”。

［2］饌（zhuàn）：指具有酒、牲、脯、醢等食物的飯食，或謂食物齊備謂之饌。　饌幕：陳放祭祀用食物的帳幕，也稱饌幔。本書本卷稱，金人方丘祭地“設饌幕於内壝東門之外，道北南向”。《大金集禮》卷一一《皇帝祭皇地祇於方丘儀注每年夏至日祭》也稱：“設饌幕於内壝東門之外，道北南向。”然在其書卷一〇《皇帝夏至日祭方丘》又稱：“設陳饌幔於内壝東門、西門之外，道北面南面。”小字注稱：“壇上及神州。東方、南方之饌陳於東門外，西向；西方、北方之饌陳於西門外，東向。神州無西門之饌。”（四庫全書本。叢書集成初編本正文改作“東門之外，道北南向”。小字注文則未改）又説皇帝方丘祭地所設饌幕有東門、西門二處。《四庫全書總目提要》稱：“《金史》云：設饌幕於内壝東門之外，道北南向。考之此書，則陳設饌幕，乃有東門、西門二處。……《金史》獨載設於東門外者。於禮爲舛。”金人方丘祭地所設饌幕是東門一處，還是東門、西門二處，待考。

祭前二日，所司設兵衛，各服其服，守衛壝門，每門二人。大樂令帥其屬，設登歌之樂於壇上，[1] 如郊祀。[2]郊社令帥其屬，掃除壇之上下，爲瘞坎在内壝外之壬地。[3]

[1]登歌之樂：樂名。古代舉行祭典、大朝會時，樂師升堂所奏之歌。此處指演奏登歌之樂所用樂器。

[2]郊祀：古代祭名。皇帝祭祀天地的重大禮儀。此指南郊祭天。

[3]瘞（yì）坎：指瘞埋祭品的坑穴。瘞，埋葬。坎，古代祭祀用坑穴。

祭前一日，司天監、郊社令各服其服，帥其屬，升設皇地祇神座於壇上北方，南向，席以藁秸。[1]又設配位神座於東方，[2]西向，席以蒲越。[3]又設神州地祇神座於壇之第一等東南方，席以藁秸。又設五神、五官、嶽鎮海瀆二十九座於第二等階之間，[4]各依方位。又設崑崙、山林川澤二十一座於内壝之内，[5]又設丘陵墳衍原隰三十座於内壝外，[6]席皆以莞。[7]

[1]席：古代祭祀用席子。主要有五種。《周禮·春官·司几筵》鄭玄注“五席、莞、藻、次、蒲、熊”。本書卷三〇《禮志三》所載金代五席衹有莞筵、繅席、次席和虎席四席。金代五席用法可參閱本書卷三〇《禮志三》。　藁秸：也作“槁秸”“藁鞂”，指禾杆一類草本植物。藁，即藁本，亦稱“西芎”“撫芎”，多年生香草類植物。本文的“藁秸”，主要指用藁本杆莖類乾草編織的席子。

[2]配位：即配享神座之位。配享，亦作配享，配食，祔祭。古代以功臣附祭於祖廟、以先賢先儒附祭於孔廟、以祖先附祭於天

地，都稱配享。古代不但在宗廟祭祀和孔廟祭祀時附祭功臣和先儒，而且在祭天、祭地時，也以祖先配享。

[3]蒲越：亦稱“蒲席”“越席”“蒲筵”，爲蒲葦編織的席子。

[4]五神：指木、火、土、金、水五行之神。　五官：《左傳·昭公二十九年》云，“五行之官，是謂五官”，孔穎達疏，“此五行之官，配食五行之神”，又説“祭配食於五行之神，即下重、該、修、熙、犁是也”，可知“五官”爲配食五行神之神。　嶽鎮海瀆：嶽指五嶽，東嶽泰山、西嶽華山、南嶽衡山、北嶽恒山、中嶽嵩山爲五嶽；鎮指五鎮，隋開皇十四年（594）閏十月，詔以東鎮沂山（今山東省沂水縣）、南鎮會稽山（今浙江省紹興市）、北鎮醫無閭山（今遼寧省北寧市）、冀州鎮（中鎮）霍山（今山西省霍州市），並就山立祠，號爲四鎮，後以吴山（今陝西省隴縣）爲西鎮，成爲“五鎮”；海指四海，即東海、南海、西海、北海；瀆指四瀆，《爾雅·釋水》：“江、河、淮、濟爲四瀆。四瀆者。發源注海者也。”

於第二等階之間：“二”，原作“四”。中華點校本據《大金集禮》卷一一《皇帝祭皇地祇於方丘·陳設》條記此事作“第二等”改。今從。

[5]崑崙：這裏指地中央之神。傳説崑崙山神爲地中央之神，統轄四方大九州。　山林川澤：古人認爲，山林川澤皆有神靈。

[6]丘陵墳衍原隰（xí）：丘，小土山；陵，大土山；墳，隄岸、高地；衍，低平之地；原，寬闊平坦之地；隰，低濕之地。古人認爲，丘陵墳衍原隰也有神靈。

[7]莞（guān）：水葱一類的植物。這裏指用水葱一類植物編織的席子。

又設神位版，[1]各於座首。子陛之西，[2]水神玄冥、北嶽、北鎮、北海、北瀆於壇之第二等，[3]北山、北林、北川、北澤、於内壝内，北丘、北陵、北墳、北衍、北原、北隰於内壝外，皆各爲一列，以東爲上。

[1]神位版：也稱神座版、神位、版位。

[2]子陛：方丘壇正北的臺階。圜丘壇與方丘壇皆有子、丑、寅、卯、辰、巳、午、未、申、酉、戌、亥十二陛，即十二個登壇的臺階。子陛爲正北的臺階。

[3]水神玄冥：傳爲五神之一，主北方之神。　北嶽：五嶽之一，即恒山。　北鎮：五鎮之一，即醫無閭山。　北海：四海之一。　北瀆：四瀆之一。

卯陛之北，[1]木神勾芒、東嶽、長白山、東鎮、東海、東瀆於壇之第二等，[2]東山、東林、東川、東澤於内壝内，東丘、東陵、東墳、東衍、東原、東隰於内壝外，皆各爲一列，以南爲上。

[1]卯陛：指方丘壇正東的臺階。

[2]木神勾芒：傳爲五神之一，主東方之神。　東嶽：五嶽之一，即泰山。　長白山：即今吉林省的長白山。疑長白山原稱太白山或大白山（大或達），東北民族語爲“長”，非長短的長。亦稱白頭山，即白大山，簡稱白山。　東鎮：五鎮之一，即沂山。　東海：四海之一。　東瀆：四瀆之一。

午陛之東，[1]神州地祇於壇之第一等，[2]火神祝融，南嶽、南鎮、南海、南瀆於壇之第二等，[3]南山、南林、南川、南澤於内壝内，南丘、南陵、南墳、南衍、南原、南隰於内壝外，皆各爲一列，以西爲上。

[1]午陛：指方丘壇正南的臺階。

[2]神州地祇：指神州之地神。

[3]火神祝融：傳爲五神之一，主南方之神。　南嶽：五嶽之一，即衡山。　南鎮：五鎮之一，即會稽山。　南海：四海之一。南瀆：四瀆之一。

午陛之西，土神后土、中嶽、中鎮於壇之第二等，[1]中山、中林、中川、中澤於内壝内，中丘、中陵、中墳、中衍、中原、中隰於内壝外，皆各爲一列，以南爲上。

[1]土神后土：傳爲五神之一，爲中央之神。　中嶽：五嶽之一，即嵩山。中鎮：五鎮之一，即霍山。

西陛之南，[1]金神蓐收、西嶽、西鎮、西海、西瀆於壇之第二等，[2]崑崙、西山、西林、西川、西澤於内壝内，西丘、西陵、西墳、西衍、西原、西隰於内壝外，皆各爲一列，以北爲上。

[1]西陛：指方丘壇正西的臺階。

[2]金神蓐收：傳爲五神之一，主西方之神。　西嶽：五嶽之一，即華山。　西鎮：五鎮之一，即吴山。　西海：四海之一。西瀆：四瀆之一。

其皇地祇及配位、神州地祇之座，[1]并禮神之玉，[2]設訖，俟告潔畢權徹，祭日早重設。其第二等以下神座，設定不收。

[1]其皇地祇及配位、神州地祇之座："座"，原作"坐"。四庫全書本、中華點校本作"座"，《續文獻通考》和秦蕙田《五禮通考》引此文以及《大金集禮》卷一一《皇帝祭皇地祇於方丘儀注每年夏至日祭·陳設》條，均作"座"。今據改。

[2]禮神之玉：祀神所用之玉分兩種，一種是禮神之玉，一種是燔玉。禮神之玉，一般情況下不予燔燒，燔玉則在祭祀時放在柴草上燔燒。

奉禮郎、禮直官又設三獻官位於卯陛之東稍北，西向。司徒位於卯陛之東，道南，西向。太常卿、光禄卿位次之。[1]第一等分獻官、司天監位於其東，光禄丞、郊社令、太官令、[2]廩犧令位又在其東，每等異位重行，俱西向北上。

[1]太常卿、光禄卿位次之：原脱"位"字。中華點校本據《大金集禮》卷一一《陳設》條補。今從。

[2]太官令：始置於秦，亦稱大官、泰官。掌天子膳部事。兩漢因之。北魏時，太官掌百官之饌，屬光禄寺卿。隋、唐因之。宋時，皇帝膳食歸尚食局，太官祇管祭物。金承宋制。

又設太祝、奉禮郎及諸執事位於内壝東門外道南，每等異位重行，俱西向北上。設監祭御史二位，一於壇下午陛之西南，一於子陛之西北，俱東向。設監禮博士二位，一於壇下午陛之東南，一於子陛之東北，俱西向。奉禮郎位於壇之東南，西向。協律郎位於樂簴西北，[1]東向。大樂令位於樂簴之間，西向。司尊彝位於酌尊所，[2]俱北向。設望瘞位坎之南，[3]北向。

[1]樂簴（jù）：此處泛指管弦樂和打擊樂等樂器。簴是指古代懸掛鐘磬之木架，此指放置鐘磬的位置。

[2]酌尊所：斟酒祭奠之處所。宋·衛湜《禮記集説》卷一一三引鄭康成語曰："奠之，謂酌尊酒奠之，及酳之屬。"

[3]望瘞位：方丘祭地大典基本完成之後，皇帝要到望瘞位觀看瘞坎埋祭犧牲玉幣等祭品。皇帝觀看瘞埋祭品之處所稱爲望瘞位。

又設牲牓位於内壝東門之外，[1]西向。太祝、祝史各位於牲後，[2]俱西向。設省饌位於牲西，[3]太常卿、光禄卿、太官令位於牲北，南向，西上。監祭、監禮位在太常卿之西稍却，西上。廩犧令位於牲西南，北向。

[1]牲牓：公示犧牲名單的告牌。牲，即犧牲，供祭祀用的純色全體牛、羊、豬等牲畜。

[2]祝史：掌祭祀的小吏。供郊廟之役。無品級。本書卷三六《百官志一》，郊社署"承安三年設祝史、齋郎百六十人，作班祗儤使，周年一替"。

[3]省（xǐng）饌：在祭祀前檢視祭祀所用食物。省，察看；饌，祭祀所用食物。

又陳禮饌於内壝東門之外，[1]道北，南向。設省饌位於禮饌之南。太常卿、光禄卿、太官令位在東，西向，監祭、監禮位在西，東向，俱北上。設祝版於神位之右。[2]

[1]禮饌：祭祀所用食物。

[2]祝版：亦作祝板、祝册，古代祭祀用以書寫祝文之版册。

司尊及奉禮郎帥其屬，設玉幣篚於酌尊所，[1]次及籩豆之位。[2]正、配位各左有十一籩、右有十一豆，俱爲三行。登三，[3]在籩豆間。鉶三，[4]在登前。簠一、簋一，[5]各在鉶前。又設尊罍之位，[6]皇地祇太尊二、著尊二、犧尊二、山罍二，[7]在壇上東南隅。配位著尊二、犧尊二、象尊二、山罍二，[8]在正位酒尊之東，俱北向西上，皆有坫，[9]加勺、冪，[10]爲酌尊所。又設皇地祇位象尊二、壺尊二、山罍四，[11]在壇下午陛之西，北向西上。[12]配位犧尊二、壺尊二、山罍四，在西陛之北，東向北上，皆有坫，加冪，設而不酌。神州地祇位左八籩、右八豆，登一在籩豆間，簠一、簋一在登前，爵坫一，[13]在神座前。

[1]玉幣：祭祀用物品。本文中的玉幣是指用來禮神的物品。

[2]籩（biān）：古代祭祀燕享時用以盛果實、肉脯等食物的竹編食器。　豆：古代食器。初以木製，後亦有陶製及青銅製作者。高一尺，徑一尺，形似高足盤。後多用於祭祀，以盛肉醬等食物。

[3]登：也作“鐙”。陶製禮器，亦有銅製者，用以盛大羹（肉汁）等食物。

[4]鉶：盛和羹（也稱“鉶羹”，加五味的菜汁和肉汁）之禮器，亦曰鉶鼎。

[5]簠（fǔ）：古代盛穀物的器皿。多用於祭祀。初爲竹製，後亦有青銅製作者。多爲長方形，也有圓形者，器與蓋形狀相同，可却置，各有兩耳。　簋（guǐ）：古代盛穀物的器皿。多用於祭祀。

初爲陶製，後以銅製者爲多。多爲圓形，也有方形者。

[6]尊：亦作“樽”“罇”，古代盛酒用禮器。古代銅器銘文常以尊彝二字連用，泛指祭祀用的禮器。尊的形狀似觚而中部較粗，口徑較大。　罍（lěi）：古代盛酒器，有時也用以盛水。卑於尊。

[7]太尊：也作大尊、泰尊，祭祀燕享用酒器。初爲陶製，後多用青銅製作。　著尊：祭祀用酒器。　犧尊：也作獻尊，祭祀用酒器。因犧牛之形狀而得名。　山罍：亦稱山尊或山樽，古代刻有山雲圖文的盛酒器具。多爲祭祀用酒器。

[8]象尊：祭祀用酒器。象形，用以盛鬱鬯等高級香酒。

[9]玷（diàn）：當作“坫”，以下所見之“玷”均應作“坫”，不再出注。坫是古代設於堂中兩楹間的土臺，用於諸侯相會飲酒時置放空杯及放置來會諸侯所饋贈的玉圭等物。此外，古代築在室内用於放置食物的土臺也稱“坫”。本文中的“坫”是指用於放置酒尊等祭祀用的禮器。

[10]勺：用以酌酒的食器。用來從尊中挹酒注於爵。　冪（mì）：覆蓋祭祀所用禮器及食物之巾。以疏布、畫布、功布、葛布等爲之。

[11]壺尊：祭祀用酒器。六尊之一。

[12]在壇下午陛之西，北向西上：原脱“北向西上”四字，中華點校本據《大金集禮》卷一一《陳設》條補。今從。

[13]爵玷：應作“爵坫”，指放置爵尊等器物的禮器。聶崇義《三禮圖集注》稱：“坫以致爵亦以承尊。”爵，爲飲酒器之總名。亦爲飲酒器之一種。此處之爵，指飲酒器之總名。

又設第二等諸神位每位籩二、豆二、簠一、簋一、俎一、爵玷一。[1]内壝之内外諸神每位籩一、豆一、簠一、簋一、俎一、爵玷一。陳列皆與上同。又設神州地祇太尊二、著尊二，皆有玷。第二等諸神每方山尊二，[2]内壝内每方蜃尊二，[3]内壝外每方概尊二，[4]皆加勺、幂。又設正、配位籩一、豆一、簠一、簋一、俎三，及毛血豆一，并神州地祇位俎一，[5]各於饌幕内。

[1]俎（zǔ）：亦稱大房、房俎，載牲體之器。四足如案，長二尺四寸，寬一尺二寸，高一尺，漆飾或玉飾。

[2]山尊：亦作"山樽"，即山罍，古代刻有山雲圖文的祭祀用酒器。

[3]内壝内每方蜃（shèn）尊二：原"内壝内"下衍一"外"字，中華點校本按下文"良醞令帥其屬，入實酒尊"，"内壝内，蜃尊實以汎齊"，以及殿本已删"外"字，據改。今從。蜃尊，祭祀時用以盛秬鬯的酒器。

[4]内壝外每方概尊二：原"内壝外"之"壝"字下衍一"内"字。中華點校本按下文"良醞令帥其屬，入實酒尊"，"内壝外，概尊實以三酒"以及殿本已删"内"字，據改。今從。概尊，祭祀用酒器，腹部有朱帶。

[5]毛血豆：當爲盛毛血之豆。毛、血爲祭祀所用犧牲之毛血。

又設二洗於壇下卯陛之東，[1]北向，盥洗在東，[2]爵洗在西，[3]並有罍加勺。篚在洗西，南肆，[4]實以巾。爵洗之篚實以匏爵，[5]加坫。又設第一等分獻官盥洗、爵洗位，[6]第二等以下分獻官盥洗位，各於其方道之左，罍在洗左，篚在洗右，俱内向。執罍篚者各於其後。[7]

[1]洗：古盥洗器名。古代祭祀時洗手、洗爵，皆一人用枓（舀水器），從罍中挹水，從上澆之，其下注之水，謂之棄水，承棄水之器謂之洗。

[2]盥洗：古代祭祀時，洗爵之前必先洗手。此盥洗即洗手之器。

[3]爵洗：洗爵所用之器。

[4]南肆：蔡德晋《禮經本義》："南肆，向南陳之也。"

[5]匏爵：祭祀用酒器。

[6]又設第一等分獻官盥洗爵洗位：原脱"等"字。中華點校本據本書卷二八《禮志一》作"又設第一等分獻官盥洗爵洗位"，補"等"字。今從。

[7]執罍篚者各於其後："罍"，原作"爵"。中華點校本據《大金集禮》卷一一改作"罍"，且上文有"罍在洗左，篚在洗右"。今從。

祭日丑前五刻，司天監、郊社令帥其屬，升設皇地祇及配位神座於壇上，設神州地祇座於第一等。[1]又設玉幣，皇地祇玉以黄琮，[2]神州地祇玉以兩圭有邸，[3]皆置於匣。[4]正、配位幣並以黄色，神州地祇幣以玄色，[5]五神、五官、嶽鎮海瀆之幣各從其方色，[6]皆陳於篚。太祝取瘞玉加於幣，[7]以禮神之玉各置於神座前。

[1]升設皇地祇及配位神座於壇上，設神州地祇座於第一等：兩"座"字，原作"坐"，乃座的本字。按秦蕙田《五禮通考》與《續文獻通考》引此文以及四庫全書本《金史》和《大金集禮》卷一〇《皇帝祭皇地祇於方丘儀注每年夏至日祭·陳設》條均作"座"。今據改。

[2]黄琮（cóng）：古人祭祀用黄色玉器。　黄幣：黄色之錦。

[3]兩珪有邸：古人祭祀用玉器。於圓璧上下琢出兩圭，以圓璧爲本身，圭璧相連。

[4]匣：貯藏物品的器具。大的叫箱，小的叫匣。此指存放祭

祀用禮器和祭品的器具。

[5]玄色：天青色。黑色深玄色淺，常用玄色泛指黑色。

[6]五神、五官、嶽鎮海瀆之幣各從其方色：古人以東方爲青色，南方爲赤色，中央爲黄色，西方爲白色，北方爲黑色。

[7]瘞玉：用作埋祭之玉。秦蕙田《五禮通考》，"瘞玉，以玉石爲之"，有時"以黝石代之"。

光禄卿帥其屬，入實正、配位籩豆。籩三行以右爲上，豆三行以左爲上，其實並如郊祀。登實以大羹，[1]鉶實以和羹。[2]又設從祭第一等神州地祇之饌。籩三行以右爲上，豆三行以左爲上，其實並如郊祀。登實以大羹，簠實以稷，[3]簋實以黍。[4]第二等每位，左二籩，栗在前，[5]鹿脯次之。[6]右二豆，菁菹在前，[7]鹿臡次之。[8]簠實以稷，簋實以黍。俎，一羊、一豕。内壝内外每位，左籩一，鹿脯。右豆一，鹿臡。簠稷，簋黍，俎以羊。

[1]大羹：亦作太羹、大羹湆（qì）。煮肉汁，不加鹽菜。

[2]和羹：也稱"鉶羹"，加鹽等五味的菜汁和肉汁。

[3]稷：即粟，穀子，去皮後稱小米，不黏。

[4]黍：一年生草本植物。種子淡黄色，去皮後叫黄米，煮熟後有黏性。

[5]栗：一種喬木。果實叫栗子，包在多刺的殼斗内，可以吃。

[6]鹿脯（fǔ）：鹿肉乾。

[7]菁菹：以醯醬腌漬的蔓菁。菁，菜名，即蔓菁，又名蕪菁。

[8]鹿臡（ní）：也作"鹿醢"，即鹿肉醬。臡，亦作"腝"，有骨之肉醬，醢的一種。

良醞令帥其屬，入實酒尊。皇地祇太尊爲上，實以汎齊。[1]著尊次之，實以醴齊。[2]犧尊次之，實以盎齊。[3]象尊次之，實以醍齊。[4]壺尊次之，實以沈齊。[5]山罍爲下，實以三酒。[6]配位，著尊爲上，實以汎齊。犧尊次之，實以醴齊。象尊次之，實以盎齊。壺尊次之，實以醍齊。山罍爲下，實以三酒。皆左實明水，[7]右實玄酒，[8]皆尚醞代。[9]次實從祭第一等神州地祇酒尊，太尊爲上，實以汎齊。著尊次之，實以醴齊。第二等，山尊實以醍齊。内壝内，蜃尊實以汎齊。[10]内壝外，概尊實以三酒。以上尊皆左以明水，右以玄酒，皆尚醞代之。太常卿設燭於神座前。

[1]汎齊（jì）：五齊之中釀造時間最短、酒味較薄之濁酒。汎爲"泛"字的異體字。

[2]醴（lǐ）齊：祭祀用酒。五齊之一。是"汁滓相和之薄酒，製酒與其他四齊不同，不用麴，而用糵，糵爲麥芽。一宿而熟，味薄而短，是五齊中最常用的"（許嘉璐主編《中國古代禮俗辭典》，中國友誼出版公司 1991 年版）。

[3]盎（àng）齊：祭祀用酒。五齊之一。盎齊汁滓各半，是一種白色的濁酒。

[4]醍（tǐ）齊：又作緹齊，祭祀用赤色濁酒。五齊之一。緹齊汁多於滓，汁紅赤，可用筐將汁瀝出。

[5]沈（chén）齊：祭祀用酒。五齊之一。沈齊滓沉於下，汁在上而清，是五齊之中釀造時間最長、酒味最爲濃厚之濁酒，相對其他五齊而言，則爲清酒。沈，亦作"沉"。

[6]三酒：指事酒、昔酒和清酒，均爲去滓之酒，用於飲用和祭祀。

[7]明水：古人祭祀時用銅鑑所取的露水。

[8]玄酒：亦稱上水、新水。古代祭祀用水代酒。

[9]尚醖：此處當指宣徽院下屬機構尚醖署屬官。本書卷五六《百官志二》載，尚醖署，掌進御酒醴。設有尚醖令，從六品；尚醖丞，從七品。

[10]蜃尊實以汎齊：諸尊所實酒不僅有等級，而且是固定的。本卷上文稱"太尊爲上，實以汎濟"，蜃尊不應於太尊同。《開元禮》《政和五禮新儀》《大金集禮》《續文獻通考》《五禮通考》等書，均稱"蜃尊實以沈（或作沉）齊"。疑此處"汎齊"爲"沈齊"之誤。

省牲器：[1]祭前一日午後八刻，去壇二百步禁止行者。未後二刻，郊社令帥其屬，掃除壇之上下。司尊與奉禮郎，帥執事者以祭器入，設於位。[2]郊社令陳玉幣於篚。未後三刻，廩犧令與諸太祝、祝史，以牲就省位。[3]禮直官、贊者分引太常卿，光禄卿、丞，[4]監禮、祭，[5]太官令等詣内壝東門外省牲位。其視滌濯、告潔、省牲饌，[6]並同郊祀。俱畢，廩犧令、諸太祝、祝史以次牽牲詣厨，[7]授太官令。次引光禄卿以下詣厨，省鼎鑊，[8]視滌，乃還齋所。晡後一刻，[9]太官令帥宰人以鸞刀割牲，[10]祝史各取毛血，實以豆，置於饌幔。遂烹牲，又祝史取瘞血貯於盤。[11]

[1]省（xǐng）牲器：祭祀前派遣官員察看檢視祭祀所用牛羊豬犧牲和祭品、祭器等。省，察看，檢視。牲，指祭祀用牛、羊、豬等犧牲。省牲，也做"展牲"。器，指祭祀用禮器。

[2]以祭器入，設於位：將祭祀用禮器放到各自所設之位。

[3]以牲就省位：將祭祀所用犧牲帶入所設省牲之位。

[4]贊者分引太常卿，光禄卿、丞：中華點校本云："本書卷二八《禮一》，《郊》禮與此節儀文相同，而記載較詳，此處'丞'上當有'太常'二字。"今從。贊者，主管祭祀、典禮時贊導等事的官員。

[5]監禮：當指監禮博士。　祭：當指監祭御史。

[6]視滌濯：檢視祭祀所用禮器是否清洗乾净。　告潔：據本書卷二八《禮志一》，禮部尚書等檢視祭祀所用禮器是否清洗乾净，執事者要"舉冪告潔"。　省牲饌：檢視犧牲所用牛羊是否肥壯純净以及祭祀所用食物是否齊備清潔等。

[7]牽牲詣厨：將祭祀所用犧牲牽至神厨（厨房）。

[8]省鼎鑊（huò）：即檢視烹牲所用鼎鑊。鑊，即鍋。

[9]晡後一刻：即午後五時十五分鐘左右。晡爲申時，即午後三時至五時。一刻，約爲十五分鐘左右。

[10]宰人：負責宰殺犧牲之人。

[11]瘞血：指用作血祭之牲血。

奠玉幣：祭日丑前五刻，獻官以下行事官，[1]各服其服。有司設神位版，陳玉幣，實籩豆簠簋尊罍，俟監祭、監禮按視壇之上下，乃徹去蓋冪。大樂令帥工人，及奉禮郎、贊者先入。禮直官、贊者分引分獻官以下，監祭、監禮、諸大祝、祝史、齋郎與執事者，[2]入自南壝東門，當壇南，重行，北向，西上，立定。奉禮郎贊"拜"，獻官以下皆再拜，訖，以次分引各就壇陛上下位。次引監祭、監禮按視壇之上下，訖，退復位。

[1]獻官以下行事官：據本書卷二八《禮志一》，獻官以下行事官，指"亞終獻司徒已下，應行事陪從群官"。

[2]齋郎：掌祭祀的小吏。供郊廟之役。無品級。

禮直官分引三獻官以下行事官俱入就位。行禮官皆自南壝東門入。禮直官進立初獻之左，白曰“有司謹具，請行事”。退復位。協律郎高舉笏，[1]執麾者舉麾，[2]俛伏，[3]興。[4]工皷柷，[5]樂作《坤寧之曲》，[6]八成，偃麾，戛敔，[7]樂止。俟太常卿瘞血，[8]訖，奉禮郎贊“拜”，在位者皆再拜。又贊“諸執事者各就位”，禮直官引諸執事各就其位俟。太祝跪取玉幣於篚，立於尊所。諸位太祝亦各取玉幣立於尊所。

[1]笏（hù）：亦稱手版，記事其上，以備遺忘。

[2]麾：即旌旗。

[3]俛伏：指跪拜。俛，通“俯”，屈身，低頭。

[4]興：起來。

[5]工皷柷（zhù）：樂工擊柷奏樂。皷，“鼓”的異體字，此指擊打。柷，樂器名。

[6]坤寧之曲：樂曲名。唐朝郊廟樂曲以“和”爲名。宋朝郊廟樂曲以“安”爲名。金朝郊廟樂曲以“寧”爲名。本書卷三九《樂志上》：“皇帝入中壝奏《昌寧之曲》，降神、送神奏《乾寧之曲》，昊天上帝奏《洪寧之曲》，皇地祇奏《坤寧之曲》，配位奏《永寧之曲》，飲福奏《福寧之曲》，升降、望燎、出入大小次，並與入中壝同。”《坤寧之曲》爲祭祀皇地祇所用歌曲。歌辭爲：“肅敬明祇，躬行奠贄。其贄維何？黄琮制幣。從祀群靈，咸秩厥位。惟皇能饗，允集熙事。”

[7]戛敔（yǔ）：敲擊敔。戛，“戞”的異體字，此指敲擊。敔，樂器名。一名楬。多爲木製，背部有刻，劃之則樂止。爲控制

奏樂停止或結束時使用的樂器。

[8]瘞血：即血祭。用祭牲的血澆灌於地，使其氣下達，及於地神。

禮直官引初獻詣盥洗位，樂作《肅寧之曲》。[1]至位，北向立，樂止。搢笏，盥手，帨手，[2]執笏，詣壇，樂作《肅寧之曲》。凡初獻升降，皆作《肅寧之曲》。升自卯階，至壇，樂止。詣皇地祇神座前，北向立，樂作《静寧之曲》。[3]搢笏，跪。太祝加玉於幣，西向跪以授初獻。初獻受玉幣奠訖，執笏，俛伏，興，再拜，訖，樂止。次詣配位神座前，東向立，樂作《億寧之曲》，[4]奠幣如上儀，樂止。降自卯陛，樂作，復位，樂止。

[1]肅寧之曲：樂曲名。本書卷三九《樂志上》：太常議"酌獻、舞出入奏《肅寧之曲》"，又稱"皇帝還板位及亞終獻，皆奏無射宫《肅寧之曲》"，"大定十二年制，袷禘時享有司攝事，初獻盥洗，奏無射宫《肅寧之曲》"。初獻盥洗所奏"太簇宫《肅寧之曲》"的歌辭是："禮有五經，無先祭禮。即時伸虔，惟時盥洗。品物吉蠲，威儀濟濟。錫之純嘏，來歆愷悌。"初獻升壇所奏"應鐘宫《肅寧之曲》"的歌辭是："無疆之德，至哉坤元。沉潛剛克，資生實蕃。方丘之儀，惟敬無文。神其來思，時歆薦殷。"

[2]搢笏：將笏版插到腰帶上。　盥手：洗手。　帨（shuì）手：用巾擦手。

[3]静寧之曲：樂曲名。本書《樂志》未載郊祀用《静寧之曲》，唯稱"上册寶，宫縣《静寧之曲》"，歌辭是："日卜其吉，承祀孔肅。廣號追崇，孝心克篤。於乎悠哉，來思晬穆。寶册既

陳，委於宗祝。”本書卷三五《禮志八》載有宣聖廟用《静寧之曲》，謂：“初獻盥洗，姑洗宫《静寧之曲》，辭曰：‘偉矣素王，風猷至粹。垂二千年，斯文不墜。涓辰維良，爰修祀事。沃盥于庭，嚴禋禮備。’”

[4]億寧之曲：樂曲名。本書卷三九《樂志上》：“初獻奠玉幣，太蔟宫《億寧之曲》。”歌辭是：“禮行方澤，文物備舉。惟皇地祇，昭假來下。奠瘞玉帛，純誠内著。神保是享，陟降斯祐。”

初獻將奠配位之幣，贊者引第一等分獻官詣盥洗位，搢笏，盥手，帨手，執笏，由卯陛詣神州地祇神座前，搢笏，跪。太祝以玉幣授分獻官，分獻官受玉幣，奠訖，執笏，俛伏，興，再拜，訖，退。

初，第一分獻官將升，贊者引第二分獻官詣盥洗位，[1]盥手，[2]帨手，執笏，各由其陛升，唯不由午陛，詣於首位神座前，[3]奠幣如上儀。餘以次祝史、齋郎助奠訖，各引還位。初獻奠幣將畢，祝史奉毛血豆，各由午陛升，諸太祝迎於壇上，進奠於正、配位神座前，太祝與祝史俱退，立於尊所。

[1]初，第一分獻官將升，贊者引第二分獻官詣盥洗位：據上下文“第一等分獻官”“第二等分獻官”，疑“第一”“第二”後脱“等”字。

[2]盥手：中華點校本疑“盥手”上脱“搢笏”二字。

[3]詣於首位神座前：原脱“前”字。中華點校本云《大金集禮》卷一一有“前”字，本書卷二八《禮志一·郊》作“詣神前”，據補。今從。

進熟：初獻既升奠玉幣。有司先陳牛鼎二、羊鼎二、豕鼎二於神厨，各在鑊右。太官帥進饌者詣厨，以匕升牛、羊、豕，自鑊實於各鼎。[1]牛、羊、豕各肩、臂、臑、肫、胳、正脊一、横脊一、長脇一、短脇一、代脇一，[2]皆二骨以並，[3]冪之。[4]祝史以扃各對舉鼎，[5]有司執匕以從，陳於饌幔内。從祀之俎實以羊，更陳於饌幔内。

[1]以匕升牛、羊、豕，自鑊實於各鼎：用匕將煮熟的牛、羊、豬肉從鍋中取出來，放入各自鼎内。匕，亦作“朼”，食器和取食器。曲柄淺斗，狀如今之羹匙。古代“匕”分爲飯匕、牲匕、疏匕、挑匕等。此處所述之“匕”爲牲匕，是一種頭部尖鋭的取食器，用棘木、桑木或青銅製作，長三尺或五尺。

[2]肩：人體上臂和身體相連的地方或動物的前肢根部，此指動物前肢根部。　臂：人體上肢或動物前肢的一部分。《禮經釋例・釋牲》：“肩下謂之臂。”　臑（nào）：人體上肢或動物的前肢，此指牛羊豬前肢的一部分。《禮經釋例・釋牲》：“臂下謂之臑。”　肫（chún）：亦作“膞”，又作“腨”，牲體後體的一部分。《禮經釋例・釋牲》：凡牲“後體謂之股骨，又謂之後脛骨。股骨三，最上謂之肫，又謂之膞。”　胳（gé）：亦作“骼”，動物後脛骨的一部分。　正脊：脊指人和脊椎動物背部中間的骨骼。陳祥道《禮書》：“脊骨三：正脊、脡脊、横脊也。”　横脊：孔穎達疏：“正脊在前爲貴，脡脊、横脊在後爲賤。”　長脇、短脇、代脇：“脇”同“脅”，指從腋下至肋骨盡處。《儀禮・少牢饋食禮》所載“脅”有“短脅”“正脅”和“代脅”，“正脅”可能是本書所説“長脅”。孔穎達疏：“脅則正脅在前爲貴，短脅爲賤。”

[3]皆二骨以並：“以”，原作“一”字。中華點校本云，本書卷三〇《時享儀》作“皆二骨以並”，《大金集禮》卷一一《進熟》

條，牛羊“實於各鼎”，注云，“皆二骨以並”，據改。今從。

[4]冪：亦作“鼏”，此指鼎冪，即用於蓋鼎的蓋子。鄭玄注稱鼎鼏用茅編織而成，但出土實物中也有用青銅製作的。

[5]扃（jiōng）：貫通鼎上兩耳的舉鼎横木。煮熟的牲體裝入鼎中以後，要用杠子將鼎從庖厨抬送到行禮的場所，“扃”就是專用抬鼎的杠子。

光禄卿實以籩豆簠簋。[1]籩實以粉餈，[2]豆實以糝食，[3]簠實以稷，簋實以黍。實訖，去鼎之扃冪，匕加於鼎。太官令以匕升牛羊豕，載於俎，[4]肩臂臑在上端，肫胳在下端，脊脇在中。俟初獻還位，樂止。禮直官引司徒出詣饌所，同薦籩豆簠簋俎。齋郎各奉皇地祇配位之饌，升自卯陛，諸太祝各迎於壇上。司徒詣皇地祇神座前，搢笏，奉籩豆簠簋，次奉俎，北向跪奠，訖，執笏，俛伏，興，設籩於糗餌之前，[5]豆於醓醢之前，[6]簠簋在登前，俎在籩前。[7]次於卯陛奉配位之饌，東向跪奠於神座前，並如上儀。各降自卯陛，還位。太官令又同齋郎奉神州地祇之饌，升自卯陛，太祝迎於壇陛之道間，奠於神座前，在籩前，[8]訖，樂止。太官令進饌者降自卯陛，還位。

[1]光禄卿實以籩豆簠簋：中華點校本疑“以”字爲衍文。

[2]粉餈（cí）：古代食品。用稻、黍粉做成的餅。

[3]糝（sǎn）食：古代食品。用稻米粉和牛、羊、豕肉煎之成餌。

[4]以匕升牛羊豕，載於俎：用匕將牲肉從鼎中取出放在俎上。

[5]糗（qiǔ）餌：糗是炒熟的米、麥等穀物。有搗成粉的，有

不搗成粉的。　餌：用稻米等煮熟搗爛做成的糕餅。

[6]醓（tǎn）醢（haǐ）：醓，多汁的肉醬，也屬醢。

[7]俎在籩前："在"，原作"右"。中華點校本據殿本改。今從。

[8]在籩前："在"，原作"左"，中華點校本據《大金集禮》卷一一改。今從。

禮直官引初獻官詣盥洗位，樂作。至位，樂止。北向立，搢笏，盥手，帨手，執笏，詣爵洗位。至位，北向立，搢笏，洗爵，拭爵以授執事者。執笏，詣壇，樂作。升自卯陛，至壇上，樂止。詣皇地祇酌尊所，西向立。執事者以爵授初獻。初獻搢笏，執爵。司尊舉冪，良醞令跪酌太尊之汎齊，[1]酌訖，初獻以爵授執事者，執笏，詣皇地祇神座前，北向立，搢笏，跪。執事者以爵授初獻，初獻執爵，三祭酒於茅苴，[2]奠爵，三獻奠爵，皆執事者受以興。執笏，俛伏，興，少退，跪，樂止。舉祝官跪，對舉祝版。讀祝，[3]太祝東向跪，讀祝訖，俛伏，興。舉祝奠版於案，再拜，興。

[1]良醞令跪酌太尊之汎齊：中華點校本按《大金集禮》卷一一此下有"樂作太簇宮溥寧之曲"一句。

[2]茅苴：也作"茅蒩""茅菹""苴茅"等。即將茅切成長五寸左右小段，祭祀時用來沃酒。茅爲古代祭祀時用來濾酒的茅草。苴，當爲蒩或菹，意爲切成小段。

[3]讀祝：朗讀祝版上所書祝辭。

次詣配位酌尊所，執事者以爵授初獻，初獻搢笏，[1]執爵。司尊舉冪，良醖令跪酌著尊之汎齊，樂作太簇宫《保寧之曲》。[2]初獻以爵授執事者，執笏，詣配位神座前，東向立，搢笏，跪。執事者以爵授初獻，初獻執爵，三奠酒於茅苴。奠爵，執笏，俛伏，興。少退，跪，樂止。讀祝，訖，樂作，就拜，興，拜，興。[3]降自卯陛，讀祝、舉祝官俱從，[4]樂作，復位，樂止。

[1]初獻搢笏：原脱“初獻”二字。中華點校本據《大金集禮》卷一一補。今從。

[2]保寧之曲：樂曲名。本書卷三九《樂志上》，“配位酌獻”，奏“太蔟宫《保寧之曲》：詞闕”。卷四〇《樂志下》又稱“皇太孫復受册位，奏《保寧之曲》”，歌辭爲“禮之攸聞，丕建世嫡。衆論協從，天心不易。名崇震宫，辭著瑞册。社稷宗廟，無疆夷懌”。

[3]樂作就拜興拜興：中華點校本按《大金集禮》卷一一作“初讀祝文，樂作，拜訖，樂止”。

[4]讀祝舉祝官俱從：原脱“官”字。中華點校本據《大金集禮》卷一一補。今從。

次引亞獻詣盥洗位，北向立，搢笏，盥手，帨手。執笏，詣爵洗位，北向立，搢笏，洗爵，拭爵授執事者。執笏，升自卯陛，詣皇地祇酌尊所，西向立。執事者以爵授亞獻。亞獻搢笏執爵，司尊舉冪，良醖令酌著尊之醴齊，[1]酌訖，以爵授執事者，執笏，詣皇地祇神座前，北向立，搢笏，跪。執事以爵授亞獻，亞獻執爵，三祭酒於茅苴，奠爵，執笏，俛伏，興，少退，再拜。次詣配位酌獻如上儀，唯酌犧尊爲異。樂止，降復位。

[1]良醖令酌著尊之醴齊：中華點校本據《大金集禮》卷一一云此下有“樂作《咸寧之曲》”一句。《咸寧之曲》，樂曲名。本書卷三九《樂志上》：郊祀“文舞退，武舞進，宫縣黄鐘宫《咸寧之曲》”，歌辭爲“奉祀郊丘，《雲門》變舞。進秉朱干，停揮翟羽。於昭睿文，復肖聖武。無疆維烈，天子受祜”。“亞終獻，宫縣黄鐘宫《咸寧之曲》”，歌辭爲“掃地南郊，天神以俟。於皇君王，克禋克祀。交於神明，玄酒陶器。誠心靖純，非貴食味”。

次引終獻詣盥洗位，盥手，[1]帨手，洗爵，拭爵，以爵授執事者，[2]升壇。正位，酌犧尊之盎齊，配位，酌象尊之醴齊，奠獻並如亞獻之儀。禮畢，降復位。

[1]次引終獻詣盥洗位，盥手：按，上文“次引亞獻詣盥洗位，北向立，搢笏，盥手”，“盥手”上有“搢笏”二字，疑此處“盥手”上脱“搢笏”二字。

[2]拭爵以爵授執事者：按，上文亞獻“拭爵授執事者”之下有“執笏”二字。疑此處脱“執笏”二字。

初，終獻將升，贊者引第一等分獻官詣盥洗位，搢笏，盥手，帨手，洗爵，拭爵，以爵授執事者。執笏，詣神州地祇酌尊所，搢笏，執事者以爵授獻官。獻官執爵，執事者酌太尊之汎齊，酌訖，以爵授執事者。[1]進詣神座前，搢笏，跪，執事者以爵授獻官，獻官執爵，三祭酒於茅苴，奠爵，俛伏，興，少退，跪，再拜，訖，還位。

［1］以爵授執事者：按，上文“初獻以爵授執事者，執笏，詣配位神座前”，亞獻“以爵授執事者，執笏，詣皇地祇神座前”，疑此處“以爵授執事者”之下脱“執笏”二字，不然，與下文“搢笏”不合。

初，第一等分獻官將升，贊者分引第二等分獻官詣盥洗位，搢笏，盥手，帨手，執笏詣酌尊所，執事以爵授分獻官，酌以授執事者，[1]進詣首位神座前，奠獻並如上儀。祝史、齋郎以次助奠，訖，各引還位。諸獻俱畢，諸太祝進徹籩豆，籩豆各一，少移故處。樂作《豐寧之曲》，[2]卒徹，樂止。奉禮官贊曰“賜胙”，[3]衆官再拜，樂作，一成，止。

［1］酌以授執事者：中華點校本注“殿本‘酌’上有‘分獻’二字”。

［2］豐寧之曲：樂曲名。本書卷三九《樂志上》：“太廟祫享，……迎俎奏《豐寧之曲》”，“宗廟……進俎，奏《豐寧之曲》……徹豆，奏《豐寧之曲》，皆用無射宫”。郊祀“司徒迎俎，宫縣黄鐘宫《豐寧之曲》”，歌辭爲“穆穆皇皇，天子躬祀。群臣相之，罔不敬止。俎豆畢陳，物其嘉矣。馨香始升，明神燕喜”。“徹豆，登歌大吕宫《豐寧之曲》”，歌辭爲“大禮爰陳，爲豆孔碩。肅肅其容，於顯百辟。皇靈降監，馨聞在德。明禋斯成，孚休罔極”。方丘“司徒捧俎，太蔟宫《豐寧之曲》”，歌辭爲“四階秩儀，壇於方澤。昭事皇祇，即陰以塨。潔肆於祊，孔嘉且碩。神其福之，如几如式”。“徹豆，應鐘宫《豐寧之曲》”，歌辭爲“修理方丘，吉蠲是宜。籩豆静嘉，登於有司。芬芬馨香，來享來儀。郊

儀將終，聲歌徹之”。

[3]賜胙：皇帝將祭祀用的牲肉贈給宗室臣下稱“賜胙”。胙，祭祀用的牲肉。

初，送神樂止，引初獻官詣望瘞位，樂作太蔟宫《肅寧之曲》。至位，南向立，樂止。初，在位官將拜，諸太祝、祝史各奉篚進詣神座前，玉幣，[1]從祭神州地祇以下，並以俎載牲體，并取黍稷飯爵酒，各由其陛降壇，北詣瘞坎，實於坎中，又以從祭之位禮幣皆從瘞。禮直官曰“可瘞”，東西六行，寘土半坎，[2]禮直官贊“禮畢”，引初獻出，禮官贊者各引祭官及監祭、監禮、太祝以下，俱復壇南，北向立定，奉禮郎贊曰“再拜”，監祭以下皆再拜，訖，奉禮以下及工人以次出。光禄卿以胙奉進，監祭、監禮展視。其祝版燔於齋坊。

[1]玉幣：中華點校本疑“玉”字上脱“取”字。

[2]寘（zhì）土半坎：向埋祭的土坑中填土一半。寘，放置，安置，同“置”。中華點校本作“置”。《大金集禮》時而用“置”，時而用“寘”，時而用“實”。

朝日、夕月儀[1]

齋戒、陳設、省牲器、奠玉幣、進熟，其節並如大祀之儀。[2]朝日玉用青璧，夕月用白璧，幣皆如玉之色。牲各用羊一、豕一。有司攝三獻、司徒行事。[3]

[1]朝日夕月儀：祭祀日神和月神的禮儀制度和儀式。朝日，祭祀日神之壇稱朝日壇，日神也稱大明。夕月，祭祀月神之壇稱夕

月壇，月神也稱夜明。

[2]大祀：《舊唐書》卷四三《職官志二》："凡祭祀之名有四：一曰祀天神，二曰祭地祇，三曰享人鬼，四曰釋奠於先聖先師。其差有三：若昊天上帝、皇地祇、神州、宗廟爲大祀。"金代大祀與唐同。

[3]有司攝三獻司徒行事：有關官員代理三獻、司徒官負責初獻、亞獻和終獻。

其親行朝日，[1]金初用本國禮，[2]天會四年正月，[3]始朝日于乾元殿，[4]而後受賀。天眷二年，[5]定朔望朝日儀。[6]皇帝服靴袍，[7]百官常服。[8]有司設爐案、御褥位于所御殿前陛上，[9]設百官褥位于殿門外，皆向日。宣徽使奏導皇帝至位，[10]南向，再拜，上香，又再拜。閤門皆相應贊，[11]殿門外臣僚陪拜如常儀。大定二年，[12]以無典故罷。

[1]其親行朝日：指皇帝親行祭祀日神之禮。

[2]本國禮：指女真禮。

[3]天會：金太宗年號（1123—1135）。金熙宗即位之初仍延用天會年號（1135—1137）。

[4]乾元殿：在上京會寧府皇宫。始建於天會三年（1125），天眷元年（1138）更名爲皇極殿。景愛認爲金上京皇城中區第二臺基，爲當年乾元殿的遺址（見景愛《金上京》，生活·讀書·新知三聯書店 1991 年版，第 53 頁）。

[5]天眷：金熙宗年號（1138—1140）。

[6]朔：指朔日，農曆每月初一。　望：指望日，農曆每月十五。

[7]靴：又作"鞾"，一種高至踝骨以上的長筒鞋，多用皂、

黄等色皮革製成。最初爲北方少數民族的傳統服裝之一，傳説在戰國時期由趙武靈王引入中原。　袍：一種傳統的衣裝。不分男女皆可穿著。最初袍衹被人們當做保暖的衣裝使用，一般爲雙層，中間夾以綿絮，類似於當今的棉襖，穿著時需另罩外衣。自唐代始，黄色袍成爲了皇帝專用的袍色，百官則以紫、朱、緑、青等色劃分品級。金代基本沿襲唐宋之制。

［8］常服：又稱“讌服”。一般的禮服。古稱褻服，以爲家居之服。本書卷四三《輿服志下》：“金人之常服四：帶，巾，盤領衣，烏皮靴。其束帶曰吐鶻。”

［9］褥位：即跪拜祭神之位。褥，坐卧的墊具，此指跪拜日神的墊具。

［10］宣徽使：宣徽院長官。宣徽院設有左、右宣徽使，掌朝會、燕享，殿庭禮儀及監知御膳。正三品。

［11］閤門：宣徽院下屬機構閤門屬官。

［12］大定：金世宗年號（1161—1189）。

十五年，[1]言事者謂今正旦并萬春節，[2]宜令有司定拜日之禮。有司援據漢、唐春分朝日，升煙奠玉如圜丘之儀。[3]又按唐《開元禮》，[4]南向設大明神位，天子北向，皆無南向拜日之制。今已奉勅以月朔拜日，宜遵古制，殿前東向拜。詔姑從南向。其日，先引臣僚於殿門外立，陪位立殿前班露臺左右，皇帝於露臺香案拜如上儀。

［1］十五年：指大定十五年（1175）。

［2］正旦：農曆正月初一。　萬春節：金世宗誕辰。金代仿宋制，皇帝生日均有特定名稱，稱“聖節”。

［3］升煙奠玉：指燎祭，焚柴以祭天神。

[4]開元：唐玄宗李隆基年號（713—741）。

十八年，[1]上拜日於仁政殿，[2]始行東向之禮。皇帝出殿，東向設位，宣徽贊"拜"，[3]皇帝再拜，上香，訖，又再拜。臣僚並陪拜，依班次起居，如常儀。

[1]十八年：指大定十八年（1178）。

[2]仁政殿：宫殿名。在中都皇宫中。本書卷二四《地理志上》：中都城"北曰仁政門，傍爲朶殿，朶殿上爲兩高樓，曰東、西上閤門，内有仁政殿，常朝之所也"。

[3]宣徽：當指宣徽院長官宣徽使。

高禖[1]

明昌六年，[2]章宗未有子，[3]尚書省臣奏行高禖之祀，[4]乃築壇於景風門外東南端，[5]當闕之卯辰地，與圜丘東西相望，[6]壇如北郊之制。[7]歲以春分日祀青帝、伏犧氏、女媧氏，[8]凡三位，壇上南向，西上。姜嫄、簡狄位於壇之第二層，[9]東向，北上。

[1]高禖（méi）：古代帝王爲求子所祀的禖神。因其祠在郊外，也稱"郊禖"。此處也指求子祭祀的禮儀與制度。

[2]明昌：金章宗年號（1190—1196）。

[3]章宗：廟號。即完顏麻達葛，漢名璟（1168—1208）。金朝第六任皇帝，1189年至1208年在位。衛紹王大安元年（1209），謚曰"憲天光運仁文義武神聖英孝皇帝"，廟號章宗，葬道陵。本書卷九至一二有紀。

[4]尚書省臣：指尚書省大臣。尚書省設有尚書令，左、右丞

相，平章政事，左、右丞，參知政事，郎中等官員，是國家最高行政機構，總領紀綱，儀刑端揆。

[5]景風門：城門名。金中都外城南門。

[6]圜丘：古時南郊祭天的圓形高壇。本書卷二八《禮志一》："南郊壇，在豐宜門外，當闕之巳地。"

[7]壇如北郊之制：高禖壇的形制與北郊方丘壇的形制大體相同。本書卷二八《禮志一》："北郊方丘，在通玄門外，當闕之亥地。方壇三成，成爲子午卯酉四正陛。方壝三周，四面亦三門。"

[8]青帝：也稱"蒼帝"，其名靈威仰，爲五帝或五方帝之一。伏犧氏：也作伏羲、庖犧、包犧、宓羲、伏戲等。古代傳説中的部落酋長，即太昊。風姓。相傳他始畫八卦，教民捕魚畜牧，以充庖厨。　女媧氏：神話傳説中的古帝名。或謂伏犧之妹，或謂伏犧之婦。傳説古時出現天崩地裂，女媧乃煉五色石以補天，斷鼇足以立四極。另説女媧爲夏禹妃，塗山氏之女。

[9]姜嫄：帝嚳正妃，周人始祖棄（后稷）的母親。　簡狄：帝嚳次妃，商人始祖契的母親。相傳，簡狄爲有娀氏之女，因吞食燕卵而懷孕生契。

前一日未三刻，布神位，省牲器，陳御弓矢弓韣於上下神位之右。其齋戒、奠玉幣、進熟，皆如大祀儀。青帝幣玉皆用青，餘皆無玉。每位牲用羊一、豕一。有司攝三獻司徒行事。禮畢，進胙，倍於他祀之肉。進胙官佩弓矢弓韣以進，上命后妃嬪御皆執弓矢東向而射，[1]迺命以次飲福享胙。[2]

[1]后妃嬪御：本書卷六三《后妃傳上》："國初諸妃皆無位號，熙宗始有貴妃、賢妃、德妃之號。海陵淫嬖，後宮寖多，元妃、姝妃、惠妃、貴妃、賢妃、宸妃、麗妃、淑妃、德妃、昭妃、温妃、

柔妃凡十二位。大定後宫簡少，明昌以後大備。……諸妃視正一品，比三夫人。昭儀、昭容、昭媛、修儀、修容、修媛、充儀、充容、充媛視正二品，比九嬪。婕妤九人視正三品，美人九人視正四品，才人九人視正五品，比二十七世婦。寶林二十七人視正六品，御女二十七人視正七品，采女二十七人視正八品，比八十一御妻。"

[2]飲福：古代稱祭祀後的酒肉爲"福"，享用祭祀後的酒肉稱"飲福"。　享胙：皇帝將祭祀用的牲肉贈給宗室臣下稱"賜胙"，宗室臣下享用祭祀用的牲肉，稱"享胙"。

金史　卷三〇

志第十一

禮三

宗廟　禘祫儀　朝享　時享儀

金初無宗廟。[1]天輔七年九月，[2]太祖葬上京宫城之西南，[3]建寧神殿于陵上，[4]以時薦享。[5]自是諸京皆立廟，惟在京師者則曰太廟，[6]天會六年，[7]以宋二帝見太祖廟者，[8]是也。或因遼之故廟，[9]安置御容，亦謂之廟，天眷三年，[10]熙宗幸燕及受尊號，[11]皆親享恭謝，是也。皇統三年，[12]初立太廟，[13]八年，太廟成，則上京之廟也。貞元初，海陵遷燕，[14]乃增廣舊廟，奉遷祖宗神主于新都，[15]三年十一月丁卯，奉安于太廟。正隆中，營建南京宫室，[16]復立宗廟，南渡因之。[17]其廟制，史不載，傳志雜記或可概見，今附之。

[1]金初無宗廟：中華點校本據本志文例，認爲此句上當脱

"宗廟"二字。宗廟，古代帝王、諸侯或大夫、士祭祀祖宗的處所。此指帝王祭祀祖宗的處所。

［2］天輔七年九月："九"，原作"八"。中華點校本按本書卷二《太祖紀》，金太祖以天輔七年（1123）八月死，九月葬，據改。今從。　天輔：金太祖年號（1117—1123）。

［3］太祖：廟號。即完顔阿骨打，漢名旻（1068—1123）。金朝開國皇帝，1115年至1123年在位。天會三年（1125）上尊謚曰武元皇帝，廟號太祖。皇統五年（1145），增謚"應乾興運昭德定功睿神莊孝仁明大聖武元皇帝"。本書卷二有紀。　上京：今黑龍江省阿城市。金初京師所在地。初稱"皇帝寨"，天眷元年（1138）號上京，海陵貞元元年（1153）遷都燕京，削上京之號，祇稱會寧府，大定十三年（1173），復爲上京。　太祖葬上京宮城之西南：金上京北城西南約一里處的裴家屯，今仍有太祖陵遺迹。

［4］寧神殿：即建在太祖陵上的祭祀場所，當爲最早的太祖廟。

［5］以時薦享：四時祭祀。

［6］太廟：皇帝的祖廟。

［7］天會：金太宗年號（1123—1135），金熙宗即位之初延用（1135—1137）。

［8］以宋二帝見太祖廟：宋二帝指宋徽宗和宋欽宗。宋徽宗（1082—1135），本名趙佶。1100年至1125年在位。1127年爲金兵所俘，1128年金太宗封其爲昏德公，金熙宗時改封爲天水郡王。《宋史》卷一九至卷二二有紀。宋欽宗（1100—1156），本名趙桓。1126年至1127年在位。1127年爲金兵所俘，1128年金太宗封其爲重昏侯，金熙宗時改封爲天水郡公。《宋史》卷二三有紀。本書卷三《太宗紀》：天會六年八月"丁丑，以宋二庶人素服見太祖廟，遂入見於乾元殿。封其父昏德公、子重昏侯。是日，告于太祖廟"。

［9］遼：朝代名（916—1125）。　遼之故廟：指原遼太廟。

［10］天眷：金熙宗年號（1138—1140）。

［11］熙宗：廟號。即完顔合剌，漢名亶（1119—1149）。金朝

第三任皇帝，1135 年至 1149 年在位。海陵王弑熙宗後降爲東昏王，世宗大定初，追謚武靈皇帝，廟號閔宗，陵曰思陵。大定十九年(1179)，升祔於太廟，增謚“弘基纘武莊靖孝成皇帝”。二十七年，改廟號熙宗。本書卷四有紀。　燕：指燕京，今北京。本書卷二四《地理志上》中都路，“遼會同元年（938）爲南京，開泰元年（1012）號燕京。海陵貞元元年定都，以燕乃列國之名。不當爲京師號，遂改爲中都。……天德三年（1151），始圖上燕城宫室制度，三月，命張浩等增廣燕城”。

[12]皇統：金熙宗年號（1141—1149）。

[13]初立太廟：本書卷四《熙宗紀》載，皇統三年（1143）五月“甲申，初立太廟、社稷”。

[14]貞元：金海陵王年號（1153—1156）。　海陵：封號。即完顏迪古迺，漢名亮（1122—1161）。金朝第四任皇帝，1149 年至 1161 年在位。大定二年（1162），降封爲海陵郡王，謚曰煬。大定二十年，再降爲海陵庶人。本書卷一五有紀。

[15]神主：也稱神位、版位、靈位，供奉的牌位。

[16]正隆：金海陵王年號（1156—1161）。　南京：今河南省開封市。本書卷二五《地理志中》：“國初曰汴京，貞元元年更號南京。”

[17]南渡：指宣宗南渡。貞祐二年（1214）五月，金宣宗爲逃避蒙古進攻，將都城從中都遷至南京，史稱宣宗南渡、宣宗南播或宣宗南遷。

汴京之廟，[1]在宫南馳道之東。殿規，[2]一屋四注，[3]限其北爲神室，[4]其前爲通廊。東西二十六楹，[5]爲間二十有五，每間爲一室。廟端各虚一間爲夾室，[6]中二十三間爲十一室。從西三間爲一室，爲始祖廟，[7]祔德帝、安帝、獻祖、昭祖、景祖祧主五，[8]餘皆兩間爲一室。或曰："惟第二、第三室兩間，餘止一間爲一室，總十有七間。"世祖室祔肅宗，[9]穆宗室祔康宗，[10]餘皆無祔。每室門一、牖一，[11]門在左，牖在右，皆南向。石室之龕於各室之西壁，[12]東向。其始祖之龕六，[13]南向者五、東向者一，其二其三俱二龕，餘皆一室一龕，總十八龕。祭日出主於北墉下，[14]南向。禘祫則並出主，[15]始祖東向，群主依昭穆南北相向，[16]東西序列。室户外之通廊，[17]殿階二級，[18]列陛三，[19]前井亭二。外作重垣四繚，[20]南東西皆有門。内垣之隅有樓，[21]南門五闔，[22]餘皆三。中垣之外東北，册寶殿也，[23]太常官一人季視其封緘，[24]謂之點寶。内垣之南曰大次，[25]東南爲神庖。[26]廟門翼兩廡，[27]各二十有五楹，爲齋郎執事之次。[28]西南垣外，則廟署也。神門列戟各二十有四，植以木錡。[29]戟下以板爲掌形，畫二青龍，下垂五色帶長五尺，享前一日則縣戟上，祭畢藏之。

[1]汴京：即金之南京，今河南省開封市。

[2]殿規：指太廟的規制。

[3]注：屋檐滴水處叫注，亦稱阿、霤、榮等。正屋前後東西有四注，稱殿屋。邊屋有南北二注式和一注式，稱夏屋。

[4]限：亦稱"閾"，門檻。　神室：即安放神主之室。

[5]楹：支承屋梁的柱子。《説文》："楹，柱也。"主要指堂前兩柱。古代屋中最大的柱子有四根，用以承梁，後兩柱附於室，前兩柱叫做楹，在堂中。兩楹之間叫楹間，故堂之中也稱楹間。

[6]夾室：指房與堂之間的屋室。古人稱堂上隔東西堂之墻爲序，序之外謂之東堂、西堂，東西堂與東西房之間謂之夾室。學界對夾室説法不一，有人認爲東西堂就是東西夾，有人認爲東西房就

是東西夾。本文所説“夾室”當指堂與廟之間的屋室。

［7］始祖：廟號。本名函普，女真完顔部首領。金熙宗天會十四年（1136），追謚景元皇帝，廟號始祖。皇統四年（1144），號其藏曰光陵。五年，增謚始祖“懿憲景元皇帝”。本書卷一有紀。

［8］祔：新死者在虞祭、卒哭祭之次日，奉死者之神主與祖先合祭於祖廟，並排列昭穆之位，謂之祔祭。祭畢，仍奉神主還家，至大祥（死後兩周年）後，始遷入廟。遷入廟以後附祭於祖也稱祔祭，祔即附之意。　德帝：謚號。女真人，本名烏魯，始祖長子，繼始祖之後爲完顔部首領。金熙宗天會十四年（1136）追謚德皇帝。皇統四年（1144），號其藏曰熙陵。五年，增謚“淵穆玄德皇帝”。本書卷一有紀。　安帝：謚號。女真人，本名跋海，德帝長子，繼德帝之後爲女真完顔部首領。金熙宗天會十四年，追謚安皇帝。皇統四年，號其藏曰建陵。五年，增謚“和靖慶安皇帝”。本書卷一有紀。　獻祖：廟號。女真人，本名綏可，安帝長子，繼安帝之後爲女真完顔部首領。金熙宗天會十四年，追謚定昭皇帝，廟號獻祖。皇統四年，號其藏曰輝陵。五年，增謚獻祖“純烈定昭皇帝”。本書卷一有紀。　昭祖：廟號。女真人，本名石魯，獻祖長子，繼獻祖之後爲女真完顔部首領。金熙宗天會十四年，追謚成襄皇帝，廟號昭祖。皇統四年，號其藏曰安陵。五年，增謚昭祖“武惠成襄皇帝”。本書卷一有紀。　景祖：廟號。女真人，本名烏古迺，昭祖長子，繼昭祖之後爲女真完顔部首領，任遼朝生女真部族節度使，形成以完顔部爲中心的女真軍事大聯盟，爲後來金朝建國奠定了基礎。金熙宗天會十四年，追謚惠桓皇帝，廟號景祖。皇統四年，號其藏曰定陵。五年，增謚“景祖英烈惠桓皇帝”。本書卷一有紀。　祧主：遠祖宗廟中的神主。後代將隔了幾代的祖宗神主遷入專門祭祀遠祖的廟内或遷入始祖廟内稱祧。周代以來規定，除始祖之外，不在廟數規定之内的遠祖神主要移到“祧廟”之内，稱爲祧（衹有始祖不祧），平時不再加以祭祀，放入石函或專設的房間或始祖室内，每到三年一次祫祭時纔拿出來進行總祭。

[9]世祖：廟號。本名劾里鉢（1039—1092），景祖第二子，繼景祖任遼朝生女真部族節度使。1074 年至 1092 年在位。金熙宗天會十四年（1136），追謚聖肅皇帝，廟號世祖。皇統四年（1144），號其藏曰永陵。五年，增謚“世祖神武聖肅皇帝”。本書卷一有紀。　肅宗：廟號。本名頗剌淑，又作蒲辣叔、蒲辣淑、蒲剌束（1042—1093）。景祖第四子，繼世祖爲生女真部族節度使。1092 年至 1093 年在位。天會十四年，追謚穆憲皇帝，廟號肅宗。皇統四年，藏號泰陵。五年，增謚“肅宗明睿穆憲皇帝”。本書卷一有紀。

[10]穆宗：廟號。即完顔盈哥，又作楊割、楊哥（1053—1103）。景祖烏古迺第五子，繼肅宗任生女真部族節度使。1094 年至 1103 年在位。天會十四年（1136），追謚孝平皇帝，廟號穆宗。皇統四年（1144），號其藏曰獻陵。五年增謚“章順孝平皇帝”。本書卷一有紀。　康宗：廟號。本名烏雅束（1061—1112）。世祖長子，繼穆宗任生女真部族節度使。1103 年至 1112 年在位。天會十四年，追謚恭簡皇帝，廟號康宗。皇統四年，號其藏曰喬陵。五年增謚“康宗獻敏恭簡皇帝”。本書卷一有紀。

[11]牖（yǒu）：窗户。

[12]龕（kān）：供奉神佛的小閣子。這裏指供奉金朝皇帝先祖神位的閣子。

[13]其始祖之龕六：“始”，原作“世”。中華點校本按，上文“爲始祖廟，祔德帝、安帝、獻祖、昭祖、景祖祧主五”，而世祖室僅祔肅宗，不得有六龕。下文又云“始祖東向”，知此確是始祖之室。據改。今從。

[14]主：即神主，指供奉金朝皇帝先祖之牌位。　北墉：北墻下。一般以墉宫、墉城指神仙所居之地。這裏指平時放神主之處。

[15]禘（dì）祫（xiá）：祭名。禘，以其始祖配祭天地以及宗廟大祭，均謂之禘。祫，就是合祭。將遠近群廟的神主集中在太祖廟進行總祭，稱祫祭。一般情況下，三年喪畢時，祫祭一次，第二年禘祭。此後，祫祭三年一次，禘祭五年一次，後世多用三十月或

四十二月一次。

[16]昭穆：宗廟、墓地排列之次序。始祖居中，左右位次按父昭子穆世次排列。其二世、四世、六世等位於左，爲“昭”；三世、五世、七世位於右，爲“穆”。

[17]户：單扇門。一扇爲户，兩扇爲門。

[18]殿階：升殿臺階。

[19]列陛：皇帝登殿的臺階。

[20]重垣四繚：雙重墻環繞四周。垣，矮墻；繚，圍繞。

[21]隅：角落。此指墻角。

[22]闔：門扇，又稱扉扇。

[23]册寶殿：指放置册書和玉寶的殿室。册指玉册，帝王祭祀天地祖先及上尊謚的册書。寶指玉寶，即寶印。

[24]太常官：太常寺屬官。主要有卿、少卿、丞、博士、檢閲官、檢討、太祝、奉禮郎、協律郎等官，掌禮樂、郊廟、社稷、祠祀之事。　視其封緘：此指檢視册寶封藏是否完好。封緘，即封閉、封口。

[25]大次：天子、諸侯出宫祭祀臨時居息之處所。一般以布帷、蘆席等臨時張設。古代大祭祀、朝覲、田獵、射禮、冠禮、喪禮都要設次。金代宗廟祭祀之大次設在太廟室外内垣之南。

[26]神庖：即烹製祭祀所用犧牲等祭品之厨房。

[27]廡：正房對面和兩側的小屋子。

[28]齋郎：太常寺下屬機構郊社署屬官。協助郊社令、丞，掌社稷、祠祀、祈禱並廳舍祭器等物。

[29]錡（qí）：兵器架。

室次。大定十二年，[1]議建閔宗别廟，[2]禮官援晋惠、懷、唐中宗、後唐莊宗升祔故事，[3]“若依此典，武靈皇帝無嗣亦合升祔。[4]然中宗之祔，始則爲虚室，終則增至九室。惠、懷之祔乃遷豫章、潁川二廟，莊宗之祔乃祧懿祖一室。[5]今太廟之制，除祧廟外，爲七世十一室，如當升祔武靈，即須別祧一廟。[6]荀子曰：'有天下者事七世'，[7]若旁容兄弟，上毀祖考，[8]則天子有不得事七世者矣。伏覩宗廟世次，自睿宗上至始祖，[9]凡七世，別無可祧之廟。《晉史》云：'廟以容主爲限，無拘常數。'[10]東晉與唐皆用此制，遂增至十一室。康帝承統，[11]以兄弟爲一室，故不遷遠廟而祔成帝。[12]唐以敬、文、武三宗同爲一代，[13]於太廟東間增置兩室，定爲九代十一室。今太廟已滿此數，如用不拘常數之説，增至十二室，可也。然廟制已定，復議增展，其事甚重，又與睿宗皇帝祏室，[14]昭穆亦恐更改。《春秋》之義不以親親害尊尊，[15]《漢志》云：'父子不並坐，而孫可從王父。'[16]若武靈升祔，太廟增作十二室。[17]依《春秋》尊尊之典，武靈當在十一室。禘祫合食，依孫從王父之典，當在太宗之下，而居昭位，又當稱宗。然前升祔睿宗已在第十一室，累遇祫享，睿宗在穆位，與太宗昭位相對，若更改祏室及昭穆序，[18]非有司所敢輕議，宜取聖裁。"十九年四月，禘祔閔宗，遂增展太廟爲十二室。

[1]大定：金世宗年號（1161—1189）。

[2]閔宗：廟號，即熙宗。海陵王弑熙宗，降爲東昏王，世宗大定初，追謚武靈皇帝，廟號閔宗。十九年（1179），升祔於太廟，增謚"弘基纘武莊靖孝成皇帝"。二十七年，改廟號熙宗。

[3]禮官：即禮部官員，掌禮樂、祭祀、學校、貢舉、册命、

天文、釋道、使官之事。有時也指宣徽院、御史臺負責禮儀的官員。　晉惠：即晉惠帝。本名司馬衷（259—306）。290年至306年在位。《晉書》卷四有紀。　懷：即晉懷帝。本名司馬熾（284—313）。306年至311年在位。《晉書》卷五有紀。　唐中宗：本名李顯，又名哲（656—710），唐高宗第七子。683年至684年、705年至710年在位。《舊唐書》卷七、《新唐書》卷四有紀。　後唐莊宗：本名李存勗（885—926），沙陀部人，五代後唐建立者。923年至926年在位。《舊五代史》卷二七至卷三四、《新五代史》卷五有紀。　升祔：即升神主於祖廟，並排列昭穆之位，祔祭於祖先。

［4］武靈皇帝：即金熙宗。

［5］莊宗之祔乃祧懿祖一室：後唐莊宗祔祭於懿祖廟爲一室。懿祖，唐莊宗之曾祖。《舊五代史》卷二九《唐莊宗紀三》：同光元年（923）閏四月，“追尊曾祖蔚州太保爲昭烈皇帝，廟號懿祖”。

［6］別祧一廟：另確立一祧廟。

［7］有天下者事七世：語出《荀子·禮論篇》。

［8］祖考：生曰父，死曰考。此指祖先。

［9］睿宗：廟號。本名訛里朵，又名宗輔、宗堯，太祖子，世宗父。死後陪葬睿陵，追封潞王，謚襄穆。皇統六年（1146），進冀國王。正隆二年（1157），追贈太師、上柱國，改封許王。世宗即位，追上尊謚曰“德顯仁啓聖廣運文武簡肅皇帝”，廟號睿宗。大定二年（1162），改葬於大房山，號景陵。本書卷一九《世紀補》有紀。

［10］廟以容主爲限，無拘常數：語出《晉書》卷一九《禮志上》。

［11］康帝：即晉康帝。本名司馬岳，晉成帝母弟，繼成帝之後爲帝。《晉書》卷七有紀。

［12］成帝：即晉成帝，本名司馬衍，明帝長子，繼明帝之後爲

帝。《晋書》卷七有紀。

[13]敬：即唐敬宗，名湛（809—827），唐穆宗長子。824 年至 827 年在位。卒謚昭愍皇帝。　文：即唐文宗，名昂（809—840），穆宗第二子，敬宗弟。827 年至 840 年在位。卒謚昭獻皇帝。　武：即唐武宗。名瀍（814—846），後改名炎，穆宗第五子，文宗異母弟。840 年至 846 年在位。卒謚昭肅皇帝。

[14]祏（shí）室：即擺放藏宗廟神主之石室。此處指太廟中睿宗之室。

[15]親親：謂親其所當親，主要指從宗法血緣關繫方面親其所當親。　尊尊：謂尊其所當尊，主要從尊卑關繫方面尊其所當尊。

[16]父子不並坐而孫可從王父：語出范曄《後漢書》卷一九《祭祀志下》，原文爲"父子不並坐，而孫從王父"。

[17]若武靈升祔太廟，增作十二室："增"，原作"贈"。《大金集禮》卷二二《別廟·孝成舊廟》作"增"，中華點校本、殿本也作"增"。今據改。

[18]若更改祏室及昭穆序："祏"，原作"祐"。殿本、中華點校本作"祏"，據改。

二十九年，世宗將祔廟，[1]有司言："太廟十二室，自始祖至熙宗雖係八世，然世宗與熙宗爲兄弟，[2]不相爲後，用晋成帝故事，止係七世，若特升世宗、顯宗即係九世。"[3]於是五月遂祧獻祖、昭祖，陞祔世宗、明德皇后、顯宗于廟。[4]

[1]世宗：廟號。即完顏烏禄，漢名雍（1123—1189）。金朝第五任皇帝，1161 年至 1189 年在位。卒後上尊謚曰"光天興運文德武功聖明仁孝皇帝"，廟號世宗，葬興陵。本書卷六至卷八有紀。

[2]世宗與熙宗爲兄弟：世宗是太祖子睿宗宗輔之子，熙宗是

太祖子景宣皇帝宗峻之子，同爲太祖之孫。

[3]若特升世宗顯宗即係九世："升"，原作"非"。中華點校本據殿本改。今從。　顯宗：廟號。即完顔胡土瓦，漢名允恭，世宗之子，大定二年（1162）爲皇太子，二十五年六月病卒，七月賜謚號宣孝太子。章宗即位，追謚"體道弘仁英文睿德光孝皇帝"，廟號顯宗。本書卷一九《世紀補》有紀。

[4]明德皇后：世宗皇后，女真烏林答氏。大定二年（1162），追册爲昭德皇后。章宗時，有司奏太祖謚有"昭德"字，改謚明德皇后。本書卷六四有傳。

貞祐二年，[1]宣宗南遷，[2]廟社諸祀並委中都，自抹撚盡忠棄城南奔，[3]時謁之禮盡廢。[4]四年，禮官言："廟社國之大事，今主上駐蹕陪京，[5]列聖神主已遷于此，宜重修太廟社稷，以奉歲時之祭。按中都廟制，自始祖至章宗凡十二室，[6]而今廟室止十一，若增建恐難卒成。況時方多故，禮宜從變，今擬權祔肅宗主世祖室，始祖以下諸神主于隨室奉安。"

[1]貞祐：金宣宗年號（1213—1217）。

[2]宣宗：廟號。即完顔吾睹補，漢名珣（1163—1224）。金朝第八任皇帝，1213 年至 1223 年在位。正大元年（1224）謚曰"繼天興統述道勤仁英武聖孝皇帝"，廟號宣宗，葬德陵。本書卷一四至一六有紀。　宣宗南遷：貞祐二年（1214）五月，宣宗爲逃避蒙古進攻，將都城從中都（今北京）遷至南京（今河南省開封市），史稱宣宗南遷、宣宗南播或宣宗南渡。

[3]抹撚盡忠：女真人。本名彖多（？—1215）。貞祐二年（1214），宣宗南遷，受命與右丞相完顔承暉留守中都，爲左副元帥，中都危急，棄城南奔。本書卷一〇一有傳。

[4]時謁：即時祀，按時祭祀。

[5]駐蹕：帝王出行，中途暫住。蹕，指帝王車駕。　陪京：指金南京。

[6]章宗：廟號。即完顏麻達葛，漢名璟（1168—1208）。金朝第六任皇帝，1189 年至 1208 年在位。衛紹王大安元年（1209），謚曰“憲天光運仁文義武神聖英孝皇帝”，廟號章宗，葬道陵。本書卷九至一二有紀。

主用栗，[1]依唐制，皇統九年所定也。

[1]主用栗：神主牌用栗木製作。《大金集禮》卷二二《别廟·孝成舊廟》：“神主用栗，如太廟之制。”本書卷三三《禮志六》：宣孝太子廟“神主用栗，依唐制諸侯用一尺，刻謚於背”。

祏室，旁及上下皆石，門東向，以木爲闔，髹以朱。[1]室中有褥，奠主訖，帝主居左，[2]覆以黄羅帕，[3]后主居右，[4]覆以紅羅帕。

[1]髹（xiū）以朱：塗成紅色。髹，把漆塗在器物上。

[2]帝主：皇帝神主。

[3]黄羅帕：黄色絲布巾。羅，紋理較疏的絲織品。

[4]后主：后妃神主。

黼扆以紙，[1]木爲筐，[2]兩足如立屏狀。覆以紅羅三幅，繡金斧五十四，裹以紅絹，覆於屏上，其半無文者垂於其後。置北墉下，南向，前設几筵以坐神主。[3]

[1]黼（fǔ）扆（yǐ）：原作“黻扆”，據南監本、北監本、殿本及中華點校本改。古代帝王座後繡有斧形花紋的屏風。

[2]筐：即“框”。　木爲筐：此處當指用木料製作紙製黼扆的四框。

[3]几：古代坐時憑依的器物。長方形，不高，類似現在北方的炕桌而更狹長。古代主要有五几，即玉几、雕几、彤几、漆几和素几。　筵：墊底的竹席、布席、皮席或草席等，也指五席中的蒲筵。

五席，[1]各長五尺五寸，闊二尺五寸。莞筵，[2]粉純。[3]以藺爲席，[4]緣以紅羅，[5]以白繡蕙文及雲氣之狀，[6]復以紅絹裹之。每位二。繅席，畫純。[7]以五色絨織青蒲爲之，[8]緣以紅羅，畫藻文及雲氣狀，亦以紅絹裹之。每位二，在莞上。次席，[9]黼純。[10]以輕�爲之，[11]亦曰桃枝席，緣以紅綃，[12]繡鐵色斧，裹以紅絹。每位二，在繅席上。虎席二，[13]大者長同，惟闊增一尺。以虎皮爲褥，有緼，以紅羅繡金色斧緣之。又有小虎皮褥，制同三席。時暄則用桃枝次席，[14]時寒則去桃枝加虎皮褥。夏、秋享，[15]則用桃枝次席二。冬，則去桃枝加小虎皮褥於繅席上。臘冬，則又添大虎皮褥二於繅席上，[16]還小虎皮褥二在大褥之上。

曲几三足，直几二足，各長尺五寸，以丹漆之。帝主前設曲几，后設直几。

[1]五席：古代五種席名。本書本卷所稱五席衹記莞筵、繅席、次席和虎席四席。

[2]莞筵：即莞席，用燈心草編織之席。下文所說“以藺爲席”

即指此。

[3]粉純：也作紛純。下文所謂“以白繡蕙文及雲氣之狀，復以紅絹裏之”即指此而言。

[4]藺：草名。燈心草，可編席。

[5]緣：邊。

[6]蕙：香草名。俗名佩蘭和蕙蘭，也稱蕙草或薰草。

[7]繅席：也稱藻席，以蒲蒻草編織，再夾以五色花紋之席。

[8]蒲：即蒲草。

[9]次席：也稱桃竹席、篾席，用桃竹枝編織之席。

[10]黼純：原作“黻純”，中華點校本改作“黼純”，今從。以黑白相間緣邊的花紋。

[11]筠：堅韌的竹皮。

[12]綃（xiāo）：生絲織成的薄紗、薄絹。

[13]虎席：以虎皮爲席。本志不言熊席，當以虎席代熊席。

[14]時暄：天氣温暖。

[15]享：把祭品、珍品供獻給祖先、神明或天子、侯王稱享；鬼神享受祭品也稱享。這裏指祭祀。

[16]於繅席上：原脱“席”字。中華點校本按“繅席”二字是一詞，上文屢見，據改。今從。

禘祫

大定十一年，尚書省奏禘祫之儀曰：[1]“《禮緯》‘三年一祫，五年一禘’。[2]唐開元中，[3]太常議，[4]禘祫之禮皆爲殷祭，祫爲合食祖廟，禘謂禘序尊卑。申先君逮下之慈，成群嗣奉親之孝。自異常享，有時行之。祭不欲數，數則黷。不欲踈，踈則怠。是以王者法諸天道，以制祀典，烝嘗象時，禘祫象閏。五歲再閏，天道大成，宗廟法之，再爲殷祭。自周以後，並用此禮。自大定九年已行祫禮，[5]若議禘祭，當於祫後十八月孟夏行禮。”詔以“三年冬祫、五年夏禘”爲常禮。又言：“海陵時，每歲止以二月、十月遣使兩享，三年祫享。按唐禮四時各以孟月享于太廟，季冬又臘享，歲凡五享。若依海陵時歲止兩享，非天子之禮，宜從典禮歲五享。”從之。

[1]尚書省：官署名。爲金最高行政機構。太宗天會四年（1126）始置尚書、中書、門下三省，尚書省實際執政。海陵王完顔亮廢中書、門下省，祇存尚書省，尚書省遂成爲最高政務機構，中國古代中央官制開始由三省制向一省制轉變。

[2]禮緯：漢緯書名。今存《禮緯含文嘉》三卷。

[3]開元：唐玄宗李隆基年號（713—741）。

[4]太常議：出自《舊唐書》卷二六《禮儀志六》。太常，此指唐朝太常寺官員。

[5]自大定九年已行祫禮：據本書卷五《海陵紀》：貞元元年（1153）十月“壬戌，有司言，太后園陵未畢，合停冬享及祫祭，從之”。《大金集禮》卷三八載有“大定六年祫享太廟奏告文”。似大定九年（1169）以前就曾行過祫禮。

享日並出神主前廊，序列昭穆。應圖功臣配享廟廷，[1]各配所事之廟，以位次爲序。以太子爲亞獻，[2]親王爲終獻，[3]或並用親王。或以太尉爲亞獻，[4]光禄卿爲終獻。[5]其月則停時享。[6]儀闕。

[1]配享：亦作配享、配食、祔祭。古代以功臣附祭於祖廟，以先賢先儒附祭於孔廟，以祖先附祭於天地，都稱配享。古代不但

在祭天、祭地時，以祖先配享，而且在宗廟祭祀和孔廟祭祀時也以功臣和先儒配享。

[2]太子：西周以來，主要用來指稱皇帝嫡長子。後世也有稱皇帝庶子爲太子者，多指皇位繼承人。　亞獻：古代祭祀過程中，陳設祭品以後要三次獻酒，第二次獻酒稱亞獻，負責第二次獻酒的官員稱亞獻官。

[3]親王：皇族中封王者稱親王。《大金集禮》卷九《親王》："皇統元年奏定，依令文，皇兄弟、皇子封一字王爲親王，並二品俸傔。已下宗室，封一字王皆非親王。"　終獻：古代祭祀過程中，陳設祭品以後第三次獻酒稱終獻，負責第三次獻酒的官員稱終獻官。

[4]太尉：三公之一。掌論道經邦，燮理陰陽。多授予宗室、外戚和勳臣，是一種榮譽官銜。正一品。

[5]光禄卿：《大金集禮》卷二二《孝成舊廟》，"於十月六日告本廟並差太常、光禄卿"，下小字注曰"三品"。本書《百官志》失載。

[6]時享：宗廟四時的祭祀。《爾雅·釋天》："春祭曰祠，夏祭曰礿，秋祭曰嘗，冬祭曰蒸。"古代帝王及臣民都行時享之禮。

朝享儀[1]

大定十一年十一月，郊祀前一日，[2]朝享太廟。齋戒如親郊。[3]

[1]朝享：亦稱朝廟，宗廟祭祀。朝享儀即宗廟祭祀的禮儀制度與儀式。

[2]郊祀：古代祭名。皇帝祭祀天地的重大禮儀。

[3]齋戒：古人在祭祀或典禮前沐浴更衣，不飲酒，不吃葷，以清整身心，表示誠敬，稱爲齋戒。　齋戒如親郊：齋戒禮儀與皇

帝親行郊祀之禮相同。本書卷二八《禮志一》:“齋戒:用唐制。大祀,散齋四日,致齋三日。中祀,散齋二日,致齋一日。”

享前三日,[1]太廟令帥其屬,[2]掃除廟之内外。點檢司於廟之前約度,[3]設兵衛旗幟。尚舍於南神門之西設饌幔十一,[4]南向,以西爲上。殿中監帥尚舍,[5]陳設大次殿。又設小次於阼階下,[6]稍南,西向。又設皇帝拜褥位殿上,版位稍西,[7]又設黄道褥於廟門之内外,自玉輅至升輦之所,[8]又自大次至東神門。又設七祀位一於殿下横街之北,[9]西街之西,東向,配享功臣位於殿下道東,横街之南,西向,北上。

[1]享前三日:中華點校本稱:“據本志文例,此上當脱‘陳設’二字。”

[2]太廟令:太常寺下屬機構太廟署屬官。掌太廟、衍慶、坤寧宫殿神御諸物,及提控諸門關鍵,掃除、守衛等事。從六品。

[3]點檢司:官署名。即殿前都點檢司,掌親軍,總領左右衛將軍、符寶郎、宿直將軍、左右振肅。下屬機構有宫籍監、近侍局、器物局、尚厩局、尚輦局、鷹坊、武庫署、武器署。長官爲殿前都點檢,例兼侍衛親軍馬步軍都指揮使,掌行從宿衛,關防門禁,督攝隊仗等事,正三品。

[4]尚舍:《宋史》卷一六四《職官志四》稱宋所設殿中省“凡總六局”,尚舍爲六局之一,“掌次舍幄帟之事”。金亦設有殿中省,尚舍亦當爲殿中省下屬機構和屬官,職掌亦應與宋相同。本書《百官志》不載。 饌(zhuàn)幔:陳放祭祀用食物的帳幕,也稱“饌幕”。饌,指具有酒、牲、脯、醢等食物的飯食,或稱食物齊備謂之饌。

[5]殿中監:唐宋置有殿中省,有殿中監、殿中少監、殿中丞

等官員，掌供奉天子玉食、醫藥、服御、幄帟、輿輦、舍次之政令。遼置有殿中司，亦設有殿中監、殿中少監、殿中丞等官員。本書《百官志》不載金朝殿中省或殿中司等機構，但《紀》《志》《傳》《表》中多處出現殿中省、殿中監、殿中少監之名。似金朝仍設有殿中省，殿中監爲其最高長官。

[6]小次：指天子、諸侯出宫祭祀時臨時居息之處所，一般以布帷、蘆席等臨時張設。天子、諸侯之"次"分大次、小次。大次設在門外，小次設在祭殿或祭壇階下。　阼階：東階。古代殿前設東西兩階，無中間道。天子、諸侯、大夫、士皆以阼爲主人之位，臨朝覲，揖賓客，承祭祀，升降皆由此。天子登位稱踐阼。

[7]褥位：即跪拜之位。褥，坐卧的墊具，此指跪拜的墊具。　版位：也稱神位、神主、靈位，即皇帝神位牌。

[8]玉輅：車名。玉飾的皇帝專用車。　升輦：登車。

[9]七祀：天子立七祀，司命、中霤、國門、國行、泰厲、户、竈。七祀都是小神，爲群祀，各有所主。

前二日，大樂令設宫縣之樂於庭中，[1]四方各設編鐘三、編磬三。[2]東方編鐘起北，編磬間之，東向。西方編磬起北，編鐘間之，西向。南方編磬起西，編鐘間之，北方編鐘起西，編磬間之，俱北向。設特磬、大鐘、鎛鐘共十二，[3]於編縣之内，各依辰位。樹路鼓、路鼗於北縣之内，[4]道之左右。晋鼓一，[5]在其後稍南。植建鼓、鞞鼓、應鼓於四隅，[6]建鼓在中，鞞鼓在左，應鼓在右。置柷敔於縣内，[7]柷一在道東，敔一在道西。立舞表於酇綴之間。[8]設登歌之樂於殿上前楹間，[9]金鐘一在東，玉磬一在西，俱北向。柷一在金鐘北稍西，敔一在玉磬北稍東。搏拊二，[10]一在柷北，一在敔北，東西相向。琴瑟在前。[11]其匏竹者立於階間，[12]重行北向。諸工人各位於縣後。[13]

[1]大樂令：本書卷五五《百官志一》太常寺下屬機構有“大樂署”等，大樂署長官爲大樂令，掌調和律吕，教習音聲並施用之法。從六品。　宫縣之樂：樂名。古時鐘磬等樂器懸掛於架上，懸掛的形式和數量根據身份地位而不同。所奏之樂稱宫懸樂。本書卷三九《樂志上》：“大定十一年，太常議：‘按《唐會要》舊制，南北郊宫縣用二十架，周、漢、魏、晋、宋、齊六朝及唐開元、宋開寶禮，其數皆同。《宋會要》用三十六架，《五禮新儀》用四十八架，其數多，似乎太侈。今擬《太常因革禮》，天子宫縣之樂三十六簴，宗廟與殿庭同，郊丘則二十簴。宜用宫縣二十架，登歌編鐘、編磬各一簴。’”“宫縣樂三十六簴：編鐘十二簴，編磬十二簴，大鐘、鎛鐘、特磬各四簴。”

[2]編鐘：樂器名。爲編懸於同一鐘架上的一組銅鐘。其數有十二、十四、十六、二十四、二十八、三十二等不同説法，而以主十六枚者居多。　編磬：樂器名。爲編懸於同一磬架上的一組石磬或玉磬。其數有多種説法，而主十六枚者居多。

[3]特磬：即特製大磬。　鎛（bó）鐘：鐘的一種。鎛，多爲青銅製作，形似鐘而口緣平，有鈕可以懸掛，以槌叩之而鳴。

[4]路鼓：樂器名。鼓的一種。鄭玄注：“路鼓，四面鼓也。”路鼗（táo）：樂器名。鼓的一種。鼗，即長柄的摇鼓，俗稱撥浪鼓。本志所記路鼗，即《周禮·大司樂》所記路鼗，當以鄭玄注四面爲是。

[5]晋鼓：樂器名。鼓的一種。《周禮·鼓人》：“以晋鼓鼓金奏。”鄭玄注：“晋鼓長六尺六寸。金奏謂樂作擊編鐘。”《周禮·韗人》鄭玄注引賈侍中云“晋鼓大而短”。

[6]建鼓：樂器名。鼓的一種。《儀禮·大射禮》：“建鼓在阼階

西。”鄭玄注：“建猶樹也。以木貫而載之，樹之跗也。”《漢書》卷七七《何並傳》：顏師古曰：“建鼓，一名植鼓。建，立也。謂植木而旁懸鼓焉。縣有此鼓者，所以召集號令，爲開閉之時。”是知，建鼓爲軍事用鼓之一，也用於祭祀。　鞞（pí）鼓：樂器名。鼓的一種。《禮記·月令》：“命樂師脩鞀鞞鼓。”孔穎達疏：“鞞鼓者，則《周禮·鼓人職》掌六鼓，‘雷鼓鼓神祀’之屬是也。劉熙《釋名》云，‘鞞，裨也，裨助鼓節’，‘鼓，廓也，張皮以冒之，其中空廓’。”鞞鼓不僅用於祀神，也作軍用。　應鼓：樂器名。亦作“應鼙”，鼓的一種。《周禮·春官·小師》：“下管，擊應鼓。”鄭玄注：“應，鼙也。應與鶇及朔，皆小鼓也。”《儀禮·大射禮》：“應鼙在其東。”鄭玄注：“應鼙，應朔鼙也。先擊朔鼙，應之。鼙，小鼓也。在東，便其先擊小後擊大也。”《禮記·禮器》：“廟堂之下，縣鼓在西，應鼓在東。”孔穎達疏：“縣鼓謂大鼓也，在西方而縣之。應鼓謂小鼓也，在東方而縣之。”

［7］柷（zhù）：樂器名。《爾雅·釋樂》郭璞注：“柷如漆桶，方二尺四寸，深一尺八寸，中有椎柄，連底挏之，令左右擊。”中間有椎，摇動之則自擊，奏樂之始，都先要擊柷。　敔（yǔ）：樂器名。一名楬。《爾雅·釋樂》邢昺疏：“敔如伏虎，背上有二十七鉏鋙，刻以木，長尺，櫟之。”敔多爲木製，背部有刻，劃之則樂止。可見，敔爲控制奏樂停止或結束時使用的樂器。

［8］酇綴：舞者之位。《禮記·樂記》：“綴兆舒疾，樂之文也。”鄭玄注：“綴，謂酇，舞者之位也。”

［9］登歌之樂：樂名。古代舉行祭典、大朝會時，樂師升堂所奏之歌。此處指演奏登歌之樂時所用樂器。

［10］搏拊：樂器名。亦作“拊搏”，或單稱“拊”。《尚書·益稷》：“戛擊鳴球，搏拊琴瑟以詠。”孔安國傳：“搏拊以韋爲之，實之以糠，所以節樂。”孔穎達疏：“搏拊形如鼓，以韋爲之，實之以糠，擊之以節樂，漢初相傳爲然也。”《釋名·釋用器》：“搏拊也，以韋盛糠，形如鼓，以手附拍之也。”

[11]琴：樂器名。《爾雅·釋樂》邢昺引《廣雅》疏曰："'琴長三尺六寸六分，五弦'者，此常用之琴也。" 瑟：樂器名。《爾雅·釋樂》："大瑟謂之灑。"郭璞注：大瑟"長八尺一寸，廣一尺八寸，二十七弦"。邢昺疏："瑟者，登歌所用之樂器也。"

[12]匏（páo）竹：樂器名。匏，指笙竽一類樂器。竹指竹製管樂器等。萬斯大《儀禮商》："匏指笙，竹指管。"

[13]工人：指大樂屬下樂工。本書卷五五《百官志一》太常寺下屬機構有"大樂署"，養樂工百人。

前一日，太廟令開室，奉禮郎帥其屬，[1]設神位於每室内北墉下。各設黼扆一、莞蓆一、繅席二、次席二、紫綾厚褥一、紫綾蒙褥一、曲几一、直几一。

[1]奉禮郎：太常寺屬官。掌設版位，執儀行事。從八品。

又設皇帝版位於殿東間門内，西向。又設飲福位於東序，[1]西向。又設亞、終獻位於殿下横街之北稍東，西向。助祭親王、宗室、使相位在亞、終獻之後，助祭宗室位在横街之南，西向。奉瓚官、奉瓚盤官、進爵酒官、奉爵官等又在其南，[2]奉匜槃巾篚官位於其後。[3]七祀獻官位在奉爵官之南，助奠、讀祝、奉罍洗爵洗等官位於其後。[4]司尊彝官位在七祀獻官之南，[5]亞終獻司罍洗爵洗、奉爵酒官等又在其南，並西向，北上。大禮使位於西階之西稍南，[6]與亞、終獻相對。太尉、司徒、助祭宰相位在大禮使之南，[7]侍中、執政官又在其南，[8]禮部尚書、太常卿、太僕卿、光禄卿、功臣獻官在西，[9]舉册、光禄丞、太常博士又在其西，[10]功臣助奠、罍洗、爵洗等官位於功臣獻官之後。又設監祭御史位二於西階下，[11]俱東向，北上。奉禮郎、太廟令、太官令、太祝、宮闈令、祝史位於亞獻、終獻奉爵酒官之南，[12]薦籩豆簠簋官、薦俎齋郎又在太祝、奉禮郎之南。[13]太廟丞、太官丞各位於令後。[14]協律郎位二，[15]一於殿上前楹間，一於宮縣之西北，俱東向。大樂令於登歌樂縣之北，大司樂於宮縣之北，[16]良醞令於酌尊所，[17]俱北向。又設助祭文武群官位於横街之南，東向北上。又設光禄卿陳牲位於東神門外横街之東，[18]西向，以南爲上。設廩犧令位於牲西南，[19]北向。諸太祝位於牲東，各當牲後，祝史各陪其後，俱西向。設禮部尚書省牲位於牲前稍北，[20]又設御史位於禮部尚書之西，[21]俱南向。

[1]飲福：古代稱祭祀後的酒肉爲“福”，享用祭祀後的酒肉稱“飲福”。

[2]奉瓚官：當爲祭祀典禮時進奉瓚的執事官員，本書《百官志》不載。瓚，禮器。祭祀所用盛灌鬯酒之勺，有鼻口，鬯酒從中流出。以圭爲柄者稱圭瓚，以璋爲柄者稱璋瓚，統名玉瓚。　奉瓚盤官：當爲進奉放置瓚盤的執事官員，本書《百官志》不載。　進爵酒官：當爲祭祀時進奉爵酒的執事官員。爵，爲飲酒器之總名，亦爲飲酒器之一種。此處之爵，指飲酒器之總名。　奉爵官：當爲祭祀時執奉爵之執事官員。

[3]匜（yí）：盛盥水及盛酒之器。《左傳·僖公二十三年》：“奉匜沃盥。”杜預注：“匜，沃盥器也。”此處之匜爲盥洗器。　槃：通“盤”“磐”。古代淺而敞口的盛物、盛水的器具。《説文》：“槃，承槃也。”用以承瓚的禮器稱瓚盤。　巾：用以拭手等擦抹用

布稱巾。這裏所説的“巾”是指用以擦手和覆蓋禮器及祭品的布。篚（fěi）：盛物的竹器，方形，有蓋。

［4］罍：古代盛酒器。也用以盛水。　洗：古盥洗器名。古代祭祀時洗手、洗爵，皆一人用枓（舀水器），從罍中挹水，從上澆之，其下注之水，謂之棄水，承棄水之器謂之洗。

［5］司尊彝：疑爲負責尊類、彝類禮器的官員，本書《百官志》未載。尊和彝均爲用於盛酒的酒器。

［6］大禮使：古代祭祀大典的主持者，爲臨時設置職。

［7］司徒：三公之一。掌論道經邦，燮理陰陽。多爲虛銜，無實職。正一品。　宰相：金於尚書省下設左、右丞相各一員，平章政事二員，爲宰相。

［8］侍中：門下省長官。金初例由丞相兼任。據本書卷五五《百官志一》，“天會四年，建尚書省，遂有三省之制”，此官應始設於天會四年（1126）。正隆元年（1156）“罷中書、門下省”，此官遂成爲宰相的加銜，故本書《百官志》不載。　執政官：金於尚書省下設左、右丞各一員，參知政事二員，爲執政官。

［9］禮部尚書：禮部長官。正三品。　太常卿：太常寺長官。從三品。　太僕卿：當爲太僕寺長官。《宋史》卷一六四《職官志四》記載，宋朝太僕寺設有“卿、少卿、丞、主簿各一人。卿掌車輅、厩牧之令”。《遼史》卷四七《百官志三》記載，遼代也設有“太僕寺”。本書《百官志》不載，太僕卿一職僅此志三見。　光禄卿：秦設郎中令，掌管宫殿門户，漢武帝時改名光禄勳，居宫中。北齊設光禄寺，置卿和少卿，兼管皇室膳食帳幕。唐以後成爲專管皇室祭品、膳食及招待酒宴之官。《宋史》卷一六四《職官四》載“光禄寺”屬官有“卿、少卿、丞、主簿各一人。卿掌祭祀、朝會、宴饗酒醴膳羞之事，修其儲備而謹其出納之政，少卿爲之貳，丞參領之”。金代光禄卿亦應是光禄寺長官，專管皇室祭品、膳食及招待酒宴等。《大金集禮》卷二二《孝成舊廟》，“於十月六日告本廟並差太常、光禄卿”下小字注曰“三品”。本書《百官

志》失載。

［10］舉册：當爲負責舉記載祝神之辭册版的官員。　光禄丞：當爲光禄寺長官光禄卿之下輔佐之官，本書《百官志》不載。　太常博士：太常寺屬官。本書卷五五《百官志一》載，太常寺“博士二員，正七品，掌檢討典禮”。

［11］監祭御史：負責監察祭祀典禮不如儀的官員，當由監察御史充任。本書卷五五《百官志一》載，御史臺屬官“監察御史十二員，正七品，掌糾察内外非違、刷磨諸司察帳並監祭禮及出使之事”。

［12］太官令：據本書卷五《海陵紀》天德三年（1151）閏四月“命太官常膳惟進魚肉，舊貢鵝鴨等悉罷之”。卷七《世宗紀中》大定十四年（1174）十一月世宗召尚食局使，諭曰：“太官之食，皆民脂膏。日者品味太多，不可遍舉，徒爲虚費。自今止進可口者數品而已。”可知，太官令當爲尚食局下屬太官屬官，掌御膳、進食先嘗、兼管從官食等。本書《百官志》未載。　太祝：太常寺屬官。掌奉祀神主。從八品。　奉禮郎：太常寺屬官。掌設版位，執儀行事。從八品。　宫闈令：《宋史》卷一六四《職官志四》記爲太常寺屬官。《金史·百官志》不載，但《禮志》多次出現宫闈令一職，謂“禮直官引太常寺官屬並太祝、宫闈令升殿，開始祖祏室。太祝、宫闈令捧出帝后神主，設於座”等。是知，金代也設宫闈令一官，祭祀時主要負責出納和安放神主之位等。　祝史：太常寺下屬機構郊社署屬官。協助郊社令、丞掌社稷、祠祀、祈禱並廳舍祭器等物。

［13］籩（biān）：古代祭祀燕享時用以盛果脯等食物的竹編食器。《爾雅·釋器》：“竹豆謂之籩。”　豆：古代食器。初以木製，後亦有陶製及青銅製作者，高一尺，徑一尺，形似高足盤。後多用於祭祀，以盛肉醬等食物。豆又爲豆、登、籩之通名。　簠（fǔ）：古代盛穀物的器皿。初爲竹製，後亦有青銅製作者。多爲長方形，也有圓形者，器與蓋形狀相同，可却置，各有兩耳。多用於祭祀。

簋（guǐ）：古代盛穀物的器皿。初爲陶製，後以銅製者爲多。多爲圓形，也有方形者。多用於祭祀。　俎：古代置肉的几、切肉用的砧板、祭祀和設宴時陳置牲口的器具，均稱俎。薦俎，就是進獻俎。

［14］太廟丞：太常寺下屬機構太廟署屬官。太廟令副貳，兼廩犧署丞。從七品。　太官丞：當爲尚食局下屬機構太官屬官。本書《百官志》未載。

［15］協律郎：太常寺屬官。掌以麾節樂，調和律吕，監視音調。從八品。

［16］大司樂：本書《百官志》不載。《宋史》卷一六四《職官志四》："大晟府：以大司樂爲長，典樂爲貳。次曰大樂令，秩比丞。次曰主簿、協律郎……所典六案：曰大樂，曰鼓吹，曰宴樂，曰法物，曰知雜，曰掌法。"金朝大司樂所掌是否與宋相同，待考。

［17］良醖令：似爲酒務官。本書《百官志》未載。　酌尊所：放置酒尊酙酒祭奠之處所。

［18］陳牲位：置放祭祀所用犧牲之處。牲，即犧牲，供祭祀用的純色全體牲畜。

［19］廩犧令：太常寺下屬廩犧署長官。一般由太廟令兼任，掌薦犧牲及養飼等事。從六品。

［20］省牲：也做"展牲"，祭祀前檢視祭祀所用犧牲。省猶視。

［21］御史：御史臺屬官。本書卷五五《百官志一》御史臺設御史大夫、御史中丞、侍御史、治書侍御史、殿中侍御史、監察御史等官員，掌糾察朝儀、彈劾官邪、勘鞫官府公事、糾察内外非違並監祭禮及出使之事等。　禮部：官署名。設有尚書、侍郎、郎中、員外郎等官。這裏指禮部官員。

禮部帥其屬，設祝册案於室户外之右。[1]

[1]祝册：也稱“祝版”或作“祝板”。古代祭祀用以書寫祝文之版册。宋制皇帝親祠用竹册，常祠用祝版，宫觀用青詞。金代祝版大約與唐宋同。

司尊彝帥其屬，設尊彝之位於室户之左，每位斝彝一、黄彝一、犧尊二、象尊二、著尊二、山罍二，[1]各加勺、冪、坫爲酌尊。[2]又設瓚槃爵坫於篚，置于始祖尊彝所。又設壺尊二、太尊二、山罍四，[3]各有坫、冪，在殿下階間，北向西上，設而不酌。七祀功臣每位設壺尊二於座之左，皆加冪、坫於内，酌尊加勺，皆藉以席。

[1]斝（jiǎ）彝：六彝之一。用以盛明水。　黄彝：六彝之一。也稱黄月尊，盛鬱鬯。　犧尊：也作獻尊，祭祀用酒器。呈犧牛之形狀，故名。　象尊：祭祀用酒器。呈象形，用以盛鬱鬯等高級香酒。　著尊：祭祀用酒器。《周禮·春官·司尊彝》：“其朝獻用兩著尊。”鄭玄注曰：“著尊者，著略尊也，或曰著尊，著地無足。”《禮記·明堂位》：“著，殷尊也。”　山罍：亦稱山尊或山樽，祭祀用酒器。其上刻有山雲圖文。

[2]勺：食器。用來從尊中挹酒注於爵。　冪（mì）：覆蓋祭祀所用禮器及食物之巾。以疏布、畫布、功布、葛布等爲之。　坫（diàn）：指古代設於堂中兩楹間的土臺，用於諸侯相會飲酒時置放空杯及放置來會諸侯所饋贈的玉圭等物。此外，古代築在室内用於放置食物的土臺也稱“坫”。後稱放置爵尊等禮器爲“坫”。

[3]壺尊：祭祀用酒器。六尊之一。　太尊：也寫作大尊、泰尊，祭祀燕享用酒器。初爲陶製，後多用青銅製作。

奉禮郎設祭器，每位四簋在前，四簠次之，次以六㽅鑐，[1]次以六鉶，[2]籩豆爲後。左十有二籩，右十有二豆，皆濯而陳之，藉以席。籩豆加以巾，蓋於内。籩一、豆一、簠一、簋一、并俎四，設於每室饌幔内。又設御洗二於東階之東。又設亞、終獻罍洗於東横街下東南，北向，罍在洗東，篚在洗西，南肆，實以巾。又設亞、終獻爵洗於罍洗之西，罍在洗東，篚在洗西，南肆，實以巾、爵并坫。執巾罍巾篚各位於其後。

[1]㽅：也作“登”“鐙”，祭祀用禮器。有陶製者，亦有銅製者，用以盛大羹（肉汁）等食物。

[2]鉶：盛和羹（也稱“鉶羹”，加五味的菜汁和肉汁）之禮器，亦曰鉶鼎。

享日丑前五刻，太常卿帥執事者，設燭於神位前及户外。[1]光禄卿帥其屬，入實籩豆。籩之實，魚鱐、糗餌、粉餈、乾棗、形鹽、鹿脯、榛實、乾薐、桃、菱、芡、栗，[2]以序爲次。豆之實，芹菹、笋菹、葵菹、菁菹、韭菹、酏食、魚醢、兔醢、豚拍、鹿臡、醓醢、糝食，[3]以序爲次。又鉶實以羹，[4]加芼滑，[5]登實以大羹，[6]簠實以稻粱，[7]簋實以黍稷，[8]粱在稻前，稷在黍前。

[1]燭：蠟燭。

[2]鱐（sù）：乾魚。　糗（qiǔ）餌：糗是炒熟的米、麥等穀物，有搗成粉的，有不搗成粉的。餌是用稻米等煮熟搗爛做成的糕餅。　粉餈（cí）：古代食品。用稻、黍粉做成的餅。許慎《説文

解字》："餈，稻餅也。"　乾棗：即幹棗。《太常續考》：祭祀所用之棗"用紅棗，膠棗、鮮棗亦可"。　形鹽：《左傳·僖公三十年》："王使周公閱來聘。饗有昌歜、白、黑、形鹽。"杜預注曰："形鹽，鹽形象虎。"《周禮·天官·冢宰》鄭玄注亦謂："築鹽以爲虎形，謂之形鹽。"　鹿脯（fǔ）：鹿肉乾。　榛實：亦稱榛仁。榛是一種灌木或小喬木，所結果實叫榛子。　乾䕩（lǎo）：也作"幹䕩"，即乾梅，將梅煮熟晾乾。　菱：即菱角，一種草本植物。生在池沼中，果實的硬殼有角，果肉可以吃。　芡（qiàn）：植物名。也稱"鷄頭"。多年生水生草本植物。全株有刺，葉圓盾形，夏季開花，漿果海綿質，種子球形，黑色，稱"芡實"或"鷄頭米"，可供食用或釀酒。　栗：即栗子。

[3]芹菹：切斷的芹菜。　笋沮：笋是竹的嫩牙，味鮮美，可以做菜。《爾雅》："笋，竹萌。"《説文解字》："笋，竹胎也。"笋沮，即將笋切碎。《太常續考》："笋菹，用乾笋煮過，以水洗净，切作長段，淡用。"　葵菹：葵爲開大花的草本植物，如錦葵、蜀葵、向日葵等。菹本作肉醬解，這裏可引申爲"切碎"之意。　菁菹：菁，菜名，即蔓菁，又名蕪菁。《太常續考》："菁菹，用菁菜略經沸湯，切作長條，淡用。"　韮菹：韮，韮菜，草本植物，葉子細長，是普通蔬菜。《太常續考》："韭菹，用生韭菜切去頭尾，取中四寸，淡用。如無韭根亦可。"　酏（yǐ）食：釀酒所用的薄粥。　魚醢（hǎi）：醢的原意是指肉、魚等製成的醬。此處的"魚醢"是指將魚肉切成小塊。　兔醢：將兔肉切成小塊。　豚拍：亦作"豚胉（bó）"。豚，小豬。胉，同"膊"，牲體的兩脅。　鹿臡（ní）：也作"鹿醢"，即鹿肉醬。臡亦作"腝"，有骨之肉醬，醢的一種。　醓（tǎn）醢：醓，多汁的肉醬，也屬醢。　糁（sǎn）食：古代食品。用稻米粉和牛、羊、豕肉煎之成餌。

[4]羹：煮肉汁。羹有大羹和鉶羹之分，大羹不加鹽菜，鉶羹加鹽菜。

[5]芼（mào）：指可供食用的野菜和水草，也指野菜雜羹，

稱芼羹。　滑：古時指使菜肴柔滑的作料。

[6]大羹：也作太羹、大羹湆（qì）。煮肉汁，不加鹽菜。

[7]稻：古之稻，多指糯稻，宋以後兼指粳稻。《太常續考》謂祭祀所用之稻“用白粳米”。　粱：粟米之良種，即小米，爲古代之精食。

[8]黍：一年生草本植物。種子淡黄色，去皮後叫黄米，煮熟後有黏性。　稷：即粟，穀子，去皮後稱小米，不黏。古人黍稷多混淆，認爲稷是黍一類作物。

良醖令入實尊彝。斝彝、黄彝實以鬱鬯，[1]犧尊、象尊、著尊實以玄酒外，[2]皆實以酒，用香藥酒。各加坫、勺、冪。殿下之尊罍，壺尊、太尊、山罍，内除山罍上尊實以玄酒外，皆實以酒，加冪、坫。

[1]鬱（yù）鬯（chàng）：古代祭祀用酒名。煮郁金草取汁合黍釀成。

[2]玄酒：亦稱上水、新水。古代祭祀用水代酒。

太廟令帥其屬，設七祀、功臣席褥於其次，每位各設莞席一、碧綃褥一，又各設版位於其座前，又籩豆簠簋各二、俎一。每位次各設壺尊二於神座之右，北向，玄酒在西。

良醖令以法酒實尊如常，[1]加勺、冪，置爵於尊下，加坫。光禄卿實饌。左二籩，栗在前，鹿脯次之。右二豆，菁菹在前，鹿臡次之。俎實以羊熟，簠簋實以黍稷。太廟令又設七祀燎柴，[2]及開瘞坎於西神門外之北。[3]太府監陳異寶、嘉瑞、伐國之寶，[4]户部陳諸州歲貢，金爲前列，玉帛次之，餘爲後，皆於宮縣之北，東西相向，各藉以席。凡祀神之物，當時所無者則以時物代之。

[1]法酒：此處指宫廷宴飲、祭祀時所用之酒。因進酒有禮而得名。

[2]燎柴：即供燎祭時燃燒之柴薪。燎祭，古祭名，即焚柴以祭天神。

[3]瘞坎：指瘞埋祭品之坑穴。

[4]異寶：奇珍異寶。　嘉瑞：古代謂帝王修德，時代清平，就會有吉祥之物出現，稱爲瑞應。嘉瑞就是指所謂瑞應出現的吉祥之物。　伐國之寶：宋人王應麟《玉海》卷二〇〇《祥瑞·唐三瑞四瑞》："又陳伐國之寶器。太常四院，一曰天府院，藏瑞應及伐國所獲之寶。"此處稱伐國之寶爲"伐國所獲之寶"。本書卷二八《禮志一》載有"伐國毀寶"，兩者是否爲一，以及金代"伐國之寶"是否也指伐國所獲之寶，待考。

省牲器：[1]前一日未後，廟所禁行人。司尊彝、奉禮郎及執事者，升自西階以俟。少頃，諸太祝與廩犧令，以牲就位。[2]禮直官、贊者引禮部尚書、光禄卿丞詣省牲位，立定。禮直官引禮部尚書，贊引者引御史，入就西階升，遍視滌濯。[3]訖，執事者皆舉冪曰"潔"。俱降，就省牲位，禮直官稍前曰："告潔畢，請省牲。"次引禮部尚書、侍郎稍前，省牲訖，退復位。次引光禄卿、丞出班，巡牲一匝。光禄丞西向曰"充"，[4]曰"備"。廩犧令帥諸太祝巡牲一匝，西向躬身曰"腯"。[5]禮直官稍前曰："省牲畢，請就省饌位。"[6]引禮部尚書以下各就位，立定。御史省饌具畢，禮直官贊“省饌訖”，俱還齋所。[7]光禄卿、丞及太祝、廪犧令以次牽牲詣厨，授太官令。禮直官引禮部尚書詣厨，省鼎鑊，[8]視濯溉，訖，還齋所。晡後一刻，[9]太官令帥宰人執鸞刀割牲，[10]祝史各取毛血，每座共實一豆，遂烹牲。祝史洗肝於鬱鬯，又取肝膋，[11]每座共實一豆，俱還饌所。

[1]省（xǐng）牲器：祭祀前派遣官員檢視祭祀所用之犧牲和祭器。

[2]以牲就位：將祭祀所用犧牲帶入所設省牲之位。

[3]視滌濯：檢視祭祀所用禮器是否清洗乾净。

[4]充：肥。

[5]腯（tú）：肥壯。

[6]省饌：檢視祭祀所用食物。

[7]俱還齋所：“還”，原作“遂”。中華點校本據殿本乙正。今從。

[8]省鼎鑊（huò）：檢視烹牲所用鼎和鍋。鑊，即鍋。

[9]晡後一刻：晡爲申時，即午後三時至五時。一刻，約爲十五分鐘左右。晡後一刻，即午後五時十五分鐘左右。

[10]宰人：負責宰殺犧牲之人。　鸞刀：原作“鑾刀”，據南監本、北監本、殿本改。祭祀時割宰犧牲所用之刀。

[11]膋（liáo）：脂肪。　肝膋：古代王膳八珍之一。取牲畜之肝，外裹腸脂，加於火上燒烤。

鑾駕出宫：[1]前一日，有司設大駕鹵簿於應天門外，[2]尚輦進玉輅於應天門内，[3]南向。其日質明，侍臣直衛及導駕官，於致齋殿前，[4]左右分班立俟。通事舍人引侍中俛伏，[5]跪，奏“請中嚴”，[6]皇帝服通天冠、絳紗袍。[7]少頃，侍中奏“外辦”，皇帝出齋室，即御座，群官起居訖，尚輦進輿。[8]侍中奏“請皇帝升輿”，皇帝乘輿，侍衛警蹕如常儀。[9]太僕卿先詣玉輅所，攝衣而升，正立執轡。導駕官前導，皇帝至應天門内玉輅所，侍中進當輿前，奏“請皇帝降輿升輅”，皇帝升輅。太僕卿立授綏，[10]導駕官分左右步導，以裹爲上。門下侍郎進當輅前，[11]奏“請車駕進發”，奏訖，俛伏，興，退復位。侍衛儀物止於應天門内，車駕動，稱“警蹕”。至應天門，門下侍郎奏“請車駕少駐，勑侍臣上馬”。侍中奉旨退，稱曰“制可”。門下侍郎退，傳制，稱“侍臣上馬”。贊者承傳“勑侍臣上馬”。導駕官分左右前導，門下侍郎奏“請車駕進發”。車駕動，稱“警蹕”，不鳴鼓吹。[12]將至太廟，禮直官、贊者各引享官，通事舍人分引從享群官、宗室子孫，於廟門外，立班奉迎。駕至廟門，廻輅南向，侍中於輅前奏稱“侍中臣某言，請皇帝降輅，步入廟門”。皇帝降輅，導駕官前導，皇帝步入廟門，稍東。侍中奏“請皇帝升輿”，尚輦奉輿，侍衛如常儀。皇帝乘輿至大次，侍中奏“請皇帝降輿，入就大次”。皇帝入就次，簾降，繖扇侍衛如常儀。[13]太常卿、太常博士各分立於大次左右。導駕官詣廟庭班位，立俟。

[1]鑾駕：天子之車駕。

[2]大駕鹵簿：古代帝王出行時排列其前後的儀仗隊。　應天

門：中都皇宫正門。原名通天門，世宗大定五年（1165）更名爲應天門。

[3]尚輦：本書卷五六《百官志二》：殿前都點檢司下設有尚輦局，屬官有尚輦局使、副使、直長、典輿都轄、收支都監、同監、本把等，掌承奉輿輦等事。此處尚輦，當指尚輦局屬官。

[4]致齋殿：古人在祭祀天地之前，要進行齋戒，分散齋和致齋。大祀散齋四天、致齋三天。中祀散齋二天，致齋一天。皇帝致齋要在齋宫或齋殿内進行，致齋殿即齋宫内的殿室。

[5]通事舍人：當指閤門通事舍人。本書卷五六《百官志二》宣徽院下屬機構閤門設有“閤門通事舍人二員，從七品，掌通班贊唱、承奏勞問之事”。　俛伏：指跪拜。俛，通“俯”，屈身，低頭。

[6]請中嚴：《舊唐書》卷四三《職官志二》：“大朝會、大祭祀則板奏‘中嚴’‘外辦’，以爲出入之節，輿駕還宫則請解嚴，所以告禮成也。”《資治通鑑·後唐天成元年》胡三省注：“凡天子將出，侍中奏中嚴、外辦。”據此，“請中嚴”，當爲戒嚴之意。

[7]通天冠：皇帝專用的禮冠。本書《輿服志》不載金代皇帝所服通天冠式樣，僅稱“行幸、齋戒出宫或御正殿，則通天冠、絳紗袍”。　絳紗袍：皇帝的朝服和禮服，有的朝代亦爲皇太子及親王之服。

[8]輿：原指車厢，因車厢載人載物，是車的主要部分，故輿亦爲車之總稱。

[9]警蹕：古時帝王出行時，左右侍衛爲警，止人清道爲蹕，以戒止行人。常稱帝王出入爲警蹕。

[10]綏：上車時挽手所用的繩索。

[11]門下侍郎：門下省長官侍中之副貳。海陵王合中書、門下於尚書省以後，門下省已被取消，門下侍郎一職當不再設置。本書《禮志》所載門下侍郎，當爲舉行祭祀時而臨時設置的官職。

[12]鼓吹：古代稱器樂合奏爲鼓吹，也泛指奏樂等。

[13]繖（sǎn）："傘"之本字。爲擋雨或遮太陽的工具。繖，亦稱蓋。　扇：障塵蔽日的用具。

晨祼：[1]享日丑前五刻，諸享官及助祭官，各服其服。太廟令、良醞令帥其屬，入實尊罍。光禄卿、太官令、進饌者實籩豆簠簋，並徹去蓋冪。奉禮郎、贊者先入，就位。贊者引御史、太廟令、太祝、宫闈令、祝史與執事官等，各自東偏門入，就位。

[1]祼（guàn）：也作"灌""果"。古代帝王以酒祭奠祖先或賜賓客飲之禮。古代帝王宗廟祭祀時均行祼禮。《左傳·襄公九年》："君冠，必以祼享之禮行之。"杜預注："祼，謂灌鬯酒也。享，祭先君也。"本文所説祼禮指宗廟祭祀之祼禮。

未明二刻，禮直官引太常寺官屬并太祝、宫闈令升殿，開始祖祏室。太祝、宫闈令捧出帝后神主，設於座。以次，逐室神主各設於内黼扆前，置定。贊者引御史、太廟令、宫闈令、太祝、祝史與太常官屬，於當階間，重行北向立。奉禮郎於殿上贊"奉神主"，訖，奉禮曰"再拜"，贊者承傳，御史以下皆再拜，訖，各就位。大樂令帥工人二舞入，就位。禮直官、贊者各引享官，通事舍人分引助祭文武群官、宗室入就位。符寶郎奉寶，[1]陳於宫縣之北。

[1]符寶郎：殿前都點檢司屬官。舊名牌印祗侯，世宗大定二年（1162）改稱符寶祗侯，後改稱符寶郎。主管皇帝印璽及金銀牌。本書卷五六《百官志二》作正員四人，卷五三《選舉志三》

作“符寶郎十二人”，官品不詳。

皇帝入大次。少頃，侍中奏“請中嚴”，皇帝服衮冕。[1]侍中奏“外辦”，太常卿俛伏，跪，奏稱“太常卿臣某言，請皇帝行事”，俛伏，興。簾捲，皇帝出次。太常卿、太常博士前導，繖扇侍衛如常儀，大禮使後從。至東神門外，殿中監跪進鎮圭，太常卿奏“請執圭”，皇帝執鎮圭。繖扇仗衛停於門外，近侍者從入。協律郎跪伏舉麾，興。工鼓柷，宫縣《昌寧之樂》作。至阼階下，偃麾，戛敔，樂止。升自阼階，登歌樂作，左右侍從量人數升至版位，西向立，樂止。前導官分左右侍立。太常卿前奏“請再拜”，皇帝再拜。奉禮曰“衆官再拜”，贊者承傳，凡在位者皆再拜。奉禮又贊“諸執事者各就位”，禮直官、贊者分引執事者各就殿上下之位。太常卿奏“請皇帝詣罍洗位”，登歌樂作，至阼階，樂止。降自阼階，宫縣樂作，至洗位，樂止。

[1]衮冕：衮衣和冠冕。古代帝王及大夫的祭祀禮服和禮帽。

内侍跪取匜，[1]興，沃水。[2]又内侍跪取盤，興，承水。太常卿奏“請搢鎮圭”，[3]皇帝搢鎮圭，盥手，訖，内侍跪取巾於篚，興，以進。帨手，[4]訖。奉瓚盤官以瓚跪進，皇帝受瓚，内侍奉匜沃水，又内侍跪奉槃承水，洗瓚訖。内侍跪奉巾以進，皇帝拭瓚，訖，内侍奠槃匜，又奠巾於篚。奉瓚槃官以槃受瓚。太常卿奏“請執鎮圭”，前導，皇帝升殿，宫縣樂作，至阼階下，樂止。

［1］内侍：泛指宫中侍從及各種服務官員，主要指宦官。金代在宣徽院下設置内侍局，有令、丞、局長、都監等官員。又於泰和二年（1202）設内侍寄禄官，有中常侍、給事中、内殿通直、黄門郎、内謁者、内侍殿頭、内侍高品、内侍高班等官員。均稱内侍，一般稱宦官爲内侍。

［2］沃水：灌水，澆水。

［3］搢鎮圭：將鎮圭插於腰帶上。　鎮圭：亦作“瑱圭”“珍圭”，天子所執之圭。玉製，長一尺二寸，上下刻四鎮之山。中間有必。“必”通“繂”，即繫帶，便於持取。

［4］帨（shuì）手：用巾擦手。

皇帝升自阼階，登歌樂作，太常卿前導，詣始祖位酌尊所，樂止。奉瓚槃官以瓚涖鬯，[1]執尊者舉冪，侍中跪酌鬱鬯，訖，太常卿前導，入詣始祖室神位前，北向立。太常卿奏“請搢鎮圭”，跪。奉瓚槃官西向跪，以瓚授奉瓚官，奉瓚西向以瓚跪進。[2]太常卿奏“請執瓚以鬯祼地”。皇帝執瓚以鬯祼地，訖，以瓚授奉瓚槃官。太常卿奏“請執鎮圭”，俛伏，興，前導出户外。太常卿奏“請再拜”，皇帝再拜，太常卿前導詣次位，並如上儀。

［1］以瓚涖（lì）鬯：奉瓚至盛有鬱鬯酒的尊前。涖，蒞的異體字。

［2］奉瓚西向以瓚跪進：原脱“奉瓚”二字，中華點校本據殿本補。今從。

祼畢。太常卿奏“請還版位”，登歌樂作，至版位西向立，樂止。太常卿奏“請還小次”，前導皇帝行，登歌樂作，降自阼階，登歌樂止，宮縣樂作。將至小次，太常卿奏“請釋鎮圭”，殿中監跪受鎮圭。皇帝入小次，簾降，樂止。少頃，宮縣奏《來寧之曲》，[1]以黄鍾爲宫，大吕爲角，大簇爲徵，應鍾爲羽，作《仁豐道洽之舞》，[2]九成止。黄鐘三奏，大吕、太簇、應鐘各再奏，送神通用《來寧之曲》。

[1]來寧之曲：樂曲名。宗廟祭祀迎神、送神所用歌曲。據本書《樂志》載，宗廟祭祀，“迎神，宫縣《來寧之曲》。黄鐘宫三奏，大吕角二奏，大蔟徵二奏，應鐘羽二奏”。歌辭爲：“八音克諧，百禮具舉。明德維清，至誠永慕。神之格思，雲軿風馭。來止來臨，千祀燕處。”“送神，宫縣黄鐘宫《來寧之曲》：潔兹牛羊，清兹酒醴。三獻攸終，神既燕喜。神之去兮，載錫繁祉。萬壽無疆，永保禋祀。”郊祀前，朝享太廟，“迎神，宫縣《來寧之曲》。黄鐘宫三奏，大吕角二奏，太蔟徵二奏，應鐘羽二奏”。歌辭爲“以實應天，報本反始。潔粢豐盛，禮先肆祀。風馬雲車，神之吊矣。來止來宜，而燕翼子”。“送神，宫縣黄鐘宫《來寧之曲》：濟濟多儀，皇皇雅奏。獻終反爵，薦餘徹豆。神監昭回，有秩斯祐。無疆之福，申錫厥後。”

[2]仁豐道洽之舞：文舞。本書卷三九《樂志上》：“皇統年間，定文舞曰《仁豐道洽之舞》。”

初，晨祼將畢，祝史各奉毛血及肝膋之豆，先於南神門外，齋郎奉爐炭蕭蒿黍稷，[1]各立於肝膋之後。皇帝既晨祼畢，至樂作六成，皆入自正門，升自太階。[2]

諸太祝於階上各迎毛血肝膋，進奠於神座前。祝史立於尊所，齋郎奉爐置於室户外之左，其蕭蒿黍稷各置於爐炭下。齋郎降自西階，諸太祝各取肝膋燔於爐，還尊所。

[1]爐炭蕭蒿：取肝膋蕭蒿燎於爐炭，也是古代一種祭法。此處的爐炭和蕭蒿就是這種祭法的用具和用品。

[2]太階：也作“泰階”。《漢書》卷六五《東方朔傳》：“願陳泰階六符。”孟康注曰：“泰階，三臺也。每臺二星，凡六星。符，六星之符驗也。”

進熟：皇帝升裸，太官令帥進饌者，奉陳於南神門外諸饌幔内，以西爲上。禮直官引司徒出詣饌所，與薦俎齋郎奉俎，并薦籩豆簠簋官奉籩豆簠簋，禮直官、太官令引以序入自正門，宫縣《豐寧之樂》作。[1]徹豆通用。至太階，樂止。祝史俱進徹毛血之豆，降自西階，以出。

[1]豐寧之樂：樂曲名。即《豐寧之曲》。本書卷三九《樂志上》：“太廟祫享，……迎俎奏《豐寧之曲》。”“宗廟。……進俎，奏《豐寧之曲》。……徹豆，奏豐寧之曲，皆用無射宫。”郊祀“司徒迎俎，宫縣黄鐘宫《豐寧之曲》”，歌辭爲“穆穆皇皇，天子躬祀。群臣相之，罔不敬止。俎豆畢陳，物其嘉矣。馨香始升，明神燕喜”。“徹豆，登歌大吕宫《豐寧之曲》”，歌辭爲“大禮爰陳，爲豆孔碩。肅肅其容，於顯百辟。皇靈降監，馨聞在德。明禋斯成，孚休罔極”。方丘“司徒捧俎，太蔟宫《豐寧之曲》”，歌辭爲“四階秩儀，壇於方澤。昭事皇祇，即陰以塶。潔肆於祊，孔嘉且碩。神其福之，如幾如式”。“徹豆，應鐘宫《豐寧之曲》”，歌辭

爲“修理方丘，吉蠲是宜。籩豆静嘉，登於有司。芬芬馨香，來享來儀。郊儀將終，聲歌徹之”。

饌升，諸太祝迎於階上，各設於神位前。先薦牛，次薦羊，次薦豕及魚。禮直官引司徒以下，降自西階，復位。諸太祝各取蕭蒿黍稷擩於脂，[1]燎於爐炭，訖，還尊所。贊者引舉册官升自西階，詣始祖位之右，進取祝册置在版位之西，置訖，於祝册案近南立。

[1]擩（rǔ）：沾染，調拌，揉和。本文是指用蕭蒿黍稷沾染和調拌腸間脂。

太常卿跪奏“請詣罍洗位”。簾捲，出次，宫縣樂作。殿中監跪進鎮圭，太常卿奏“請執鎮圭”，前導，詣罍洗位，樂止。盥手，洗爵，並如晨祼之儀。盥洗訖，太常卿奏“請執鎮圭”，前導，升殿，宫縣樂作，至阼階下，樂止。升自阼階，登歌樂作。太常卿前導，詣始祖位尊彝所，登歌樂作，至尊彝所，[1]登歌樂止，宫縣奏大元之樂，[2]文舞進。奉爵官以爵涖尊，執尊者舉冪，侍中跪酌犧尊之泛齊，訖，太常卿前導，入詣始祖室神位前，北向立。太常卿奏“請搢鎮圭”，跪。奉爵官以爵授進爵酒官。進爵酒官西向以爵跪進，太常卿奏“請執爵三祭酒”。三祭酒於茅苴，[3]訖，以爵授進爵酒官，[4]進爵酒官以爵授奉爵官。太常卿奏“請執鎮圭”，興。前導，出户外。太常卿奏“請少立”，樂止。

[1]登歌樂作，至尊彝所：此句與前述“登歌樂作，太常卿前導，詣始祖位尊彝所”，重出，不合古文文法。施國祁《金史詳校》卷三下謂此“八字當削”，似是。

[2]大元之樂：樂曲名。即大元之曲。本書卷四〇《樂志下》：宗廟樂歌，禘祫親饗，有“始祖酌獻，宮縣無射宮《大元之曲》”，歌辭爲“惟酒既清，惟殺既馨。苾芬孝祀，在廟之庭。羞於皇祖，來燕來寧。象功昭德，先祖是聽”。郊祀前，朝享太廟樂歌，有“始祖酌獻，宮縣《大元之曲》”，歌辭爲“猗歟初基，兆我王迹。其命維新，貽謀丕赫。綿綿瓜瓞，國步日闢。堂構之成，焜煌今昔”。

[3]茅苴：即將茅切成長五寸左右小段，祭祀時用來沃酒。也作“茅蒩”“茅菹”“苴茅”等。茅爲古代祭祀時用來濾酒的茅草。苴當爲蒩或菹。

[4]以爵授進爵酒官：原脱“酒”字。中華點校本據殿本補。今從。

舉册官進舉祝册，中書侍郎搢笏跪讀祝，[1]舉祝官舉册奠訖，先詣次位。太常卿奏“請再拜”，再拜訖，太常卿前導，詣次位行禮，並如上儀。酌獻畢，太常卿前導還版位，登歌樂作，至位西向立定，樂止。太常卿奏“請還小次”，登歌樂作。降自阼階，登歌樂止，宮縣樂作。將至小次，太常卿奏“請釋鎮圭”，殿中監跪受鎮圭。入小次，簾降，樂止，文舞退，武舞進，宮縣奏《肅寧之樂》，[2]作《功成治定之舞》，[3]舞者立定，樂止。

[1]中書侍郎：中書省長官中書令之副貳。海陵王合中書、門

下於尚書省以後，中書省已被取消，中書侍郎一職當不再設置。本書《禮志》所載中書侍郎，當爲舉行祭祀而設置的臨時性官職。搢笏（hù）：插笏版於腰帶上。笏，亦稱手版，古朝會時所執手板，有事則書於其上，以備遺忘。本書卷四三《輿服志上》："自西魏以來，所製玉笏皆長尺有二寸，方而不折。"大約金代所用之笏長一尺二寸。　讀祝：朗讀祝册上所書祝神之辭。

[2]肅寧之樂：樂曲名。即《肅寧之曲》。本書卷三九《樂志上》：太常議"酌獻、舞出入奏《肅寧之曲》"。又稱"皇帝還板位及亞終獻，皆奏無射宫《肅寧之曲》"，"大定十二年制，祫禘時享有司攝事，初獻盥洗，奏無射宫《肅寧之曲》"。初獻盥洗所奏"太蔟宫《肅寧之曲》"的歌辭是："禮有五經，無先祭禮。即時伸虔，惟時盥洗。品物吉蠲，威儀濟濟。錫之純嘏，來歆愷悌。"初獻升壇所奏"應鐘宫《肅寧之曲》"的歌辭是："無疆之德，至哉坤元。沉潛剛克，資生實蕃。方丘之儀，惟敬無文。神其來思，時歆薦殷。"

[3]功成治定之舞：武舞。本書卷三九《樂志上》：皇統年間，定"武舞曰《功成治定之舞》"。

皇帝酌獻訖，將詣小次，禮直官引博士，博士引亞獻，詣盥洗位，北向立，搢圭，[1]盥手，帨手，執圭。詣爵洗位，北向立，搢圭，洗爵，拭爵以授執事者，執圭。升自西階，詣始祖位尊彝所，西向立。宫縣樂作。執事者以爵授亞獻，亞獻搢圭，執爵，執尊者舉冪，太官令酌象尊之醴齊，訖，詣始祖神位前，搢圭，跪。執事者以爵授亞獻，亞獻執爵祭酒。三祭酒於茅苴，奠爵，執圭，俛伏，興，少退，再拜，訖，博士前導，亞獻詣次位行禮，並如上儀。禮畢，樂止。

[1]搢圭：將圭插於腰帶之間。搢，插。圭，也作“珪”，古代帝王諸侯舉行隆重儀式時所用的玉製禮器。上尖下方，形製大小因爵位及用途不同而不同。

終獻除本服執笏外，餘如亞獻之儀。

七祀功臣獻官行禮畢。太常卿跪奏“請詣飲福位”，[1]簾捲，出次，宮縣樂作。殿中監跪進鎮圭，太常卿奏“請皇帝執鎮圭”，前導，至阼階下，樂止。升自阼階，登歌樂作，將至飲福位，樂止。

[1]請詣飲福位：原脱“請”字。中華點校本據殿本補。今從。

初，皇帝既獻訖，太祝分神位前三牲肉，各取前脚第二骨加於俎，又以籩取黍稷飯共置一籩，又酌上尊福酒合置一尊。又禮直官引司徒升自西階，東行，立於阼階上前楹間，北向。皇帝既至飲福位，西向立。登歌《福寧之樂》作。[1]太祝酌福酒於爵，以奉侍中，侍中受爵捧以立，太常卿奏“請皇帝再拜”。訖，奏“請搢圭”，跪，侍中以爵北向跪以進，太常卿奏“請執爵”，三祭酒於沙池。又奏“請啐酒”，[2]皇帝啐酒，訖，以爵授侍中。太常卿奏“請受胙”。[3]太祝以黍稷飯籩授司徒，司徒跪奉進，皇帝受以授左右。太祝又以胙肉俎跪授司徒，司徒受俎訖跪進，皇帝受以授左右。禮直官引司徒退立，侍中再以爵酒跪進。太常卿奏“請皇帝受爵飲福”。飲福訖，侍中受虛爵以興，[4]以授太祝。太常卿奏“請執圭”，俛伏，興。又奏“請皇帝再拜”，再拜訖，樂止。太常卿前導，皇帝還版位，登歌樂作，俟至位，樂止。

[1]福寧之樂：樂曲名。即《福寧之曲》。本書卷三九《樂志上》：郊祀樂歌“皇帝飲福，登歌大吕宫《福寧之曲》”，歌辭爲：“所以承天，無過乎質。天其祐之，惟精惟一。泰尊爰挹，馨香薦德。惠我無疆，子孫千億。”宗廟樂歌“皇帝飲福，登歌夾鐘宫《福寧之曲》”，歌辭爲：“犧牲充潔，粢盛馨香。來格來享，精神用彰。飲此純禧，簡簡穰穰。文明天子，萬壽無疆。”

[2]啐（cuì）酒：啐，嘗、飲的意思。啐酒，即祭祀完畢在飲福位飲酒。

[3]胙：祭祀用的牲肉。

[4]虚爵：空爵。

太祝各進徹籩豆，登歌《豐寧之樂》作，卒徹，樂止。奉禮曰：“賜胙行事，助祭官再拜。”贊者承傳，在位官皆再拜，宫縣《來寧之樂》作，一成止。太常卿奏“禮畢”，前導，降自阼階，登歌樂止，宫縣樂作，出門，宫縣樂止，繖扇仗衛如常儀。太常卿奏“請釋鎮圭”，殿中監跪受鎮圭，皇帝還大次。通事舍人、禮直官、贊者各引享官、宗室子孫及從享群官，以次出。及引導駕官東神門外大次前祗候，前導如來儀。贊者引御史已下俱復執事位，立定。奉禮曰“再拜”，皆再拜。贊者引工人、舞人以次出。大禮使帥諸禮官、太廟令、太祝、宫闈令，升納神主如常儀。禮畢，禮直官引大禮使已下降自西階，至横街，再拜而退。其祝册藏於匱。[1]

[1]匱（guì）："櫃"的本字。大型藏物器。

七祀功臣分奠，如祫享之儀。

時享[1]

有司行事。前期，太常寺舉申禮部，關學士院。[2]司天臺擇日，[3]以其日報太常寺。前七日，受誓戒於尚書省。其日質明，禮直官設位版於都堂之下，[4]依已定誓戒圖，禮直官引三獻官，并應行事、執事官等，各就位，立定，贊"揖"，在位官皆對揖。訖，禮直官以誓文奉初獻官，初獻官搢笏，讀誓文："某月某日，孟春薦享太廟，各揚其職。不恭其事，國有常刑。"讀訖，執笏。七品以下官先退，餘官對拜訖乃退。

[1]時享：宗廟四時的祭祀。

[2]學士院：官署名。即翰林學士院，掌制撰詞命，應奉文字。長官爲翰林學士承旨，正三品。下設翰林學士，正三品；翰林侍讀學士、翰林侍講學士，皆從三品；翰林直學士，從四品；翰林待制，正五品；翰林修撰，從六品；應奉翰林文字，從七品。

[3]司天臺：官署名。爲秘書監下屬機構，掌天文曆數、風雲氣色，密以奏聞。主要官員有提點司天臺、司天監、司天少監、司天臺判官、教授、司天管勾、長行等。下設天文科、算曆科、三式科、測驗科、漏刻科等。貞元二年（1154），銅儀法物也撥付司天臺。　擇日：指選定時享日期。

[4]位版：即版位、神位。神主之位。

散齋四日，治事如故，宿於正寢，唯不弔喪、問疾、作樂、判署刑殺文字、決罰罪人及預穢惡。致齋三日於本司，唯享事得行，其餘悉禁，一日於享所。[1]已齋而闕者，通攝行事。

[1]致齋三日於本司，唯享事得行，其餘悉禁，一日於享所：按上文“前七日受誓戒於尚書省”，“散齋四日”，則致齋共三日。其中二日於本司，一日於享所。此處“三日”或爲“二日”之訛，或“於本司”前脱“二日”二字。　享所：祭祀之場所。

前三日，兵部量設兵衛，[1]列於廟之四門。前一日，禁斷行人。儀鸞司設饌幔十一所於南神門外西，[2]南向。又設七祀司命、户二位於横街之北，道西，東向。又設群官齋宿次於廟門之東西舍。

[1]兵部：官署名。尚書省下屬機構。掌兵籍、軍器、城隍、鎮戍、厩牧、鋪驛、車輅、儀仗、郡邑圖志、險阻、障塞、遠方歸化之事。長官兵部尚書，正三品。

[2]儀鸞司：本書卷五六《百官志二》：宣徽院下屬機構有儀鸞局，設有提點、直長、收支都監等官員，掌殿庭鋪設、帳幕、香燭等事。本書未見儀鸞司之設置。本志所説儀鸞司，當指儀鸞局屬官。

前二日，大樂局設登歌之樂於殿上。[1]太廟令帥其屬，掃除廟殿門之内外，於室内鋪設神位於北墉下，當户南向。設几於筵上。又設三獻官拜褥位二。[2]一在室内，一在室外。學士院定撰祝文訖，計會通進司請御署，[3]降付禮部，置於祝案。祠祭局濯溉祭器與尊彝訖，[4]鋪設如儀。内太尊二、山罍二在室。犧尊五、象尊五、鷄彝一、鳥彝一在室户外之左，[5]爐炭稍前。著尊二、犧尊二在殿上，象尊二、壺尊六在下。俱北向西上，加冪，皆設而不酌。并設獻官罍洗位。禮部設祝案於室户外之右。禮直官設位版并省牲位，如式。

[1]大樂局：本書卷五五《百官志一》，太常寺下屬機構有大樂署，兼鼓吹署，設有令、丞、樂工部籍直長、大樂正、大樂副正等官員，掌調和律吕，教習音聲，祠祀及行禮陳設樂縣等。本書《禮志》或作“太樂令”，或作“大樂令”，僅此一處作“大樂局”。此處所説“大樂局”似應作“太樂令”。

[2]三獻官：古代祭祀過程中，陳列祭品以後要三次獻酒，合稱“三獻”，負責三獻的官員稱三獻官。

[3]通進司：《宋史》卷一六一《職官志一》，門下省之下設有通進司，“隸給事中，掌受三省、樞密院、六曹、寺監百司奏牘，文武近臣表疏及章奏房所領天下章奏案牘，具事目進呈，而頒布於中外”。《遼史》卷四七《百官志三》，南面官門下省之下也設有通進司，有左通進、右通進等官員。金代海陵王合門下、中書於尚書省以後，通進司是否也合於尚書省，或已廢止。不詳，待考。

[4]祠祭局：本書僅此一見，不詳。

[5]鷄彝、鳥彝：分别爲六彝之一，用以盛明水和鬱鬯。

前一日，諸太祝與廩犧令以牲就東神門外。司尊彝與禮直官及執事皆入，升自西階，以俟。禮直官引太常卿，贊者引御史，自西階升，遍視滌濯。[1]執尊者舉冪告潔，訖，引降就省牲位。廩犧令少前，曰“請省牲”，退復位。太常卿省牲，廩犧令及太祝巡牲告備，皆如郊社儀。既畢，太祝與廩犧令以次牽牲詣厨，授太官令。贊者引光禄卿詣厨，請省鼎鑊，申視滌溉。贊者引御史詣厨，省饌具，訖，與太常卿等各還齋所。太官令帥宰人以鸞刀割牲，祝史各取毛血，每室共實一豆，又取肝膋共實一豆，置饌所，遂烹牲。光禄卿帥其屬，入實祭器。良醖令入實尊彝。

[1]遍視滌濯："視"，原作"親"。中華點校本按《大金集禮》卷一八《時享上》，爲本志所本，作"視"，殿本同。據改。今從。

享日質明，百官各服其品服。禮直官、贊者先引御史、博士、太廟令、太官令、諸太祝、祝史、司尊彝與執罍篚官等，入自南門，當階間，北面西上，立定。奉禮曰"再拜"，贊者承傳，皆再拜。訖，贊者引太祝與宫闈令，升自西階，詣始祖室，開祏室，太祝捧出帝主，宫闈令捧出后主，置於座。帝主在西，后主在東。贊者引太祝與宫闈令，降自西階，俱復位。奉禮曰"再拜"，贊者承傳，在位官皆再拜，訖，俱各就執事位。大樂令帥工人入。禮直官、贊者分引三獻官與百官，俱自南東偏門入，至廟庭横街上，三獻官當中，北向西上，應行事、執事官并百官，依品，重行立。奉禮曰"拜"，贊者承傳，應北向在位官皆再拜。其先拜者不拜。拜訖，贊者引三獻官詣廟殿東階下西向位，其餘行事、執事官與百官，俱各就位。訖，禮直官詣初獻官前，[1]稱"請行事"。協律郎跪，俛伏，興，樂作。禮直官引初獻詣盥洗位，北向立定，樂止。搢笏，盥手，帨手，執笏。詣爵洗位，北向立，搢笏，洗瓚，拭瓚，以瓚授執事者，[2]執笏，升殿，樂作。至始祖室尊彝所，西向立，樂止。執事者以瓚奉初獻官，初獻官搢笏，[3]執瓚。執尊者舉冪，太官令酌鬱鬯，訖，初獻以瓚授執事者，執笏，詣始祖室神位前，樂作，北向立，搢笏，跪。執事者以瓚授初獻官。初獻官執瓚，以鬯祼地，訖，以瓚授執事者，執笏，俛伏，興，出户外，北向，再拜，訖，樂止。每室行禮，並如上儀。禮直官引初獻降復位。

[1]禮直官詣初獻官前：原脱“直”字。本書上下文皆作“禮直官”，且《大金集禮》卷一八同，中華點校本據補。今從。

[2]以瓚授執事者：“授”，原作“受”，北監本、殿本、中華點校本作“授”，本卷下文亦作“授”，今據改。

[3]初獻官搢笏：原脱“初”字。本書上下文皆作“初獻官”，且《大金集禮》卷一八同，中華點校本據補。今從。

初獻將升祼，祝史各奉毛血肝膋豆，及齋郎奉爐炭蕭蒿黍稷篚，各於饌幔内以俟。初獻晨祼訖，以次入自正門，升自太階。諸太祝皆迎毛血肝膋豆於階上，俱入奠於神座前。齋郎所奉爐炭蕭蒿篚，皆置於室户外之左，與祝史俱降自西階以出。諸太祝取肝膋，洗於鬱鬯，燔於爐炭，訖，還尊所。

享日，有司設羊鼎十一、豕鼎十一於神厨，各在鑊右。初獻既升祼，光禄卿帥齋郎詣厨，以匕升羊於鑊，實于一鼎，[1]肩、臂、臑、肫、胳、正脊一、横脊一、長脅一、短脅一、代脅一，[2]皆二骨以並。次升豕如羊，實于一鼎。每室羊豕各一鼎，皆設扃冪。[3]齋郎對舉，入鑊，放饌幔前。[4]齋郎抽扃，委于鼎右，除冪。光禄卿帥太官令，以匕升羊，載于一俎，[5]肩臂臑在上端，肫胳在下端，脊脅在中。次升豕如羊，各載于一俎。每室羊豕各一俎。齋郎即以扃舉鼎先退，置于神厨，訖，復還饌幔所。禮直官引司徒出詣饌幔前，立以俟。光禄卿帥其屬，實籩以粉餈，實豆以糝食，實簠以粱，實簋以稷。俟初獻祼畢，復位，祝史俱進徹毛血之豆，降自西階以出。禮直官引司徒，帥薦籩豆簠簋官、奉俎齋郎，各奉籩豆簠簋羊豕俎，每室以序而進，立於南神門之外以俟，羊俎在前，豕俎次之，籩豆簠簋又次之。入自正門，樂作，升自太階，諸太祝迎引於階上，樂止。各設於神位前，訖。禮直官引司徒以下，降自西階，樂作，復位，樂止。諸太祝各取蕭蒿黍稷擩於脂，燔於爐炭，還尊所。

[1]以匕升羊於鑊，實于一鼎：此指用匕將煮熟的羊肉從鍋中取出來，放入羊鼎之内。匕，亦作“朼”，食器和取食器。

[2]肩：人體上臂和身體相連的地方或動物的前肢根部。此指動物前肢根部。　臂：人體上肢或動物前肢的一部分。　臑（nào）：人體上肢或動物的前肢。此指牛羊豬前肢的一部分。　肫（chún）：亦作“膞”，牲體後體的一部分。　胳（gé）：亦作“骼”，動物後脛骨的一部分。　正脊：脊指人和脊椎動物背部中間的骨骼。《禮記·祭統》：“骨有貴賤，殷人貴髀，周人貴肩。凡前

貴於後。”孔穎達疏：“正脊在前爲貴，脡脊、横脊在後爲賤。”横脊：脊指人和脊椎動物背部中間的骨骼。　長脅、短脅、代脅：指從腋下至肋骨盡處。

[3]扃（jiōng）：貫通鼎上兩耳的舉鼎横木。煮熟的牲體裝入鼎中以後，要用杠子將鼎從庖厨抬送到行禮的場所，“扃”就是專用抬鼎的杠子。　冪：亦作“鼏”，此指鼎冪，即用於蓋鼎的蓋子。

[4]齋郎對舉，入鑊，放饌幔前：中華點校本稱“《大金集禮》卷一八無‘入鑊’二字”。是，衍“入鑊”二字，不通。

[5]以匕升羊，載於一俎：用匕將羊肉從鼎中取出，擺放在一個俎上。

禮直官引初獻詣罍洗位，樂作，至位，北向立，樂止。搢笏，盥手，帨手，執笏。詣爵洗位，北向立，搢笏，洗爵，拭爵，以爵授執事者，執笏，升殿，樂作，詣始祖室酌尊所，西向立，樂止。執事者以爵授初獻。初獻搢笏執爵，執事者舉冪，太官令酌犧尊之泛齊，訖，次詣第二室酌尊所，如上儀。詣始祖神位前，樂作，北向立，搢笏跪，執事者以爵授初獻，初獻執爵，三祭酒於茅苴，奠爵，執笏，俛伏，興。出室户外，北向立，樂止。贊者引太祝詣室户外，東向，搢笏，跪讀祝文。[1]讀訖，執笏，興。次詣第二室。次詣每室行禮，並如上儀。初獻降階，樂作，復位，樂止。

[1]跪讀祝文：原“祝”字後衍一“祝”字，中華點校本據《大金集禮》卷一八删。今從。

禮直官次引亞獻詣盥洗位，北向立，搢笏，盥手，帨手，執笏。詣爵洗位，北向立，搢笏，洗爵，拭爵以授執事官。執笏，升殿，詣始祖酌尊所，西向立，執事者以爵授亞獻。亞獻搢笏，執爵，執尊者舉冪，太官令酌象尊之醴齊，訖，次詣第二室酌尊所，如上儀。詣始祖神位前，樂作，北向立，搢笏，跪，執事者以爵授亞獻。亞獻執爵，三祭酒于茅苴，奠爵，執笏，俛伏，興，出户外，北向再拜，訖，樂止。次詣每室行禮，並如上儀。降階，樂作，復位，樂止。

禮直官次引終獻詣盥洗，及升殿行禮，並如亞獻之儀，降復位。

次引太祝徹籩豆，少移故處。樂作，卒徹，樂止。俱復位。禮直官曰"賜胙"，贊者承傳曰："賜胙，再拜"，在位者皆再拜。禮直官引太祝、宮闈令奉神主，太祝搢笏，納帝主於匱，奉入祏室，執笏，退復位。次引宮闈令納后主於匱，[1]奉入祏室，並如上儀，退復位。禮直官、贊者引行事、執事官各就位，奉禮曰"再拜"，贊者承傳，應在位官皆再拜。禮直官、贊者引百官次出，大樂令帥工人次出，太官令帥其屬，徹禮饌，次引監祭御史詣殿監視卒徹，訖，還齋所。太廟令闔户以降。太常藏祝版於匱。[2]光禄以胙奉進，監祭御史就位展視，光禄卿望闕再拜，乃退。

[1]次引宮闈令納后主於匱："闈"，原作"衛"，中華點校本據《大金集禮》卷一八改。今從。

[2]太常藏祝版於匱："匱"字，《大金集禮》卷一二至卷一七作"匵"。據本書《禮志》及《大金集禮》上下文，當從本志。

其七祀，夏竈、中霤，[1]秋門、厲，[2]冬行，[3]鋪設祭器，入實酒饌，俟終獻將升獻，獻官行禮，并讀祝文。每歲四孟月并臘五享，[4]並如上儀。

[1]竈：七祀之一。主飲食之神。　中霤：七祀之一。主堂室居處之神。

[2]門：七祀之一。主出入之神。　厲：七祀之一。主殺罰之鬼神。

[3]行：七祀之一。主道路行作之神。

[4]每歲四孟月並臘五享："并"字，原在"每歲"上。中華點校本謂"文義不明"，據《大金集禮》卷一八乙正（此句文字在四庫全書本《大金集禮》卷一二至卷一七，并非在卷一八）。今從。　每歲四孟月：即正月、四月、七月和十月。孟月，四季的頭一個月。　臘：即臘月，農曆十二月。古代以是月臘祭百神，因稱臘月。

金史　卷三一

志第十二

禮四

奏告儀　皇帝恭謝儀　皇后恭謝儀　皇太子恭謝儀　薦新　功臣配享　陳設寶玉　雜儀

奏告儀[1]

皇帝即位、加元服、受尊號、納后、册命、巡狩、征伐、封祀、請謚、營修廟寢，[2]凡國有大事皆告。或一室，或遍告及原廟，[3]並一獻禮，用祝幣。[4]皇統以後，[5]凡皇帝受尊號、册皇后太子、禘祫、升祔、奉安、奉遷等事皆告，[6]郊祀則告配帝之室。[7]

[1]奏告：意思是奏陳，上奏。包括進言、上書、呈進財物等。此處奏告是指國有大事奏告於天地宗廟。

[2]元服：即冠，帽子。元，首也。此指加冠禮。　尊號：尊崇帝、后的稱號稱尊號。嗣位皇帝尊前皇帝爲太上皇，尊前皇后爲

皇太后、太皇太后，也稱上尊號。唐以後在帝、后號之上再加稱號也稱上尊號。　封祀：也稱封禪，爲古代祭祀天地之禮儀。　謚：即謚號。古代帝王、貴族、大臣、士大夫死後，世人依據其生前事迹所加的褒貶之號，稱謚號。　廟寢：宗廟和陵寢。

[3]原廟：正廟以外另立的宗廟。原，再也。先既已立廟，今又再立，故謂之原廟。

[4]幣：古人用以祭祀或贈送賓客的束帛等物稱幣，後來也稱其他聘享的禮物。本文中的幣是指用來禮神的物品。

[5]皇統：金熙宗年號（1141—1149）。

[6]禘（dì）祫（xiá）：祭名。禘，以其始祖配祭天地以及宗廟大祭，均謂之禘。此指天子在太廟對祖先的盛大祭祀。祫，就是合祭，將遠近群廟的神主集中在太祖廟進行總祭，稱祫祭。一般情況下，三年喪畢時，祫祭一次，第二年禘祭。此後，祫祭三年一次，禘祭五年一次，後世多用三十月或四十二月一次。

[7]郊祀：古代祭名。皇帝在郊外祭天（南郊）或祭地（北郊）稱郊祀，即南北郊。

大定十四年三月十七日，[1]詔更御名，[2]命左丞相良弼告天地，[3]平章守道告太廟，[4]左丞石琚告昭德皇后廟，[5]禮部尚書張景仁告社稷，[6]及遣官祭告五嶽。[7]

[1]大定：金世宗年號（1161—1189）。

[2]詔更御名：指金世宗更名爲完顔雍。本書卷七《世宗紀中》：大定十四年（1174）三月“甲辰，上更名雍，詔中外”。

[3]左丞相：尚書省屬官。位尚書令之下，爲宰相，掌承天子，平章萬機。從一品。　良弼：女真族。即紇石烈良弼（1119—1178），金回怕川（今吉林省輝發河）人，世宗時升任尚書左丞相。本書卷八八有傳。

[4]平章：即平章政事，尚書省屬官。位左右丞相之下，爲宰相，掌丞天子，平章萬機。從一品。　守道：女真人。即完顔守道，本名習尼列，完顔希尹之孫。大定初拜平章政事，後升至尚書左丞相、尚書令，授太尉。本書卷八八有傳。　太廟：皇帝的祖廟。

[5]左丞：即尚書左丞。尚書省屬官。位尚書令、尚書左右丞、尚書平章政事之下，爲執政官，宰相之貳，佐治省事。正二品。　石琚：金定州（今河北省定州市）人。字子美，天眷進士，官至右丞相。　昭德皇后：世宗皇后，女真烏林答氏。大定二年（1162），追册爲昭德皇后。章宗時，有司奏太祖謚有“昭德”字，改謚明德皇后。本書卷六四有傳。

[6]禮部尚書：禮部長官。掌禮樂、祭祀、燕享、學校、貢舉、儀式、制度、符印、表疏、圖書、册命、祥瑞、天文、漏刻、國忌、廟諱、醫卜、釋道、四方使客、諸國進貢、犒勞張設等事。正三品。　張景仁：本書卷八四有傳。本傳稱其字壽甫，《三朝北盟會編》卷二四五引《族帳部曲録》稱其字壽寧。　社稷：古代帝王、諸侯所祭的土神和穀神。引申爲國家政權的標志。

[7]五嶽：山名。《尚書·舜典》孔穎達疏引《釋山》云：“泰山爲東嶽，華山爲西嶽，霍山爲南嶽，恒山爲北嶽，嵩高山爲中嶽。”本書卷一〇五《范拱傳》，世宗時“或有言前代都長安及汴、洛，以太、華等山列爲五嶽，今既都燕，當别議五嶽名”。范拱曰：“軒轅居上谷，在恒山之西，舜居蒲阪，在華山之北。以此言之，未嘗據所都而改嶽祀也。”後遂不改，仍以東嶽泰山、西嶽華山、南嶽衡山、北嶽恒山、中嶽嵩山爲五嶽。

前期二日，太廟令掃除廟内外，[1]設告官以下次所。[2]前一日，行事官赴祀所清齋。[3]

[1]太廟令：太常寺下屬機構太廟署屬官。掌太廟、衍慶、坤寧宮殿神御諸物，及提控諸門關鍵，掃除、守衛等事。從六品。

[2]次所：以布帷、蘆席等物張設供祭祀及外出時臨時居息之處所。

[3]清齋：即祭祀前之齋戒。

告日前三刻，[1]禮直官引太廟令帥其屬，[2]入殿開室户，[3]掃除鋪筵，[4]設几於北墉下，[5]如時享儀。[6]禮直官帥祀祭官陳幣篚於室户之左，[7]陳祝版於室户之右案上。[8]及設香案祭器，皆藉以席。[9]每位各左一籩實以鹿脯，[10]右一豆實以鹿臡。[11]犧尊一，[12]置於坫，[13]加勺、冪。[14]在殿上室户之左，北向，實以酒，每位一瓶。設燭於神位前，又設盥爵洗位横街之南稍東。[15]設告官褥位，[16]於殿下東階之南，西向，餘官在其後稍南。又設望燎位於西神門外之北。[17]

[1]告日前三刻：中華點校本按，下文云“告日未明”，知此是未明前三刻，“日”下蓋脱“未明”二字。是，今從。

[2]禮直官：似爲太常寺屬下負責祭祀、典禮等禮儀行事的官員。本書《百官志》未載。

[3]室户：房室之門。古人房屋内部前叫堂，堂後以墻隔開，後部中央叫室，室的東西兩側叫房。户，即門。單扇爲户，兩扇爲門。

[4]筵：墊底的竹席、布席、皮席或草席等祭祀用席子。

[5]几：古代坐時憑依的器物，長方形，不高，類似現在北方的炕桌而更狹長。　北墉：北墻下。墉，墻壁。一般以墉宫、墉城指神仙所居之地，因此平時將神主放在宗廟靠近北墻一邊。這裏指

宗廟祭室北邊。

［6］時享：宗廟四時的祭祀。《爾雅·釋天》："春祭曰祠，夏祭曰礿，秋祭曰嘗，冬祭曰蒸。"古代帝王及臣民都行時享之禮。本書卷三〇《禮志三·時享儀》對時享儀記載較詳，可參閱。

［7］篚（fěi）：盛物的竹器，方形，有蓋。

［8］祝版：亦作祝板、祝册，古代祭祀用以書寫祝文之版册。宋制皇帝親祠用竹册，常祠用祝版，宫觀用青詞。金代祝版大約與宋同。

［9］席：古代祭祀用席子主要有五種。《周禮·春官·司几筵》：鄭玄注"五席，莞、藻、次、蒲、熊"。本書卷三〇《禮志三》所載金代五席衹記有莞筵、繅席、次席和虎席四席。

［10］籩（biān）：古代祭祀燕享時用以盛果脯等食物的竹編食器。　鹿脯（fǔ）：鹿肉乾。《太常續考》："鹿脯，用活鹿宰，取一斤一塊，方切，如無，麞、麂代之。"

［11］豆：古代食器。初以木製，後亦有陶製及青銅製作者。高一尺，徑一尺，形似高足盤。後多用於祭祀，以盛肉醬等食物。　鹿臡（ní）：也作"鹿醢"，即鹿肉醬。臡，亦作"腝"，有骨之肉醬，醢的一種。

［12］犧尊：古代盛酒用禮器。因形似犧牛而得名。古代銅器銘文常以尊彝二字連用，泛指祭祀用的禮器。尊，亦作"樽""罇"，尊的形狀似觚而中部較粗，口徑較大。

［13］坫（diàn）：古代設於堂中兩楹間的土臺，用於諸侯相會飲酒時置放空杯及放置來會諸侯所饋贈的玉圭等物。此外，古代築在室内用於放置食物的土臺也稱"坫"。後亦稱放置爵尊等物之禮器爲"坫"。

［14］勺：食器。用來從尊中挹酒注於爵。　冪（mì）：覆蓋祭祀所用禮器及食物之巾。以疏布、畫布、功布、葛布等爲之。

［15］又設盥爵洗位横街之南稍東：中華點校本疑"位"字下脱"於"字，是。盥爵洗位，指放置盥洗和爵洗的位置。古代祭

祀，洗爵之前必先洗手，洗就是洗手、洗爵時承水之器。古代祭祀時洗手、洗爵，皆一人用枓（舀水器），從罍中挹水，從上澆之，其下注之水，謂之棄水，承棄水之器謂之洗。爵，爲飲酒器之總名，亦爲飲酒器之一種。此處之爵，指飲酒器之總名。

[16]褥位：即跪拜之位。褥，坐卧的墊具，此指跪拜的墊具。

[17]望燎位：即祭祀程序即將結束時，皇帝以及重要官員要到望燎位觀看點燃的柴草焚燒犧牲玉幣等祭品，其觀看燎祭之位就是望燎位。燎，爲古代祭名，即燃燒堆積柴薪，使煙氣上聞於天神。

告日未明，禮直官引太廟令、太祝、宫闈令入，[1]當階間北面西上立定。奉禮贊“再拜”，[2]訖，升自西階。太祝、宫闈令各入室，出神主設於座，[3]如常儀。次引告官入，就位。禮直官稍前，贊“有司謹具，請行事”，又贊“再拜”，在位者拜，訖。禮直官引告官就盥洗位，盥手，訖，詣神位前，搢笏，[4]跪，三上香。執事者以幣授奉禮郎，西向授告官。告官受幣，奠訖，執笏，俛伏，[5]興，[6]退就户外位，再拜。詣次位行禮如上儀，訖，降復位。少頃，引告官再詣爵洗位，讀祝、舉祝官後從。[7]至位，北向立，搢笏，洗、拭爵，[8]訖，授執事者。執笏升，詣酒尊所，西向立，執爵，執尊者舉冪酌酒，告官以授執事者。詣神位前，北向，搢笏，跪，執爵三祭酒，執笏，俛伏，興，退就户外位，北向立俟，讀祝文，訖，再拜。詣次位行禮如上儀。訖，與讀祝官皆復位。禮直官贊曰“再拜”，在位者皆再拜。次引告官以下詣望燎位，執事者取幣帛祝版置於燎，禮直官曰“可燎”。半柴，禮直官贊“禮畢”，告官以下退。署令闔廟門，瘞祝于坎。[9]

[1]太祝：太常寺屬官。掌奉祀神主。從八品。　宫闈令：《宋史》卷一六四《職官志四》記爲太常寺屬官。本書《百官志》不載，但《禮志》多次出現宫闈令一職，謂"禮直官引太常寺官屬并太祝、宫闈令升殿，開始祖祏室。太祝、宫闈令捧出帝后神主，設於座"等。是知，金代也設宫闈令一官，祭祀時主要負責出納和安放神主之位等。

[2]奉禮：太常寺屬官。當爲奉禮郎，掌設版位，執儀行事，主持祭祀禮儀。從八品。

[3]神主：供奉神靈的牌位。也稱神位、版位、靈位。

[4]搢笏（hù）：插笏版於腰帶上。笏，亦稱手版，古代朝會時所執手板，書事其上，以備遺忘。

[5]俛伏：指跪拜。俛，通"俯"，屈身，低頭。

[6]興：起來。

[7]讀祝：此指讀祝文之官員，當爲祭祀時臨時設置之官員。舉祝官：即舉祝版的官員，當爲祭祀時臨時設置之官員。

[8]拭爵：用巾將爵擦拭乾净。

[9]瘞祝于坎：指埋祭。瘞坎，即爲瘞埋祭品之坑穴，這裏指埋祝板的坑位。

貞元四年正月，[1]上尊號。[2]前三日，遣使奏告天地，於常武殿拜天臺設褥位，[3]昊天上帝居中，[4]皇地祇居西少却，[5]行一獻禮。

[1]貞元：金海陵王年號（1153—1156）。

[2]上尊號：本書卷五《海陵紀》：正隆元年（1156）正月"己酉，群臣奉上尊號曰聖文神武皇帝"。海陵於貞元四年（1156）

二月改元正隆，本志稱貞元四年正月上尊號與《海陵紀》所載正隆元年正月上尊號吻合，然本志所記年號更加確切。

[3]常武殿：中都殿名。在中都皇宫中。本書卷二四《地理志上》："有常武殿，有廣武殿，爲擊球、習射之所。"

[4]昊天上帝：亦稱天皇大帝，爲百神之君，天神之首。

[5]皇地祇：即土地神，也稱后土皇地祇。

大定七年正月十一日，[1]上尊號。[2]

[1]大定七年正月十一日：中華點校本據本書卷六《世宗紀上》，大定七年（1167）正月庚子朔，"壬子，上服衮冕，御大安殿，受尊號册寶禮"，謂"壬子爲十三日"，改"十一日"爲"十三日"。按，《大金集禮》卷二《大定七年册禮》，謂正月"十一日，皇帝服兖冕，御大安殿，右丞相紇石烈良弼等恭奉册禮"，本卷下文"上册寶儀"文下小字注亦作"正月十一日"，似原文不誤。

[2]上尊號：本書卷六《世宗紀上》記載，大定五年"三月壬申，群臣奉上尊號曰應天興祚仁德聖孝皇帝，詔中外"。大約群臣於大定五年爲世宗上尊號。大定七年，世宗纔正式舉行受尊號册寶禮。

前三日，命皇子判大興尹許王告天地，[1]判宗正英王文告太廟。[2]於自來拜天處設昊天上帝位，當中南向，皇地祇位次西少却，並用坐褥位牌及香酒脯醢等。祝版三，學士院撰告祝文，[3]書寫訖，進請御署，訖，以付禮部，[4]移文宣徽院，[5]并差控鶴官用案舁，[6]覆以黄羅帕，隨所差告官詣祀所。

[1]判：古時官制稱呼。以高官兼任低職稱判。　大興尹：府長官。掌宣風導俗，肅清所部，總判府事，兼領本路兵馬都總管府事。車駕巡幸，則兼留判。正三品。大興府，治所在今北京市。　許王：即金世宗子完顏永中。本書卷八五《完顏永中傳》："鎬王永中，本名實魯剌，又名萬僧。大定元年，封許王。五年，判大興尹。七年，進封越王。"又本書卷六《世宗紀上》載，大定七年（1167）閏七月"戊辰，許王永中進封越王"。是知，大定七年正月，金世宗舉行"受尊號册寶禮"時，永中仍爲許王。

[2]判宗正：大宗正府長官。即判大宗正事，以皇族中屬親者充，掌敦睦糾率宗屬欽奉王命。從一品。　英王文：即完顏宗望之子完顏文。本書卷七四《完顏文傳》載，"文本名胡剌"，大定三年（1163）"除廣寧尹，召爲判大宗正事，封英王"。同卷《完顏齊傳》又稱，大定"十五年，上召英王爽"。本書卷三三《禮志六》載，大定十五年"四月十七日，夏享太廟，同時行禮，命判宗正英王爽攝太尉，充初獻官"。是知，時有二英王。

[3]學士院：即翰林學士院，有翰林學士承旨、翰林學士、翰林侍讀學士、翰林侍講學士、翰林直學士、翰林待制、翰林修撰、應奉翰林文字等官。掌制撰詞命，應奉文字等。

[4]禮部：尚書省下屬機構。長官爲尚書一員，正三品；侍郎一員，正四品；郎中一員，從五品；員外郎一員，從六品。

[5]宣徽院：官署名。設有左宣徽使、右宣徽使、同知宣徽院事、同簽宣徽院事、宣徽判官等，掌朝會、燕享，凡殿庭禮儀及監知御膳。

[6]控鶴官：本書卷四一《儀衛志上》，"其衛士，曰護衛、曰親軍、曰弩手、曰控鶴、曰傘子、曰長行"。卷四四《兵志》，"又有控鶴二百人，皆以備出入者也"。又卷五六《百官志二》，宣徽院"所隸弩手、傘子二百三十九人，控鶴二百人"。此處當指宣徽院下屬控鶴官。　舁（yú）：抬，舉。

前一日，告官等就局所致齋一日。[1]

[1]致齋：祭祀前的齋戒。

告日質明，宣徽院、太常寺鋪設供具如儀。[1]閤門舍人一員、太常博士一員引告官各服其服，[2]以次就位。禮直官、舍人稍前，贊“有司謹具，請行事”。贊者曰“拜”，[3]在位者皆再拜。禮直官先引執事官各就位。舍人、博士次引告官詣盥洗、爵洗位，北向立，搢笏，盥手，帨手，[4]洗爵，拭爵。執笏，詣酒尊所，搢笏，執爵，司尊者舉冪酌酒，告官以爵授奉爵酒官，[5]執笏詣昊天上帝、皇地祇神位前再拜，每位三上香，跪奠酒，訖，以爵授奉爵官，執笏，俛伏，興。舉祝官跪舉，讀訖，俛伏，興。告官再拜，告畢。引告官以下降復位，再拜，訖。詣望燎位，燔祝版，再拜。半燎，告官已下皆退。

[1]太常寺：官署名。金皇統三年（1143）始設，掌禮樂、郊廟、社稷、祠祀之事。下屬機構有太廟署、廩犧署、郊社署、武成王廟署、諸陵署、園陵署、大樂署。長官爲太常卿，從三品。下設少卿、丞、博士、檢閱官、檢討、太祝、奉禮郎、協律郎等官。

[2]閤門舍人：當指閤門通事舍人，亦稱通事舍人。本書卷五六《百官志二》宣徽院下屬機構閤門設有“閤門通事舍人二員，從七品，掌通班贊唱、承奏勞問之事”。　太常博士：太常寺屬官。本書卷五五《百官志一》，太常寺“博士二員，正七品，掌檢討典禮”。

[3]贊者：主管祭祀、典禮時贊導等事的官員。

[4]帨（shuì）手：用巾擦手。

[5]告官以爵授奉爵酒官："授"上原衍"奉"字。中華點校本據殿本删。今從。

皇帝恭謝儀

大定七年正月，世宗受尊號，[1]禮畢恭謝。

[1]世宗：廟號。即完顔烏禄，漢名雍（1123—1189）。金朝第五任皇帝，1161年至1189年在位。卒後上尊謚曰"光天興運文德武功聖明仁孝皇帝"，廟號世宗，葬興陵。本書卷六至卷八有紀。

前三日，太廟令帥其屬，洒掃廟庭之内外及陳設。尚舍於廟南門之西，[1]設饌幔一十一室。[2]殿中監帥尚舍視大次殿，[3]又設皇帝版位於始祖神位前北向，[4]又設飲福位於版位西南少却，[5]又設隨室奠拜褥位於神座前。[6]大樂令設登歌於殿上，[7]宫縣於殿下。[8]又設皇太子位於阼階東南，[9]又設親王位於其南稍東，[10]宗室王使相位於其後。[11]又設太尉、司徒以下行事官位於殿西階之西，[12]東向，每等異位。又設文武群官位於横階之南，東、西向。又設御洗位於阼階之東，又設太尉洗位於西階下横階之南。又設齋郎位於東班群官之後。[13]又設盥洗等官，并奉禮、贊者、大司樂、協律郎、大樂令等位，[14]各如祫享之儀。[15]又設尊彝祭器等於殿之上下，[16]如時享之儀。[17]

[1]尚舍：《宋史》卷一六四《職官志四》稱宋所設殿中省凡

總六局，尚舍爲六局之一，掌次舍幄帟之事。金亦當設有殿中省，尚舍亦當爲殿中省下屬機構和屬官，職掌亦應與宋相同。本書《百官志》不載。

［2］饌幔：陳放祭祀用食物的幔帳，也稱“饌幕”。

［3］殿中監：唐宋置有殿中省，有殿中監、殿中少監、殿中丞等官員，掌供奉天子玉食、醫藥、服御、幄帟、輿輦、舍次之政令。遼置有殿中司，亦設有殿中監、殿中少監、殿中丞等官員。本書《百官志》不載殿中省或殿中司等機構，但《紀》《志》《傳》《表》中多處出現殿中省、殿中監、殿中少監之名，似金朝仍設有殿中省，殿中監爲其最高長官。　大次：天子、諸侯出宫祭祀時居息之處所，一般以布帷、蘆席等臨時張設。古代大祭祀、朝覲、田獵、射禮、冠禮、喪禮都要設次。天子、諸侯之“次”分大次、小次。《周禮·天官·掌次》：“朝日、祀五帝，則張大次、小次，設重帟重案。合諸侯亦如之。”鄭玄注：“次謂幄也。大幄，初往所止居也。小幄，既接祭退俟之處。”《儀禮·聘禮》：“賓入於次。”鄭玄注：“入於次者，俟辦也。次在大門外之西，以帷爲之。”

［4］始祖：廟號。本名函普，女真完顔部首領。金熙宗天會十四年（1136），追謚景元皇帝，廟號始祖。皇統四年（1144），號其藏曰光陵。五年，增謚始祖懿憲景元皇帝。本書卷一有紀。

［5］飲福：古代稱祭祀後的酒肉爲“福”，享用祭祀後的酒肉稱“飲福”。

［6］隨室：即隨從祭祀之室。此指始祖以下各廟室。

［7］大樂令：太常寺下屬大樂署屬官。掌調和律吕，教習音聲並施用之法。從六品。　登歌：樂名，即《登歌之樂》。古代舉行祭典、大朝會時，樂師升堂所奏之歌。此處指演奏登歌之樂所用樂器。

［8］宫縣：樂名，即《宫縣之樂》。古時鐘磬等樂器懸掛於架上，懸掛的形式和數量根據身份地位而不同。

［9］皇太子：西周以來，主要指皇帝嫡長子。後世也有稱皇帝

庶子爲皇位繼承人者爲太子。　阼階：東階。古代殿前設東西兩階，無中間道。天子、諸侯、大夫、士皆以阼爲主人之位，臨朝覲，揖賓客，承祭祀，升降皆由此。天子登位稱踐阼。

[10]親王：皇族中封王者稱親王。《大金集禮》卷九《親王》："皇統元年奏定，依令文，皇兄弟、皇子封一字王爲親王，並二品俸傔。已下宗室，封一字王皆非親王。"

[11]宗室：皇族。

[12]太尉：三公之一。掌論道經邦，燮理陰陽。多授予宗室、外戚和勳臣，是一種榮譽官銜。正一品。　司徒：三公之一，多爲榮譽虛銜，無實職。正一品。

[13]齋郎：太常寺下屬機構郊社署屬官。協助郊社令、丞掌社稷、祠祀、祈禱並廳舍祭器等物。本書《百官志》："郊社署：承安三年設祝史、齋郎百六十人，作班袛傔使，周年一替。大安元年，奏兼武成王廟署。"

[14]大司樂：《宋史》卷一六四《職官志四》："大晟府：以大司樂爲長，典樂爲貳。次曰大樂令，秩比丞。次曰主簿、協律郎。""所典六案：曰大樂，曰鼓吹，曰宴樂，曰法物，曰知雜，曰掌法。"本書《百官志》不載。金朝大司樂所掌是否與宋相同，待考。　協律郎：太常寺屬官。掌以麾節樂，調和律吕，監視音調。從八品。

[15]祫享：祭名。即祫祭，就是合祭。一般情況下，三年祫祭一次，與五年一次禘祭合稱爲"祫禘"或"禘祫"。本書卷三〇《禮志三》載有禘祫禮儀，可參考。

[16]彝：古代盛酒及明水之禮器。

[17]如時享之儀：本書卷三〇《禮志三》、《大金集禮》卷一八至卷一九皆有金代時享儀，可參閲。

前一日，禮官御史帥其屬，省牲，[1]視濯滌，[2]如常儀。

［1］省（xǐng）牲：也作“展牲”，祭祀前派遣官員檢視祭祀所用牛羊等犧牲。省，察看，檢視。牲，指祭祀用犧牲。

［2］視濯滌：檢視祭祀所用禮器是否清洗乾净。

其日質明，禮官御史帥太廟官、太祝官、宫闈令出神主，如時享儀。有司列黄麾仗二千人於應天門外。[1]尚輦進金輅於應天門内。[2]午後三刻，宣徽院奏請皇帝赴齋宿殿，[3]文武群官並齋宿於所司。

［1］黄麾仗：皇帝出行儀衛使用黄色旌旗之行仗。本書卷四一《儀衛志上》：“金制，天子之儀衛，一曰立仗，二曰行仗。……行仗則有法駕、大駕、黄麾仗，凡行幸及郊廟祀享則用之。”　應天門：中都皇宫正門。原名通天門，世宗大定五年（1165）更名爲應天門。

［2］尚輦：本書卷五六《百官志二》，殿前都點檢司下設有尚輦局，屬官有尚輦局使、副使、直長、典輿都轄、收支都監、同監、本把等，掌承奉輿輦等事。此處尚輦，當指尚輦局屬官。　金輅：天子所乘之車，以金（銅）飾鉤。《金史》卷四三《輿服志上》稱，“金初得遼之儀物，既而克宋，於是乎有車輅之制。熙宗幸燕，始用法駕。迨至世宗，製作乃定”，“大定十一年，將有事於南郊，命太常寺檢宋南郊禮，鹵簿當用玉輅、金輅、象輅、革輅、木輅”等。

［3］齋宿殿：即齋戒並住宿之殿，也稱“齋殿”。此指致齋殿。

謝日質明，俟諸衛各勒所部屯門列仗。導駕官分左右侍立於殿階下，並朝服。[1]通事舍人引侍中詣齋殿，[2]

俛伏，跪稱“臣某言，請中嚴”，[3]俛伏，興。凡侍中奏請，准此。皇帝服通天冠、絳紗袍。[4]少頃，侍中奏“外辦”，[5]皇帝出齋殿，即御座，群官起居訖，侍中奏“請升輦”，[6]皇帝升輦以出，侍衛警蹕如常儀。[7]導駕官前導，至應天門，侍中奏“請降輦升輅”，皇帝升輅，門下侍郎俛伏，[8]跪奏“請車駕進發”，俛伏，興。凡門下侍郎奏請，准此。[9]車駕動，警蹕如常儀。至應天門外，門下侍郎奏“請車駕少駐，勅侍臣上馬”。侍中前承旨，退稱曰“制可”。門下侍郎退，傳制稱“侍臣上馬”，通事舍人承傳“勅侍臣上馬”。導駕官分左右前導，門下侍郎奏“請車駕進發”。車駕動，稱“警蹕”，不鳴鼓吹。[10]典贊儀引皇太子常服乘馬至廟中幕次，[11]更服遠遊冠、朱明衣，[12]執圭。[13]通事舍人文武群官並朝服。於廟門外班迎。車駕至廟門，侍中於輅前奏“請降輅”，導駕官步入廟門稍東，侍中奏“請升輦”，皇帝升輦，繖扇侍衛如常儀。[14]至大次，侍中奏“請降輦，入就大次”。皇帝入大次。

[1]朝服：又稱“具服”。爲祭祀、朝會兼用禮服。

[2]通事舍人：即閤門通事舍人。本書卷五六《百官志二》宣徽院下屬機構閤門設有“閤門通事舍人二員，從七品，掌通班贊唱、承奏勞問之事”。　侍中：門下省長官。金初例由丞相兼任。據本書卷五五《百官志一》，“天會四年，建尚書省，遂有三省之制”，此官應始設於天會四年（1126）。正隆元年（1156）“罷中書、門下省”，此官遂成爲宰相的加銜，故本書《百官志》不載。

[3]中巖：指中廷戒備。古代祭祀大典禮儀之一。

［4］通天冠：皇帝專用的禮冠。

［5］外辦：指警衛宫禁。

［6］輦：天子所乘之車。

［7］警蹕：古時帝王出行時，左右侍衛爲警，止人清道爲蹕，以戒止行人。常稱帝王出入爲警蹕。

［8］門下侍郎：門下省長官侍中之副貳。海陵王合中書、門下於尚書省以後，門下省已被取消，門下侍郎一職當不再設置。本書《禮志》所載門下侍郎，當爲舉行祭祀時而臨時設置的官職。

［9］凡門下侍郎奏請准此：此語，在《政和五禮新儀》卷二六、三一、三六、四〇、四八、五二、五六、六〇、六四、八一、八六、九八、一〇三、一一三、一二七、一六〇、一九七處等作小字注文。

［10］鼓吹：古代的一種器樂合奏。奏演鼓吹樂的樂隊也稱鼓吹。此指奏樂。

［11］常服：又稱"讌服"，一般的禮服。

［12］遠遊冠：皇太子的禮冠。形制與通天冠相似，冠的展筩上設十八梁，但不設山述之飾，結纓以固冠。隋唐以前爲皇太子、諸王等貴族所服，有時天子也服遠遊冠。

［13］圭：也作"珪"。古代帝王諸侯舉行隆重儀式時所用的玉製禮器，上尖下方。形制大小，因爵位及用途不同而不同。主要有大圭、鎮圭、桓圭、信圭、躬圭、四圭、祼圭等。

［14］繖（sǎn）："傘"之本字。爲擋雨或遮太陽的工具。繖，亦稱蓋。《説文·新附》："繖，蓋也。"

通事舍人分引文武群官由南神東西偏門入廟庭，東西相向立。禮直官引太尉以下行事官詣横街北向，再拜，訖。禮直官引太尉詣盥洗位，搢笏，盥手，帨手，執笏，詣爵洗位，北向立，搢笏，洗瓚，[1]拭瓚，以瓚授執事者，執笏，由西階升殿，詣始祖尊彝所，西向立。執事者以瓚奉太尉，太尉搢笏，執瓚酌鬯，[2]詣神位前，以鬯祼地，[3]訖，以虚瓚授執事者，[4]執笏，俛伏，興，出户外北向，再拜，訖。次詣隨室並如上儀。禮畢，降自西階，復位。禮直官引司徒出，詣饌所，[5]引薦俎齋郎奉俎、并薦籩豆簠簋官奉籩豆簠簋，[6]及太官令，[7]以序入自正門，宫縣樂作，至大階，[8]樂止。諸太祝迎於階上，各設於神座前。先薦牛，次薦羊，次薦豕，訖，禮直官引司徒已下降階復位。典贊儀引皇太子、通事舍人引親王，由南神東偏門入，詣褥位。禮直官引中書侍郎、舉册官等升自西階，[9]詣始祖室前，東西立。

[1]瓚：禮器。即祼祭所用盛灌鬯酒之勺，有鼻口，鬯酒從中流出。以圭爲柄者稱圭瓚，以璋爲柄者稱璋瓚，統名玉瓚。

[2]鬯（chàng）：即鬱鬯。古代祭祀用香酒名。煮郁金草取汁合黍釀成。

[3]祼（guàn）：也作"灌""果"，古代帝王以酒祭奠祖先或賜賓客飲之禮。古代帝王宗廟祭祀時均行祼禮。

[4]虚瓚：即空瓚。

[5]饌所：即饌幔，也稱"饌幕"，放置祭祀用食物之處所。

[6]俎：古代置肉的几、切肉用的砧板、祭祀和設宴時陳置牲口的器具，均稱俎。這裏是指祭祀時陳置犧牲之肉的禮器，木製，漆飾。　簠（fǔ）：古代盛穀物的器皿。多用於祭祀。初爲竹製，後亦有青銅製作者。多爲長方形，也有圓形者，器與蓋形狀相同，可却置，各有兩耳。　簋（guǐ）：古代盛穀物的器皿。多用於祭祀。初爲陶製，後以銅製者爲多。多爲圓形，也有方形者。

[7]太官令：據本書卷五《海陵紀》天德三年（1151）閏四月，“命太官常膳惟進魚肉，舊貢鵝鴨等悉罷之”。卷七《世宗紀中》大定十四年（1174）十一月，世宗召尚食局使，諭曰：“太官之食，皆民脂膏。日者品味太多，不可遍舉，徒爲虛費。自今止進可口者數品而已。”可知，太官令當爲尚食局下屬太官屬官，掌御膳、進食先嘗，兼管從官食等。本書《百官志》未載。

[8]大階：大階就是上到最後一個臺階，過了此階就入室了。

[9]中書侍郎：中書省長官中書令之副貳。海陵王合中書、門下於尚書省以後，中書省已被取消，中書侍郎一職當不再設置。本書《禮志》所載中書侍郎，當爲舉行祭祀時而設置的臨時性官職。舉册官：即舉寫有祝辭之册版的官員。

通事舍人引侍中詣大次前，奏“請中嚴”，皇帝服衮冕。[1]少頃，侍中奏“外辦”。侍中詣廟庭本位立，皇帝將出大次，禮儀使與太常卿贊導。[2]凡禮儀使與太常卿贊導，並博士前引，[3]俛伏，跪稱“臣某贊導皇帝行禮”，俛伏，興。前導至東神門，撤繖扇，近侍者從入。殿中監跪進鎮圭，[4]禮儀使奏“請執圭”，皇帝執圭，宫縣樂作。奏“請詣罍洗位”，[5]至位，樂止。内侍跪取匜，[6]興，沃水。[7]又内侍跪取槃，[8]承水。時寒，預備温水。禮儀使奏“請搢鎮圭”，皇帝搢鎮圭，盥手。内侍跪取巾於篚，[9]興，進，皇帝帨手，訖。奉爵官以爵跪進，皇帝受爵，内侍捧匜沃水，又内侍跪捧槃承水，皇帝洗爵，訖，内侍跪奉巾以進，皇帝拭爵，訖。内侍奠槃匜，又奠巾於篚。奉爵官受爵。禮儀使奏“請執鎮圭”，前導皇帝升殿，左右侍從量人數升，宫縣樂作。皇帝至阼階下，樂止。皇帝升自阼階，登歌樂作。禮儀使前導，皇帝至版位，樂止，奏“請再拜”。奉禮郎贊“皇太子已下在位群官皆再拜”。贊者承傳，皆再拜。禮儀使前導，皇帝詣始祖尊彝所，樂作，至尊所，樂止。奉爵官以爵涖尊，[10]執尊者舉冪，侍中跪酌犧尊之泛齊，[11]訖。禮儀使導皇帝至版位，再拜，訖。禮儀使奏“請詣始祖神位前褥位”，登歌樂作。禮儀使奏“請搢圭”，[12]跪，奉爵官以爵授奉爵酒官以進。禮儀使奏“請執爵”，皇帝執爵，三奠酒，訖，以虛爵授奉爵酒官。禮儀使奏“請執圭”，興，[13]樂止。奉爵酒官以爵授奉爵官。禮儀使奏“請詣隨室”，並如上儀。

[1]袞冕：即袞衣和冠冕，古代帝王及公侯的祭祀禮服。

[2]禮儀使：當爲負責兼領祭祀等大典禮儀的官員，多爲他官兼任。

[3]博士：金代，國子監下屬國子學、太學均設有博士官，分掌教授生員、考校藝業等，太常寺也設有博士官，掌檢討典禮。本書卷一二《章宗紀四》載有“諸路醫學博士”，據此知各路也設有醫學博士。此處所載“博士”當爲太常寺屬官。

[4]鎮圭：亦作“瑱圭”“珍圭”，天子所執之圭。

[5]罍洗位：即放置罍和洗的位置。罍，爲古代盛酒器，也用以盛水。

[6]匜（yí）：古代盛盥水之器。也用以盛酒。

[7]沃水：即沃盥。盥水，澆水，以水澆手而洗。

[8]槃：通“盤”“磐”。古代淺而敞口的盛物、盛水的器具。

[9]内侍：泛指宫中侍從及各種服務官員，主要指宦官。隋置内侍省管理内侍、内常侍等官。唐沿襲不改，都以太監充任。宋代增設入内内侍省和内侍省，在宫内執役的隸屬入内内侍省，在殿中

執役的隸屬内侍省。金代在宣徽院下設置内侍局，有令、丞、局長、都監、同監等官員。又於泰和二年（1202）設内侍寄禄官，有中常侍、給事中、内殿通直、黄門郎、内謁者、内侍殿頭、内侍高品、内侍高班等官員。均稱内侍，一般稱宦官爲内侍。　巾：用以拭手等擦抹用布稱巾。這裏所説的"巾"是指用以擦手的巾。

[10]以爵涖（lì）尊：奉爵至尊前。涖，蒞的異體字。到達，來臨。

[11]泛齊（jì）：酒名。爲五齊之中釀造時間最短、酒味最薄之濁酒。

[12]搢圭：將圭插於腰帶之間。搢，插。圭，也作"珪"，古代帝王諸侯舉行隆重儀式時所用的玉製禮器。

[13]禮儀使奏"請執圭"興：北監本、殿本、局本在"興"字前有"俛伏"二字，當是。

禮直官先引司徒升自西階，立於飲福位之側，酌獻將畢，奉胙，[1]酌福酒。太祝從司徒立於其側，酌獻畢，侍中亦立於其側。禮儀使奏"請皇帝詣版位"，北向立，登歌樂作，至位樂止。中書侍郎跪讀册，訖，舉册官奠，訖。禮儀使奏"請皇帝再拜"，拜訖，禮儀使奏"請詣飲福位"，登歌樂作。至位，太祝酌福酒於爵，時寒預備温酒，以奉侍中，侍中受爵奉以立。禮儀使奏"請搢圭"，跪，侍中以爵北向跪以進，禮儀使奏"請執爵"，三祭酒。禮儀使奏"請飲福"，飲福訖，以虚爵授侍中。禮儀使奏"請受胙"，司徒跪以黍稷飯籩進，皇帝受以授左右。司徒又跪以胙肉進，皇帝受以授左右。禮儀使奏"請執圭"，興，[2]再拜訖，樂止。禮儀使前導，皇帝還版位，登歌樂作，至位樂止。

[1]胙：祭祀用牲肉。祭奠天地和祖先神靈以後，皇帝將祭祀用的牲肉贈給宗室臣下稱“賜胙”。

[2]禮儀使奏“請執圭”：原脱“奏”字，中華點校本據上下文例補。今從。

太祝各進徹籩豆，登歌樂作。卒徹，樂止。奉禮曰“賜胙”，贊“皇太子已下在位群官皆再拜”。贊者承傳，皆再拜，宮縣作，[1]一成止。禮儀使奏“請皇帝再拜”，奉禮郎贊“皇太子已下在位官皆再拜”。拜訖，禮儀使奏“禮畢”，前導皇帝降阼階，登歌樂作，至階下樂止。宮縣作，前導皇帝出東神門，樂止。繖扇侍衛如常儀。禮儀使奏“請釋圭”，殿中監跪受鎮圭。至大次，轉仗衛於還途，如來儀。禮官御史帥其屬，納神主、藏册如儀。

[1]宮縣作：施國祁《金史詳校》卷三下謂：“‘作’上當加‘樂’。”本志多謂“宮縣樂作”，但也有“宮縣作”的表達方式，如本志卷三七即有多處作“宮縣作”。

少頃，通事舍人引侍中奏“請中嚴”，皇帝服通天冠、絳紗袍。少頃，侍中奏“外辦”。俟尚輦進輦，侍中奏“請降座升輦”。皇帝升輦，繖扇侍衛如常儀。至南神門稍東，侍中奏“請降輦步出廟門。”皇帝步出廟門，至輅，侍中奏“請升輅”，皇帝升輅。門下侍郎奏“請車駕少駐，敕侍臣上馬”，侍中前承旨，[1]退稱曰“制可”，門下侍郎退，傳制稱“侍臣上馬”。通事舍人承傳“勑侍臣上馬”。車駕還内，鼓吹振作，至應天門外，百官班迎起居，宮縣奏《采茨之曲》。[2]入應天門内，侍中奏“請降輅乘輦”。皇帝降輅乘輦以入，繖扇侍衛警蹕如常儀。皇帝入宮，至致齋殿，侍中奏“解嚴”。通事舍人承旨“勑群臣各還次，將士各還本所”。

[1]侍中前承旨：“中”，原訛作“臣”。中華點校本稱係涉上句“侍臣”致誤，故據上下文改。今從。

[2]采茨之曲：也稱《采茨之樂》，樂曲名。本書卷四〇《樂志下》載《采茨》曲詞：“新都春色滿，華蓋定全燕。時運千齡協，星辰五緯連。六龍承曉日，丹鳳倚中天。王氣盤山海，皇居億萬年。”

皇后恭謝儀

皇后既受册，前一日，齋戒於别殿。内命婦應從入廟者俱齋戒一日。[1]其日未明二刻，有司陳設儀仗於后車之左右，以次排列。外命婦先自太廟後門入，[2]内命婦妃嬪已下俱詣殿庭，起居訖。宣徽使版奏“中嚴”，[3]少頃，又奏“外辦”。首飾褘衣，[4]御肩輿，[5]取便路至車所。内侍奏“請降輿升車”，既升車，奏“請進發”。車出元德東偏門，内命婦妃嬪已下自殿門外上車，由左掖門出，從至太廟門外，儀仗止於門外，回車南向。内侍奏“請降車升輿”，后降車升輿，就東神門外幄次，[6]下簾。内命婦妃嬪已下降車，入就陪列位。内侍引外命婦詣幄次前，起居訖，並赴殿庭陪列位。

[1]内命婦：即内宫受有封號的皇帝的妃、嬪、世婦、女御等。

[2]外命婦：古代稱卿、大夫、士之妻爲外命婦。後泛指因夫或子而獲得封號的婦女爲外命婦。

[3]宣徽使：宣徽院長官，正三品。

[4]褘（huī）衣：古代王后六服之首，是王后隨天子祭先王時穿的禮服，爲后所專服。

[5]肩輿：用人力抬扛的轎子。

[6]幄次：即次。張帷幕而成的臨時居息之所。多爲祭祀、婚喪等典禮時所建。

少頃，宣徽使詣幄次，贊“行朝謁之禮”，簾卷，宣徽使前導，詣殿庭階下西向褥位立。宣徽使贊“再拜”，内外命婦皆再拜。宣徽使前導，升東階，詣始祖皇帝神位香案前褥位，宣徽使奏“請三上香”，又奏“再拜”，拜訖。宣徽使前導，次詣獻祖已下十室，[1]並如上儀。宣徽使奏“禮畢”，導歸幄次。宣徽使奏“請解嚴”。内外命婦還幕次。

[1]獻祖：廟號。女真人，本名綏可，安帝長子，繼安帝之後爲女真完顔部首領。金熙宗天會十四年（1136），追謚定昭皇帝，廟號獻祖。皇統四年（1144），號其藏曰輝陵。五年，增謚獻祖純烈定昭皇帝。本書卷一有紀。

少頃，轉仗還内如來儀，外命婦退。内侍奏“請御輿”，[1]出至車所，奏“請升車”，既升車，奏“請進發”。内命婦上車。至元德東偏門，内侍奏“請降車升輿”，后御輿，取便路還内，内命婦從入。册禮畢，百官上表稱賀，并以牋賀中宮。[2]

[1]輿：原指車廂，因車廂載人載物，是車的主要部分，故輿亦爲車之總稱。

[2]中宮：皇后所居之宫，因其與太子居住的東宫和皇帝妃嬪居住的西宫有别，故常用中宫作爲皇后的代稱。

皇太子恭謝儀

其日質明，東宫應從官各服朝服，[1]所司陳鹵簿金輅於左掖門外。[2]皇太子服遠游冠、朱明衣，升輿以出，至金輅所，降輿升輅。左庶子已下夾侍。[3]三師、三少乘馬導從，[4]餘官亦皆乘馬以從。東行，由太廟西階轉至廟，[5]不鳴鐃吹。[6]至廟西偏門外降輅步進，由東偏門入幄次，改服衮冕。出次，執圭自南神東偏門入，宫官并太常寺官皆從。皇太子入詣殿庭東階之東，西向立，典儀贊“再拜”，[7]訖，升自西階，詣始祖神位前北向，再拜，訖，以次詣逐室行禮，並如上儀。訖，降自西階，復西向位俟，典儀稱“禮畢”。出東神北偏門，謁别廟如上儀。訖，歸幄次，改服遠游冠、朱明衣。出次，步至廟門外升輅，過廟門鳴鐃而行。至左掖門外降輅，升輿以入。將士各還本所。後一日於東宫受群官賀，如元正受賀之儀。[8]

[1]東宫：即太子所居之宫，也常用作太子的代稱。

[2]鹵簿：古代帝王和公卿大臣出行時排列其前後的儀仗隊。左掖門：城門名，也稱東掖門。

[3]左庶子：《宋史》卷一六二《職官志二》所載東宫官有“太子左庶子”。《遼史》卷四七《百官志三》記載的東宫左春坊中也設有左庶子等官。是知，左庶子爲東宫宫師府官員。本書《百官志》不載。

[4]三師：金代以太師、太傅、太保爲三師，師範一人，儀刑四海。皆正一品。東宫宫師府屬官太子太師、太子太傅、太子太保爲東宫三師，掌保護東宫，導以德義。正二品。此處指東宫三師。三少：指東宫宫師府屬官太子少師、太子少傅、太子少保，掌保護東宫，導以德義。正三品。本書卷五七《百官志三》稱：“海陵天德四年，始定制宫師府三師、三少。”

[5]由太廟西階轉至廟：中華點校本謂，“階”疑是“街”字之誤。是，今從。

[6]鐃（náo）吹：樂歌。即鐃歌，爲鼓吹樂的一部。所用樂器有笛、觱篥、簫、笳、鐃歌等。　鐃：樂器名。多爲行軍用樂器。形狀如鈴而大，有中空短柄，用時執柄，口朝上，以槌敲擊發聲。

[7]典儀：此處當指東宫宫師府屬官。本書卷五七《百官志三》所載東宫宫師府屬官有：“典儀，從六品。贊儀，從七品。司贊禮儀。”

[8]元正：即元旦。

薦新[1]

天德二年，[2]命有司議薦新禮，依典禮合用時物，令太常卿行禮。正月，鮪，[3]明昌間用牛魚，[4]無則鯉代。[5]二月，雁。三月，韭，以卵、以葑。[6]四月，薦冰。[7]五月，筍、蒲，[8]羞以含桃。[9]六月，彘肉，[10]小麥仁。七月，嘗鶵鷄以黍，[11]羞以瓜。八月，羞以芡、以菱、以栗。[12]九月，嘗粟與稷，羞以棗、以梨。十月，嘗麻與稻，羞以兔。十一月，羞以麕。[13]十二月，羞以魚。從之。大定三年，有司言“每歲太廟五享，若復薦新，似涉繁數。擬遇時享之月，以所薦物附於籩豆薦之，以合古者‘祭不欲數’之義”。制可。牛魚狀似鮪，鮪之類也。

[1]薦新：祭名。即用初熟五穀及時鮮果物等祭祀祖先。此指薦新制度及禮儀。

[2]天德：海陵王完顔亮年號（1149—1153）。

[3]鮪（wěi）：魚名。屬金槍魚科，分布於全世界温帶與熱帶海洋中，包括我國的南海和東海。

[4]明昌：金章宗年號（1190—1196）。　牛魚：即鱘鰉魚。其形如牛，因稱牛魚。明嚴從簡《殊域周咨録》卷二四《女直》：“牛魚，混同江出，大者長丈三尺，重三百斤，無鱗骨，肉脂相間，食之味長。”

[5]鯉：即鯉魚。體延長，稍側扁，嘴邊有一對須。生活在淡水中，是常見的食用魚。

[6]葑（fēng）：菜名。即蔓菁。

[7]薦冰：以冰祭祀先祖。

[8]荀：局本作“筍”。《大唐開元禮》卷五一《薦新于太廟》所用物中有“筍”；《政和五禮新儀》卷五《序例·祭器》稱“季春豆三，實以筍、蒲、鮪”。似“荀”作“筍”是。“筍”即竹筍。蒲（pú）：草名。即香蒲。供食用，葉供編織，可以作席、扇、簍等用具。

[9]羞：美味的食物。

[10]彘（zhì）：即豬。

[11]嘗鶵鷄以黍：《政和五禮新儀》卷五《序例·祭器》稱“仲夏豆二，實以雛、以黍”，知“雛鷄”與“黍”爲二物。明王

圻《續文獻通考》卷一一二《宗廟考·時享薦新上》記此事作“嘗雛鷄與黍”。似“以”作“與”是。

[12]芡：原作“茨”，據中華點校本改作“芡”。草本植物，生在淺水中，葉像荷葉，花托像鷄頭，種子叫芡實，供食用。也叫鷄頭、老鷄頭。　菱：即菱角。草本植物，生在池沼中，果實的硬殼有角，果肉可以吃。　栗：栗樹是一種喬木，果實叫栗子，包在多刺的殼斗内，可以吃。

[13]麕（jūn）：獸名。亦作“麇”，即獐。

功臣配享[1]

明昌五年閏十月丙寅，以儀同三司代國公歡都、銀青光禄大夫冶訶、特進劾者、開府儀同三司盆納、儀同三司拔達，配享世祖廟庭。[2]

[1]配享：亦作配享，祔祭，從祀。此指宗廟從祀，即祭祀皇帝祖先時以功臣陪祀。古人在祭祀天地和祖先時，除主祭之神靈之外，還有從祀天地諸神以及祖先和功臣之神靈等。

[2]儀同三司：文散官。從一品中階。　代國公：封爵名。明昌格，爲次國封號第九。　歡都：女真完顔部人。祖賢石魯。本書卷六八有傳。　銀青光禄大夫：本書卷五五《百官志一》不載銀青光禄大夫，僅載銀青榮禄大夫，正二品下階。二者是否爲一，待考。　冶訶：女真神隱水完顔部勃堇。世祖、肅宗時參與謀議，有功。天會十五年（1137），贈銀青光禄大夫。明昌五年（1194），贈特進，謚忠濟。本書卷六八有傳。　特進：文散官。爲從一品中次階。　劾者：女真完顔部人。景祖之長子，撒改之父。熙宗時追封王爵，海陵時改封韓國公。　開府儀同三司：文、武官散階，爲從一品上階。　盆納：佐世祖有功，天會十五年，贈開府儀同三司。事迹見本書卷六五《謝庫德傳》。　拔達：謝庫德之孫，佐世祖有

功，天會十五年，贈儀同三司。事迹見本書卷六五《謝庫德傳》。

天德二年二月，太廟祫享，有司擬上配享功臣，詔以撒改、辭不失、斜也杲、斡魯、阿思魁忠東向，配太祖位。[1]以粘哥宗翰、斡里不宗望、闍母、婁室、銀术可西向，配太宗位。[2]大定三年十月，祫享，又以斜也、斡魯、撒改、習不失、阿思魁配享太祖，[3]宗望、闍母、宗翰、婁室、銀术哥配享太宗。其後，次序屢有更易。

[1]撒改：金初開國功臣之一。景祖孫，韓國公劾者長子。天會十五年（1137），追封燕國王。正隆降封陳國公。大定三年（1163），改贈金源郡王，配享太祖廟廷，謚忠毅。十五年，詔圖像於衍慶宮。本書卷七〇有傳。　辭不失：宗室子。又作習不失。正隆二年（1157），贈開府儀同三司，追封曹國公。大定三年，進封金源郡王，配享太祖廟廷，謚曰忠毅。本書卷七〇有傳。　斜也杲：杲本名斜也，世祖第五子，太祖母弟，金初開國功臣之一。太宗即位，爲諳班勃極烈，與宗幹俱治國政。皇統三年（1143），追封遼越國王。天德二年（1150），配享太祖廟廷。正隆例封遼王。大定十五年，謚曰智烈。本書卷七六有傳。　斡魯：景祖孫，韓國公劾者子。天會五年薨。皇統五年，追封鄭國王。天德二年，配享太祖廟廷。本書卷七一有傳。　阿思魁忠：即完顏忠，本名迪古迺，字阿思魁。天德二年，配享太祖廟廷。大定二年，追封金源郡王。本書卷七〇有傳。　太祖：廟號。即完顏阿骨打（1068—1123），漢名旻，世祖第二子。金朝開國皇帝，1115年至1123年在位。天會三年（1125），上尊謚曰武元皇帝，廟號太祖，立原廟於西京。天會十三年（1135），改葬和陵。皇統四年，改和陵曰睿陵。五年，增謚“應乾興運昭德定功睿神莊孝仁明大聖武元皇帝”。貞元三年（1155），改葬於大房山，仍號睿陵。本書卷二有紀。

[2]粘哥宗翰：即宗翰，本名粘没喝，漢語訛爲粘罕，國相撒改之長子。本書卷七四有傳，稱“天會十四年薨，年五十八。追封周宋國王。正隆二年，例封金源郡王。大定間，改贈秦王，謚桓忠，配享太祖廟廷”。據本志記載，天德二年（1150）、大定三年（1163）宗翰均配享太宗廟廷，大定八年又改配享太祖廟廷。　斡里不宗望：宗望，本名斡魯補，又作“訛魯補”“斡里不”“斡离不”，太祖第二子。每從太祖征伐，常在左右。本書卷七四有傳云：“天會十三年，封魏王。皇統三年，進許國王，又徙封晋國王。天德二年，贈太師，加遼燕國王，配享太宗廟廷。正隆二年，例降封。大定三年，改封宋王，謚桓肅。”　闍母：世祖子，太祖異母弟。本書卷七一有傳，稱“天會七年，薨，年四十。熙宗時，追封吴國王。天德二年，配享太祖廟廷。正隆，改封譚王。大定二年，徙封魯王，謚莊襄”。本志稱闍母天德二年、大定三年均配享太宗廟廷，大定八年改配太祖廟廷。　婁室：字斡里衍，女真完顏部人。本書卷七二有傳云：“天會八年，薨。十三年，贈泰寧軍節度使，兼侍中，加太子太師。皇統元年，贈開府儀同三司，追封莘王。以正隆例改贈金源郡王，配享太宗廟廷，謚壯義。”　銀术可：亦作銀术哥，女真完顔氏，宗室子。本書卷七二有傳云：“天眷三年，薨，年六十八。以正隆例贈金源郡王，配享太宗廟廷。大定十五年，謚武襄，改配享太祖廟廷。”　太宗：廟號。即完顔吴乞買（1075—1135），漢名晟，金太祖弟。金朝第二任皇帝，1123 年至 1135 年在位。天會十三年“三月庚辰，上尊謚曰文烈皇帝，廟號太宗。乙酉，葬和陵。皇統四年，改號恭陵。五年，增上尊謚曰‘體元應運世德昭功哲惠仁聖文烈皇帝’。貞元三年十一月戊申，改葬於大房山，仍號恭陵”。本書卷三有紀。按本書卷七一《斡魯古傳》、卷六五《蒲家奴傳》並稱“天德二年，配享太祖廟廷”，則天德二年配享太祖、太宗廟廷之人不祗十人。

[3]斜也：即斜也杲。　習不失：原作“習失”。中華點校本按，上文天德二年（1150）太廟祫享，詔以撒改、辭不失等配太祖

廟廷，本書卷七〇《習不失傳》，“習不失本作辭不失，後定爲習不失”，“大定三年進封金源郡王，配享太祖廟廷”，據改。今從。　阿思魁：即阿思魁忠，本名迪古迺。

八年，上命圖畫功臣於太祖廟，有司第祖宗佐命之臣，勳績之大小、官資之崇卑以次上聞。乃定左廡：[1]開府金源郡王撒改，[2]皇伯太師右副元帥宋王宗望，[3]開府金源郡王斡魯，皇伯太師梁王宗弼，[4]開府金源郡王婁室，皇叔祖元帥左都監魯王闍母，[5]開府隋國公阿离合懣，[6]儀同三司兗國公劉彦宗、[7]右丞相齊國簡懿公韓企先，[8]特進宗人習失；[9]右廡：[10]太師秦王宗翰，[11]皇叔祖遼王杲，[12]開府金源郡王習不失，[13]開府金源郡王完顔希尹，[14]太傅楚王宗雄，[15]開府前燕京留守金源郡王完顔銀术哥，[16]開府金源郡王完顔忠，[17]金源郡王完顔撒离喝，[18]特進宗人斡魯古，[19]右丞相金源郡王紇石烈志寧。[20]

[1]左廡：正房對面左側的小屋子。這裏指太廟對面左側的小屋子。

[2]金源郡王：封爵名，爲封王郡號第一。

[3]太師：三師之首，正一品。　右副元帥：都元帥府屬官。位次於都元帥、左副元帥。正二品。　宋王：封爵名。天眷格，《大金集禮》爲大國封號第四，《金史·百官志》爲大國封號第三。

[4]梁王：封爵名。天眷格，《大金集禮》爲大國封號第三，《金史·百官志》爲大國封號第二。　宗弼：女真人。本名斡啜，又作兀术，亦作斡出，或作晃斡出，漢名宗弼，太祖第四子。本書卷七七有傳，稱“皇統七年，爲太師，領三省事，都元帥、領行臺

尚書省事如故。皇統八年（1148），薨。大定十五年（1175），謚忠烈，十八年，配享太宗廟廷”。本志稱大定八年圖畫太祖廟。

[5]元帥左都監：元帥府屬官。金於天會三年（1125）設元帥府，掌征討之事。設元帥左都監一員，位在都元帥、左右副元帥、元帥左右監軍之下，從三品。　魯王：封爵名。明昌格，爲大國封號第十二。

[6]隋國公：封國名。天眷格，《大金集禮》爲次國封號第二，《金史·百官志》爲次國封號第一。大定格，爲次國封號第一位。　阿离合懣：景祖子。熙宗時，追封隋國王。天德中，改贈開府儀同三司、隋國公。大定間，配享太祖廟廷，謚曰剛憲。本書卷七三有傳。

[7]兗國公：封國名。大定格，大國封號第十六位。　劉彦宗：字魯開，大興宛平人，由遼入金。天會六年薨，年五十三，追封鄆王。正隆二年（1157），例降封開府儀同三司。大定十五年，追封兗國公，謚英敏。本書卷七八有傳。

[8]右丞相：即尚書右丞相，爲宰相，掌丞天子，平章萬機。從一品。　齊國簡懿公：本書僅此一見。本書卷七八《韓企先傳》載，“正隆二年，例降封齊國公”，疑此齊國簡懿公即“齊國公”。齊國公爲封國名，大定格，爲大國封號第七位。　韓企先：燕京人。本書卷七八有傳，稱“皇統元年，封濮王。六年，薨，年六十五。正隆二年，例降封齊國公。大定八年，配享太宗廟廷”。本志稱大定八年圖畫太祖廟廷。

[9]宗人：即宗室。　習失：原作“辭不失”。中華點校本按，辭不失即習不失。本書卷七〇有傳，官爵與此不合。此應是石土門之子“習失特進”，卷五九《宗室表》亦作“習室”，卷七〇《習室傳》“熙宗時贈特進”，大定間，以太祖、太宗時勳臣圖像於衍慶宮，與此相合，據改。今從。下文“十八年黜辭不失”，同改。

[10]右廡：正房對面右側的小屋子。這裏指太廟對面右側的小屋子。

［11］秦王：封爵名。天眷格，《大金集禮》爲大國封號第五，《金史·百官志》爲大國封號第四。

［12］遼王：封爵名。天眷格，爲大國封號第一。　杲：即斜也。

［13］開府金源郡王習不失："習不失"，原作"習失"。中華點校本據本卷前述校記改。今從。

［14］完顏希尹：本名谷神，歡都之子。自太祖舉兵，常在行陣。受命撰女真大字。皇統三年（1143），贈儀同三司、邢國公。天德三年（1151），追封豫王。正隆二年（1157），例降金源郡王。大定十五年（1175），謚貞憲。本書卷七三有傳。

［15］太傅：三師之一，正一品。　楚王：封爵名。大定格，爲大國封號第十一位。　宗雄：本名謀良虎，康宗長子。本書卷七三有傳，稱"天眷中，追封太師、齊國王。天德二年，加秦漢國王。正隆二年，改太傅、金源郡王。大定二年，追封楚王，謚威敏，配享太祖廟廷。十五年，詔圖像於衍慶宫"。與本志謂大定八年圖畫太祖廟稍異。

［16］燕京留守：燕京留守司長官。兼本府府尹、本路兵馬都總管。正三品。燕京，京路名。金初沿襲遼名，貞元元年（1153）定爲京師，改名中都，治所在今北京市。

［17］完顏忠：即阿思魁忠，本名迪古迺。

［18］完顏撒离喝：即完顏杲，本名撒离喝，安帝六代孫。大定三年（1163），追封金源郡王，謚莊襄。十七年，配享太宗廟廷。本書卷八四有傳。

［19］斡魯古：也作斡里古，即斡魯古勃堇，宗室子。天眷中，贈特進。天德二年，配享太祖廟廷。大定十五年，謚莊翼。本書卷七一有傳。

［20］右丞相金源郡王訖石烈志寧：本書卷五五《百官志一》謂紇石烈姓氏"皆封廣平郡"，卷八七《紇石烈志寧傳》稱，大定十一年（1171），"紇石烈志寧封廣平郡王"。此稱金源郡王，疑

誤。紇石烈志寧，女真人。本名紇石烈撒曷輦，《宋史》卷三一《高宗紀》作“紇石烈大雅”。大定十二年（1172）卒，謚武定。十五年，圖像衍慶宫。本書卷八七有傳。

十六年，左廡遷梁王宗弼於斡魯上。十八年，黜習失，而次蒲家奴於阿离合懣下。[1]二十二年，增皇伯太師遼王。斜也、撒改、宗幹、宗翰、宗望，[2]其下以次列。

[1]蒲家奴：漢名昱。景祖孫，劾孫子。天會間，爲司空，封王。天眷二年（1139），卒。天德初，配享太祖廟廷。正隆二年（1157），例封豫國公。本書卷六五有傳。

[2]宗幹：本名斡本，太祖庶長子，海陵王完顔亮之父。海陵篡立，追謚“憲古弘道文昭武烈章孝睿明皇帝”，廟號德宗，以故第爲興聖宫。大定二年（1162），除去廟號，改謚明肅皇帝。大定二十二年，追削明肅帝號，封爲皇伯、太師、遼王，謚忠烈。明昌四年（1193），配享太祖廟廷。本書卷七六有傳。

至明昌四年，次序始定，東廊：皇叔祖遼智烈王斜也杲，[1]皇伯太師遼忠烈王宗幹斡本，[2]皇伯太師右副元帥宋桓肅王訛魯補宗望，開府儀同三司金源郡毅武王習不失，[3]開府儀同三司金源郡貞憲王完顔谷神希尹，[4]太傅楚威敏王謀良虎宗雄，開府儀同三司燕京留守金源郡襄武王完顔銀术可，[5]開府儀同三司金源郡明毅王完顔忠阿思魁，金源郡莊襄王杲撒离喝，特進宗人斡里古莊翼，[6]特進完顔習失威敬，[7]太師尚書令淄忠烈王徒單克寧，[8]太師尚書令南陽郡文康王張浩；[9]西廊：開府儀同三司金源郡忠毅王撒改，[10]太師秦桓忠王粘罕宗翰，[11]皇伯太師梁忠烈王斡出宗弼，開府儀同三司金源郡剛烈王斡魯，開府儀同三司金源郡莊義王完顏婁室，[12]皇叔祖元帥左都監魯莊明王闍母，[13]開府儀同三司隋國剛憲公阿离合懣，開府儀同三司豫國襄毅公蒲家奴昱，開府儀同三司兗國英敏公劉彦宗，右丞相齊國簡懿公韓企先，太保尚書令廣平郡襄簡王李石，[14]開府儀同三司右丞相金源郡武定王紇石烈志寧，開府儀同三司左丞相沂國公僕散忠義，[15]儀同三司左丞相崇國公紇石烈良弼，右丞相莘國公石琚，右丞相申國公唐括安禮，[16]開府儀同三司平章政事徒單合喜，[17]參知政事宗敘。[18]每一朝爲一列，著爲令。

[1]皇叔祖遼智烈王斜也杲：施國祁《金史詳校》卷三下謂："按大定年之伯叔祖、伯叔，在明昌時當爲高伯叔祖、曾伯叔祖，不合悉仍舊稱。"

[2]皇伯太師遼忠烈王宗幹斡本："本"，原作"魯"。中華點校本按，本書卷七六《宗幹傳》"宗幹本名斡本"，據改。今從。

[3]開府儀同三司金源郡毅武王習不失："習不失"，原作"習失"。中華點校本認爲其官爵當是習不失，並據本卷上述校記改正。今從。

[4]貞憲：本書卷三五《禮志八》作"貞獻"，與此稍異。

[5]襄武：中華點校本按，本書卷七二《銀术可傳》，"大定十五年，謚武襄"，與此稍異。

[6]斡里古莊翼：施國祁《金史詳校》卷三下謂"當作'莊翼斡里古'"。斡里古，本書卷七一本傳作"斡魯古"。

[7]特進完顏習失威敬："習失"，原作"辭不失"。中華點校

本謂，按其官爵、次第當是習失，又據本卷上述校記，改。今從。“威敬”，本書卷七〇《習失傳》作“威敏”，與此稍異。

［8］尚書令：尚書省長官。總領紀綱，儀刑端揆。正一品。淄忠烈王：淄即淄王，封爵名。小國封號，天眷格和大定格均爲第十四位。忠烈爲徒單克寧的謚號。　徒單克寧：本名習顯，女真人。明昌二年（1191）拜太師，封淄王。卒謚忠烈。明昌五年（1194），配享世宗廟廷，圖像衍慶宫。大安元年（1209），改配享章宗廟廷。本書卷九二有傳。

［9］南陽郡文康王：南陽郡即南陽郡王，封爵名。郡王封號，正、從二品。文康爲張浩謚號。　張浩：字浩然，遼陽渤海人。世宗即位後，拜太師、尚書令，封南陽郡王。卒謚文康。明昌五年（1194），配享世宗廟廷。泰和元年（1201），圖像衍慶宫。本書卷八三有傳。

［10］忠毅：撒改謚號。

［11］桓忠：宗翰謚號。　罕：同“罕”。

［12］莊義：本書卷七二《婁室傳》記載相同。《完顏婁室神道碑》則作“壯義”，與此異。

［13］皇叔祖元帥左都監魯莊明王闍母：“元帥”，原作“元師”，中華點校本據南監本、北監本、殿本、局本徑改，今從。莊明：本書卷七一《闍母傳》稱“大定二年，徙封魯王，謚莊襄”。施國祁《金史詳校》卷三下“案傳謚‘莊襄’，與撒离喝同，非也。此謚當亦明昌改定”。

［14］太保：三師之一，正一品。　廣平郡襄簡王：本書卷六四《元妃李氏傳》稱李石爲“南陽郡王”，卷八六《李石傳》稱李石“以太保致仕，進封廣平郡王。十六年，薨”。廣平郡即指廣平郡王，封王之郡號僅次金源郡王而名列第二位。襄簡爲李石謚號。李石：字子堅，遼陽渤海人，貞懿皇后弟，世宗舅。大定十年（1170）進拜太尉、尚書令，後以太保致仕，進封廣平郡王，卒謚襄簡。本書卷八六有傳。

[15]沂國公：封爵名。大定格，《大金集禮》爲次國封號第二十六位，《金史·百官志》爲次國封號第二十五位。　僕散忠義：本名烏者，女真人。大定六年卒，謚武莊。泰和元年（1201），圖像衍慶宫，配享世宗廟廷。本書卷八七有傳。

[16]申國公：封爵名。小國封號，天眷格、大定格、明昌格，均列小國封號第六位。　唐括安禮：女真人。本名斡魯古，字子敬。大定二十一年（1181），拜右丞相，進封申國公。泰和元年，配享世宗廟廷。本書卷八八有傳。

[17]徒單合喜：女真人。大定九年，入爲平章政事，封定國公。十一年卒。泰和元年，配享世宗廟廷。本書卷八七有傳。

[18]參知政事：爲尚書省執政官，宰相之貳，佐治省事。從二品。　宗敘：女真人。本名德壽，闍母第四子。大定十年拜參知政事。十一年卒。明昌五年（1194）配享世宗廟廷。本書卷七一有傳。

寶玉[1]

凡天子大祀，則陳八寶及勝國寶於庭，[2]所以示守也。金克遼宋所得寶玉，[3]及本朝所製，今并載焉。

[1]寶：印信符璽。古代天子、諸侯以圭璧爲符信。秦朝以帝、后的印爲璽，唐朝改稱爲寶。金朝因襲。

[2]八寶：指天子八寶。《宋史》卷一五四《輿服志六》稱："秦制，天子有六璽，又有傳國璽，歷代因之。唐改爲寶，其制有八。"《史記》卷八《高祖本紀》正義稱秦代天子六璽爲，"皇帝行璽、皇帝之璽、皇帝信璽、天子行璽、天子之璽、天子信璽"。《舊唐書》卷四三《職官志二》稱唐朝"八寶"，"一曰神寶"，"二曰受命寶"，"三曰皇帝行寶"，"四曰皇帝之寶"，"五曰皇帝信寶"，"六曰天子行寶"，"七曰天子之寶"，"八曰天子信寶"。《宋史》卷

一五四《輿服志六》稱，徽宗崇寧五年（1106）作“鎮國寶”，“大觀元年，又得玉工，用元豐中玉琢天子、皇帝六璽”。又“自作受命寶”。“鎮國、受命二寶，合天子、皇帝六璽，是爲八寶。”宋徽宗“八寶”在北宋滅亡時爲金人所得。金朝舉行郊祀等大禮時，可能使用獲取宋人之“八寶”。 勝國寶：本書僅此一見，製作情況不詳。

[3]金克遼宋：金太祖完顔阿骨打率衆於遼天慶四年（1114）起兵反遼，至金太宗天會三年（1125）最後滅遼朝。金太宗又於天會三年起兵攻宋，至天會五年滅北宋。

獲於遼者，玉寶四、金寶二。玉寶：“通天萬歲之璽”一，“受天明命惟德乃昌”之寶一，皆方三寸，[1]“嗣聖”寶一，御封不辨印文寶一。金寶：“御前之寶”一，[2]“書詔之寶”一，[3]二寶金初用之。

[1]皆方三寸：“皆”，原作“自”。中華點校本按，《大金集禮》卷三〇《輿服下・寶》條記獲於遼“通天萬歲之璽”一，“受天明命惟德乃昌”寶一，“皆方三寸”，據改。查文淵閣四庫全書本《大金集禮》卷三〇《輿服下・寶》條，此文之下小字爲“玉方三寸”，與中華點校本所説稍異。

[2]御前之寶：《遼史》卷五七《儀衛志三・符印》：“御前寶，金鑄，文曰‘御前之寶’，以印臣僚宣命。”

[3]書詔之寶：《遼史》卷五七《儀衛志三・符印》：“詔書寶，文曰‘書詔之寶’，凡書詔批答用之。”

獲於宋者，玉寶十五，金寶七、印一，金塗銀寶五。玉寶：受命寶一，咸陽所得，三寸六分，文曰“受命于天，既壽永昌”，相傳爲秦璽，[1]白玉蓋，螭紐；傳國寶一，螭紐；鎮國寶一，二面並碧色，[2]文曰“承天休，延萬億，永無極”；又受命寶一，文曰“受命于天，既壽永昌”；“天子之寶”一；“天子信寶”一；“天子行寶”一；“皇帝之寶”一；“皇帝信寶”一；“皇帝行寶”一；“皇帝恭膺天命之寶”二，皆四寸八分，螭紐；“御書之寶”二，一龍紐，一螭紐；“宣和御筆之寶”一，螭紐。金寶并印：“天下同文之寶”一，龍紐；“御前之寶”二；“御書之寶”一；“宣和殿寶”一；“皇后之寶”一；“皇太子寶”一，龜紐；“皇太子妃”印一，龜紐。金塗銀寶：“皇帝欽崇國祀之寶”一，“天下合同之寶”一，“御前之寶”一，“御前錫賜之寶”一，“書詔之寶”一。外有宋内府圖書印三十八，“内府圖書之印”一、“御書”三、“御筆”一、“御畫”一、“御書玉寶”一、“天子萬年”一、“天子萬壽”一、“龜龍上珍”一、“河洛元瑞”二、“雲漢之章”一、“奎璧之文”一、“華國之瑞”一、“大觀中祕”一、“大觀寶篆”一、“政和”一、“宣和”三、“宣和御覽”一、“宣和中祕”一、“宣和殿制”一、“宣和大寶”一、“宣和書寶”二、“宣和畫寶”一、“常樂未央”一、古文二、“封”四，共三十五面，[3]並玉。“封”字一、“御畫”一，二面並馬瑙。“政和御筆”一，係水晶。玄圭一，白玉圭一十九。

[1]相傳爲秦璽：《後漢書》卷四八《徐璆列傳》李賢等注引衛宏曰：“秦以前以金、玉、銀爲方寸璽。秦以來天子獨稱璽，又以玉，群下莫得用。其玉出藍田山，題是李斯書，其文曰‘受命於天，既壽永昌’，號曰傳國璽。漢高祖定三秦，子嬰獻之，高祖即位乃佩之。王莽篡位，就元后求璽，后乃出以投地，上螭一角缺。”後傳東漢光武皇帝。《史記》卷六《秦始皇本紀》，張守節正義引

《吴志》云:“孫堅入洛,埽除漢陵廟,軍於甄官井得璽,後歸魏。晋懷帝永嘉五年六月,帝蒙塵平陽,璽入前趙劉聰。至東晋成帝咸和四年,石勒滅前趙,得璽。穆帝永和八年,石勒爲慕容儁滅,濮陽太守戴施入鄴,得璽,使何融送晋。傳宋,宋傳南齊,南齊傳梁。梁傳至天正二年,侯景破梁,璽至廣陵,北齊將辛術定廣陵,得璽,送北齊。至周建德六年正月,平北齊,璽入周。周傳隋,隋傳唐也。”《遼史》卷五七《儀衛志三·符印》:“傳國寶,秦始皇作,用藍玉,螭紐,六面,其正面文‘受命於天,既壽永昌’,魚鳥篆,子嬰以上漢高祖。王莽簒漢,平皇后投璽殿階,螭角微玷。獻帝失之,孫堅得於井中,傳至孫權,以歸于魏。魏文帝隸刻肩際曰‘大魏受漢傳國之寶’。唐更名‘受命寶’。晋亡歸遼。自三國以來,僭僞諸國往往模擬私製,歷代府庫所藏不一,莫辨真僞。聖宗開泰十年,馳驛取石晋所上玉璽于中京。興宗重熙七年,以《有傳國寶者爲正統賦》試進士。天祚保大二年,遺傳國璽於桑乾河。”據此可知,此璽並非秦璽,實爲宋人重造之玉璽。

[2]鎮國寶一,二面並碧色:“二面並碧色”,原作“二玉並碧色”,且在“鎮國寶一”四字上。中華點校本按,《大金集禮》卷三〇,此五字與下文“文曰承天休”等十一字皆爲“鎮國寶一”之小注,據改。今從。然四庫全書本《大金集禮》卷三〇謂此鎮國寶“文曰‘承天依,延萬億,永無極’”,“依”字與本處所作“休”字有異。待考。

[3]共三十五面:“三”,原作“二”,中華點校本據《大金集禮》卷三〇改。今從。

本朝所製。國初就用遼寶,皇統五年始鑄金“御前之寶”一、“書詔之寶”一。大定十八年,得美玉,詔作“大金受命萬世之寶”,[1]其制徑四寸八分、厚寸四分,盤龍紐高厚各四寸六分。[2]二十三年,又鑄“宣命之寶”，[3]其徑四寸二厘，厚一寸四分，紐高一寸九分，字深二分。勑有司議所當用，奏“今所收八寶及皇統五年造‘御前之寶’，賜宋國書及常例奏目則用之，[4]‘書詔之寶’，賜高麗、夏國詔并頒詔則用之。[5]大定十八年造‘大金受命萬世之寶’，奉勑再議。今所鑄金寶宜以進呈爲始，一品及王公妃用玉寶，[6]二品以下用金‘宣命之寶’”。又有“禮信之寶”，用銅，歲賜三國禮物緘封用之，[7]明昌間更以銀。又有太皇太后、皇太后、皇后、皇太妃寶，[8]又有皇太子及守國寶，[9]皆用金。大定二十四年，皇太子寶，金鑄龜紐，有司定其文曰“監國”，上命以“守”易“監”，比親王印廣長各加一分。

[1]大金受命萬世之寶：簡稱大金受命寶。本書卷七五《左光慶傳》：“御史大夫璋請制大金受命寶，有司以秦璽文進，上命以‘大金受命萬世之寶’爲文。”

[2]盤龍紐高厚各四寸六分：中華點校本稱本書卷七五《左光慶傳》記此事作“蟠龍紐，高厚各四寸六分有半”。所記與此稍異。

[3]宣命之寶：《大金集禮》卷三〇《輿服下·寶》稱：“大定十八年造大金受命萬世之寶，奉勑旨再商量。尋擬定作宣命之寶，從之。二十三年五月三日工畢。寶樣，面直徑四寸二厘，厚一寸四分，手把高一寸九分，通高三寸三分，字深二分。”

[4]宋：朝代名。960 年在開封建國，1127 年政權南遷後建行在所臨安（今浙江杭州），1279 年被元朝所滅。史稱 1127 年以前的宋朝爲北宋（960—1127），1127 年以後的宋朝爲南宋（1127—1279）。此指南宋。

[5]高麗：指王建建立的王氏高麗政權（918—1392）。　夏：

指李元昊建立的西夏政權（1038—1227）。

[6]王公：原指天子、諸侯，後泛指王侯公卿，達官貴人。本書卷五五《百官志一》："封爵：正從一品曰郡王，曰國公；正從二品曰郡公；正從三品曰郡侯；正從四品曰郡伯；正五品曰縣子，從五品曰縣男。"

[7]三國：指宋、夏和高麗。

[8]太皇太后：皇帝的祖母。　皇太后：皇帝之母。　皇后：皇帝的正妻。　皇太妃：指皇帝之祖或父遺留之妃嬪。

[9]皇太子：皇位繼承人。一般爲皇帝嫡長子，但亦常有例外，由皇帝選定册立。

雜儀

大定三年八月，有司議："祫享犧牲品物，按唐開元禮、宋開寶禮每室犢一、羊一、豬一，[1]《五禮新儀》每室復加魚十有五尾。[2]天德、貞元例，與唐、宋同，有司行事則不用太牢，[3]七祀功臣羊各二，[4]酒共二百一十瓶。正隆减定，通用犢一，兩室共用羊一豕一，酒百瓶，此於禮有闕。今七祀功臣牲酒請依天德制，宗廟每室則用宋制，加魚。然每室一犢復恐太豐。"世宗乃命每祭共用一犢，羊、豕如舊。又以九月五日祫享，[5]當用鹿肉五十斤、獐肉三十五斤、兔十四頭爲齏醢，[6]以貞元、正隆時方禁獵，皆以羊代，此禮殊爲未備，詔從古制。

[1]犢：指牛犢，即牛牲。

[2]《五禮新儀》：書名。指《政和五禮新儀》，宋徽宗時議禮局官知樞密院鄭居中等撰，共二百二十卷（《宋史》卷二〇四《藝

文志三》稱二百四十卷）。全書分爲序例、吉禮、賓禮、軍禮、嘉禮、凶禮幾個部分。今傳本有所佚失。

[3]太牢：盛牲的食器叫牢，大的叫太牢。太牢盛牛、羊、豕三牲，因之也把宴會和祭祀時並用牛、羊、豕三牲稱爲“太牢”。

[4]七祀：天子立七祀，司命、中霤、國門、國行、泰厲、户、竈。七祀都是小神，爲群祀，各有所主。

[5]九月五日祫享：《大金集禮》卷一九《時享下・攝行禮》稱大定三年（1163）七月奏“擬今年十月擇日祫享升祔，以後時享，有司依時舉行”。謂大定三年祫享在十月。本書卷六《世宗紀上》稱，大定三年“十月甲子，大享於太廟”。大定三年十月戊午朔，十月甲子爲十月七日。所載祫享時間與此異。

[6]臡（ní）醢（hǎi）：肉醬。這裏指鹿、獐、兔肉之肉醬。醢，肉醬。臡，亦作“腝”，有骨之肉醬，醢的一種。《釋名・釋飲食》：“醢有骨者曰臡。臡，昵也。骨肉相傳昵無汁也。”

十年正月，詔宰臣曰：“古禮殺牛以祭，後世有更者否？其檢討典故以聞。”有司謂：“自周以來，下逮唐、宋，祫享無不用牛者。唐開元禮時享每室各用太牢一，[1]至天寶六年始減牛數，[2]太廟每享用一犢。宋《政和五禮新儀》時享太廟，親祀用牛，有司行事則不用。宋開寶二年詔，[3]昊天上帝、皇地祇用犢，餘大祀皆以羊豕代之。合二羊五豕足代一犢。今三年一祫乃爲親祠，其禮至重，每室一犢恐難省減。”遂命時享與祭社稷如舊，若親祠宗廟則共用一犢，有司行事則不用。

[1]開元：唐玄宗李隆基年號（713—741）。

[2]天寶：唐玄宗李隆基年號（742—756）。

[3]開寶：宋太祖趙匡胤年號（968—976）。

十二年十月，祫享，以攝官行事，詔共用三犢。二十二年十月，詔祫禘共用三犢，有司行事則以鹿代。昭德皇后廟大定十九年禘祭，不用犢。

大定二十九年，章宗即位，[1]禮官言："自大定二十七年十月祫享，至今年正月世宗升遐，[2]故四月不行禘禮。按《公羊傳》，[3]閔公二年'吉禘于莊公，言吉者未可以吉，謂未三年也'。注：'謂禘祫從先君數，朝聘從今君數，三年喪畢，遇禘則禘，遇祫則祫。'[4]故事，宜於辛亥歲爲大祥，[5]三月禫祭，[6]踰月則吉，則四月一日爲初吉，適當孟夏禘祭之時，可爲親祠。"詔從之。及期，以孝懿皇后崩而止。[7]

[1]章宗：廟號。即完顔麻達葛，漢名璟（1168—1208）。金朝第六任皇帝，1189年至1208年在位。衛紹王大安元年（1209），謚曰"憲天光運仁文義武神聖英孝皇帝"，廟號章宗，葬道陵。本書卷九至一二有紀。

[2]升遐：升天，用以指稱帝王之死。

[3]公羊傳：也稱《春秋公羊傳》或《公羊春秋》。傳爲戰國公羊高所著，專門闡釋《春秋》。最初衹有口頭流傳，漢初成書。漢代何休作《解詁》十一卷，多發明《春秋》微言大義。唐代徐彦有疏。

[4]遇祫則祫：語見《公羊傳》，全文爲："吉禘于莊公。其言吉何？言吉者，未可以吉也。曷爲未可以吉？未三年也。"何休注："禮，禘祫從先君數，朝聘從今君數，三年喪畢，遭禘則禘，遭祫則祫。"（見中華書局十三經注疏本）

[5]大祥：古時父母喪後兩周年的祭禮。

[6]禫（dàn）祭：祭名。喪家除服之祭禮。

[7]孝懿皇后：即顯宗完顏允恭孝懿皇后，徒單氏，章宗之母。章宗即位，尊爲皇太后，更所居仁壽宮名曰隆慶宮。卒謚孝懿，祔葬裕陵。本書卷六四有傳。

五月，[1]禮官言："世宗升祔已三年，[2]尚未合食於祖宗，若來冬遂行祫禮，伏爲皇帝見居心喪，[3]喪中之吉《春秋》譏其速，[4]恐冬祫未可行。然《周禮》王有哀慘則春官攝事，[5]竊以世宗及孝懿皇后升祔以來，未曾躬謁，豈可令有司先攝事哉。況前代令攝事者止施于常祀，今乞依故事，三年喪畢，祫則祫，禘則禘，於明昌四年四月一日釋心喪，行禘禮。"上從之。

[1]五月：上脱紀年。中華點校本按："金世宗升祔在大定二十九年，見本書卷三〇《禮志三》。又本卷下文記'明昌三年'事，則知此'五月'當屬明昌二年。"是，今從。

[2]升祔：即升神主於祖廟，並排列昭穆之位，祔祭於祖先。

[3]心喪：舊時師死，弟子守喪，不穿喪服，衹在心中悼念，稱爲心喪。後泛指不穿喪服爲親人師長守喪爲心喪。此指章宗爲世宗守心喪。

[4]春秋：書名。編年體史書。相傳孔子據魯國史官編寫的《魯春秋》修訂而成，記述魯隱公元年（前722）至魯哀公十四年（前481）凡二百四十二年史事。西漢以後被儒家奉爲經典，列爲五經之一，故又有《春秋經》之稱。

[5]周禮：書名。原名《周官》，西漢末被列爲經而屬於禮，故名《周禮》。全書分天官、地官、春官、夏官、秋官、冬官六篇。今本四十二卷，漢鄭玄注，唐賈公彥疏。孫詒讓嘗撰《周禮正義》

八十六卷，博采衆説，對文字音義，多有訂正。

明昌三年十二月，尚書省奏："明年親禘，室當用犢一。欽懷皇后祔于明德之廟，[1]按大定三年祫享，明德皇后室未嘗用犢。"勅欽懷皇后亦用之。[2]上因問拜數，右丞瑋具對，[3]上曰："世宗聖壽高，故殺其數，亦不立於位，今當從禮而已。"[4]

[1]欽懷皇后：即章宗欽懷皇后，女真人。姓蒲察氏，其先祖世代與皇室爲姻親，卒後祔葬於道陵。本書卷六四有傳。

[2]勅欽懷皇后亦用之：中華點校本謂"'亦用之'按文義當作'亦不用之'"。今從。

[3]右丞瑋：當爲劉瑋。本書卷九五《劉瑋傳》稱劉瑋，字德玉，明昌三年（1192）"入拜尚書右丞"。與此處所記官職相合。

[4]世宗聖壽高，故殺其數，亦不立於位，今當從禮而已：施國祁《金史詳校》卷三下"案此下'大定六年定晨祼行禮'至'凡十六拜'一百二字皆劉瑋對語（見下文），此二十二字乃章宗答瑋語"，"當改入下'凡十六拜'文下"。《續文獻通考》卷八二《宗廟考·祔享親祀儀》叙此事即將劉瑋對語和章宗答語放在"凡十六拜"文下。

大定六年，定晨祼行禮，自大次至板位先見神之禮，[1]兩拜。再至板位，又兩拜。祼鬯畢，還板位，再兩拜。還小次，酌獻時，罍洗位盥訖，至板位，先兩拜。酌獻畢還板位，再兩拜。止將始祖祝册於板位西南安置，讀册訖又兩拜。還小次，又至飲福位，先兩拜，飲畢兩拜。凡十六拜。

[1]板位：也作“版位”“神位”“神主”等，即神位牌。

貞祐四年，命參知政事李革爲修奉太廟使，[1]七月吉日親行祔享，有司以故事用皇帝時享儀，初至板位兩拜，晨祼及酌獻則每位三拜，飲福五拜，總七十九拜。今升祔則徧及祧廟五室，則爲一百九拜也。明昌間嘗減每位酌獻奠爵後一拜，則爲九十二拜而已。然大定六年，世宗嘗令禮官通減爲十六拜。又皇帝當散齋四日于別殿，致齋三日于大慶殿，[2]今國事方殷，宜權散齋二日，致齋一日。上曰：“拜數從大定例，餘准奏。”

[1]貞祐四年，命參知政事李革爲修奉太廟使：“四”，原作“二”，無“奉”字。中華點校本據本書卷一四《宣宗紀》，貞祐四年（1216）二月“甲辰，命參知政事李革爲修奉太廟使”，改補。今從。　貞祐：金宣宗年號（1213—1217）。　李革（？—1218）：字君美。貞祐四年，拜參知政事。興定二年（1218）十月蒙古兵破平陽（今山西省臨汾市），自殺，贈尚書右丞。本書卷九九有傳。

[2]大慶殿：宮殿名。南京（今河南省開封市）皇城内宮殿正殿。

禮部尚書張行信言：[1]“近奉詔從世宗十六拜之禮，臣與太常參定儀注，[2]竊有疑焉。謹按唐、宋親祠典禮，皆有通拜及隨位拜禮。世宗大定三年親行奉安之禮，亦通七拜，每室各五拜，合七十二拜。逮六年禘，[3]始勅有司減爲十六拜，仍存七十二拜之儀，其意亦可見矣。蓋初年享禮以備，故後從權，更定通拜。今陛下初廟見奉安，而遽從此制，是於隨室神位並無拜禮，此臣之所疑一也。大定間十有二室，姑從十六拜，猶可。今十有七室，而拜數反不及之，此臣之所疑二也。況六年所定儀注，惟於皇帝板位前讀始祖一室祝册。夫祭有祝辭，本告神明，今諸祝册各書帝后尊謚，及高曾祖考世次不一，[4]皇帝所自稱亦自不同，而乃止讀一册，餘皆虛設，恐於禮未安，此臣之所疑三也。先王之禮順時施宜，不可多寡，惟稱而已。今近年禮官酌古今，别定四十四拜之禮。初見神二拜，晨祼通四拜，隨室酌獻讀祝畢兩拜，飲福四拜，似爲得中。”上從之，乃定祔享如時享十二室之儀。又以祧廟五主始祖室不能容，止於室户外東西一列，以西爲上。神主闕者以升祔前三日廟内敬造，以享日丑前題寫畢，以次奉陞。十月己未，親王百官自明俊殿奉迎祖宗神主于太廟幄次。辛酉行禮，用四十四拜之儀，無宫縣樂，犧牲從儉，十七室用犢三、羊豕九而已。以皇太子爲亞獻，濮王守純爲終獻。[5]皇帝權服靴袍，[6]行禮日服衮冕，皇太子以下公服，[7]無鹵簿儀仗，禮畢乘馬還宫。

[1]禮部尚書張行信言：“信”字，原作“簡”字。中華點校本按，本書卷一〇七《張行信傳》，貞祐三年（1215）十二月，轉禮部尚書，四年“八月，上將祔享太廟，詔依世宗十六拜之禮。行信與禮官參定儀注，上言宜從四十四拜之禮，上嘉納焉，語在《禮志》”，據改。今從。　張行信（1163—1231）：字信甫，原名行忠，避莊獻太子諱，改名行信。張暐子，行簡弟。貞祐三年八月，召爲吏部尚書，九月，改户部尚書，十二月，轉禮部尚書，兼同修國

史。本書卷一〇七有傳。

［2］太常：指太常寺屬官。據本書卷五五《百官志一》記載，太常寺設有太常卿、太常少卿、太常丞、太常博士、檢閱官、檢討、太祝、奉禮郎、協律郎等官。

［3］逮六年禘："禘"，本書卷一九《世紀補·顯宗》，大定六年（1166）"是年十月甲申，祫享於太廟"，作"祫享"，與此"禘"祭異。

［4］考：死去的父親稱考。

［5］濮王：親王封號。天眷、大定、明昌格均爲小國封號第一位。　守純：女真人。即完顔守純，本名盤都，宣宗第二子。貞祐元年（1213），封濮王。興定三年（1219），進封英王。正大元年（1224），進封荆王。本書卷九三有傳。

［6］靴：又作"鞾"，一種高至踝骨以上的長筒鞋，多用皂、黄等色皮革製成。　袍：一種傳統的衣裝。不分男女皆可穿著。最初袍衹被人們當做保暖的衣裝使用，一般爲雙層，中間夾以綿絮，類似於當今的棉襖，穿著時需另罩外衣。

［7］公服：又稱"省服"或"從省服"。公幹時所穿的禮服。

金史　卷三二

志第十三

禮五

上尊謚[1]

[1]謚：即謚號。古代帝王、貴族、大臣、士大夫死後，世人依據其生前事迹給予的評價性稱號，稱謚號。

天會三年六月，[1]諳班勃極烈杲等表請追册先大聖皇帝。[2]十二月二十五日，[3]奉玉册、玉寶，[4]恭上尊謚曰大聖武元皇帝，[5]廟號太祖。

[1]天會：金太宗年號（1123—1135）。金熙宗即位之初沿用近三年（1135—1137）。

[2]諳版勃極烈：本書《金國語解》："諳版勃極烈，官之尊且貴者。"諳版，女真（滿）語意爲"大"，滿語漢譯或作"昂邦"。諳版勃極烈，即大勃極烈，金初授此官者爲皇位繼承人，故太宗、熙宗皆以諳版勃極烈繼承帝位。熙宗廢除勃極烈制度，立其子濟安

爲太子，諳班勃極烈不再稱用。　杲：本名斜也，漢名杲。世祖第五子，太祖母弟，金初開國功臣之一。太宗即位，爲諳班勃極烈，與宗幹俱治國政。皇統三年（1143），追封遼越國王。天德二年（1150），配享太祖廟廷。正隆例封遼王。大定十五年（1175），謚曰智烈。本書卷七六有傳。　先大聖皇帝：即金太祖。本名阿骨打，漢名旻（1068—1123）。金朝開國皇帝，1115 年至 1123 年在位。本書卷二有紀。

[3]十二月二十五日：本書卷二《太祖紀》稱："天會三年三月，上尊謚曰武元皇帝，廟號太祖"，皇統"五年十月，增謚應乾興運昭德定功睿神莊孝仁明大聖武元皇帝"。

[4]玉册：帝王祭祀天地祖先及上尊謚的册書。此指上尊謚的册書。　玉寶：此指上尊謚所用寶印。

[5]大聖武元：本書卷二《太祖紀》作"武元"，無"大聖"二字。

天會十三年三月七日，遣攝太尉皇叔祖大司空昱奉玉册、玉寶，[1]上尊謚曰文烈皇帝，廟號太宗。[2]九月，追謚皇考曰景宣皇帝，廟號徽宗。[3]

[1]攝太尉：太尉爲三公之一，掌論道經邦，燮理陰陽。多授予宗室、外戚和勳臣，是一種榮譽官銜。正一品。攝太尉，即代理太尉之職。　大司空：西漢以大司馬、大司徒、大司空爲三公。本書卷五五《百官志一》以太尉、司徒、司空爲三公，皆正一品。此處所載"大司空"當即本書《百官志》所稱"三公"之一的"司空"。　昱：本名蒲家奴，漢名昱。景祖孫，劾孫子。天會間，爲司空，封王。天眷二年（1139）卒。天德初，配享太祖廟廷。正隆二年（1157），例封豫國公。本書卷六五有傳。

[2]上尊謚曰文烈皇帝，廟號太宗：太宗，本名吴乞買（1075—

1135)，漢名晟，金太祖弟。金朝第二任皇帝，1123 年至 1135 年在位。本書卷三《太宗紀》稱：天會十三年（1135）正月己巳，“上崩于明德宫”，“三月庚辰，上尊謚曰文烈皇帝，廟號太宗”，皇統“五年，增上尊謚曰體元應運世德昭功哲惠仁聖文烈皇帝”。

[3]追謚皇考曰景宣皇帝，廟號徽宗：皇考，指金熙宗之父。景宣皇帝和徽宗分别爲熙宗之父宗峻的謚號和廟號。宗峻，本名繩果，太祖第二子。母曰聖穆皇后唐括氏，太祖元妃。宗峻在諸子中最嫡。天會二年（1124）卒。本書卷二九《景宣皇帝世紀》稱，“熙宗即位，追上尊謚曰景宣皇帝，廟號徽宗”，海陵弑立，降爲“豐王”，世宗復尊爲“景宣皇帝”。

十四年八月庚戌，文武百僚、太師宗磐等上議曰：[1]“國家肇造區夏，四征弗庭，太祖武元皇帝受命撥亂，光啓大業。[2]太宗文烈皇帝繼志卒伐，[3]奮張惶威。原其積德累功，所由來者遠矣。且禮多爲貴，固前籍之美談；德厚流光，實本朝之先務。伏惟皇九代祖，[4]廓君人之量，挺御世之姿，虞舜生馮，遷於負夏，[5]太王避狄，邑此岐山，[6]聖姥來歸，天原肇發。皇八代祖、皇七代祖，[7]承家襲慶，裕後垂芳，不求赫赫之名，終大振振之族。皇六代祖，[8]徙居得吉，播種是勤，去暴露獲棟宇之安，釋負載興車輿之利。皇五代祖孛堇，[9]雄姿邁世，美略濟時，成百里日辟之功，戎車既飭；著五教在寬之訓，人紀肇修。皇高祖太師，[10]質自天成，德爲民望，兼精騎射，往無不摧，始置官師，歸者益衆。[11]皇曾祖太師，[12]威稜震遠，[13]機警絶人，雅善運籌，未嘗衿甲，臨敵愈奮，應變若神。[14]皇曾叔祖太師，[15]機獨運心，公無私物，四方聳動，諸部歸懷，德威兩隆，風俗大定。皇伯祖太師，[16]友于盡愛，國爾惟忠，謀必罔愆，舉無不濟。累代祖妣，[17]婦道警戒，王業艱難，俱殫内助之勞，寔著始基之漸。是宜采群臣之僉議，酌故事以遵行，款帝于郊，稱天以誄。謹按謚法，布義行剛曰‘景’，主義行德曰‘元’，保民耆艾曰‘明’，温柔聖善曰‘懿’，請上皇九代祖尊謚曰景元皇帝，廟號始祖，妣曰明懿皇后。[18]中和純備曰‘德’，道德純一曰‘思’，請上皇八代祖尊謚曰德皇帝，妣曰思皇后。[19]好和不争曰‘安’，好廉自克曰‘節’，請上皇七代祖尊謚曰安皇帝，妣曰節皇后。[20]安民治古曰‘定’，明德有勞曰‘昭’，尊賢讓善曰‘恭’，柔德好衆曰‘靖’，請上皇六代祖尊謚曰定昭皇帝，廟號獻祖，妣曰恭靖皇后。[21]愛民立政曰‘成’，辟土有德曰‘襄’，强毅執正曰‘威’，慈仁和民曰‘順’，請上皇五代祖孛堇尊謚曰成襄皇帝，廟號昭祖，妣曰威順皇后。[22]愛民好與曰‘惠’，辟土兼國曰‘桓’，明德有勞曰‘昭’，執心决斷曰‘肅’，請上皇高祖太師尊謚曰惠桓皇帝，廟號景祖，妣曰昭肅皇后。[23]大而化之曰‘聖’，剛德克就曰‘肅’，思慮深遠曰‘翼’，一德不懈曰‘簡’，請上皇曾祖太師尊謚曰聖肅皇帝，廟號世祖，妣曰翼簡皇后。[24]申情見貌曰‘穆’，[25]博聞多能曰‘憲’，柔德好衆曰‘静’，[26]聖善周聞曰‘宣’，請上皇曾叔祖太師尊謚曰穆憲皇帝，廟號肅宗，[27]妣曰静宣皇后。[28]慈愛忘勞曰‘孝’，執事有制曰‘平’，清白守節曰‘貞’，愛民好與曰

'惠'，請上皇曾叔祖太師尊謚曰孝平皇帝，廟號穆宗，妣曰貞惠皇后。[29] 愛民長悌曰'恭'，一德不懈曰'簡'，夙夜共事曰'敬'小心畏忌曰'僖'，請上皇伯祖太師尊謚曰恭簡皇帝，廟號康宗，妣曰敬僖皇后。[30] 仍請以始祖景元皇帝、景祖惠桓皇帝、世祖聖肅皇帝、太祖武元皇帝、太宗文烈皇帝爲永永不祧之廟。[31] 須廟室告成，涓日備物，奉上寶册，藏于天府，施之罔極。"

[1]太師宗磐：太師，三師之首。金代以太師、太傅、太保爲三師，掌師範一人，儀刑四海。皆正一品。宗磐，即宗盤，本名蒲魯虎，太宗吴乞買子。天會十年（1132），爲國論忽魯勃極烈。熙宗即位，爲尚書令，封宋國王。未幾，拜太師，與宗幹、宗翰並領三省事。後以謀反罪被誅。本書卷七六有傳。

[2]光啓大業：業，《大金集禮》卷三《天會十四年奉上祖宗謚號》録此文作"邦"。

[3]繼志卒伐：卒，《大金集禮》卷三《天會十四年奉上祖宗謚號》録此文作"率"。

[4]皇九代祖：指金朝始祖，本名函普，女真完顔部首領。金熙宗天會十四年，追謚景元皇帝，廟號始祖。皇統四年（1144），號其藏曰光陵。五年，增謚"始祖懿憲景元皇帝"。本書卷一有紀。

[5]虞舜生馮，遷於負夏：虞舜，又曰有虞氏，名重華，古代傳説中的賢王，爲五帝之一。《史記》卷一《五帝本紀》有紀。此語出自《孟子·離婁章句下》："舜生於諸馮，遷於負夏，卒於鳴條，東夷之人也。"諸馮、負夏、鳴條皆地名，具體不可確指。

[6]太王避狄，邑此岐山：太王，即周先祖古公亶父，武王時追尊爲太王。《史記》卷四《周本紀》稱，古公亶父時，"薰育戎狄攻之，欲得財物，予之。已復攻，欲得地與民。民皆怒，欲戰。古公曰：'有民立君，將以利之。今戎狄所爲攻戰，以吾地與民。

民之在我，與其在彼，何異。民欲以我故戰，殺人父子而君之，予不忍爲。’乃與私屬遂去豳，度漆、沮，踰梁山，止於岐下。……於是古公乃貶戎狄之俗，而營築城郭室屋，而邑别居之”。

[7]皇八代祖：指德帝。本名烏魯。始祖長子，繼始祖之後爲女真完顔部首領。金熙宗天會十四年（1136）追謚德皇帝。皇統五年（1145），增謚“淵穆玄德皇帝”。本書卷一有紀。　皇七代祖：即安帝。本名跋海。德帝長子，繼德帝之後爲女真完顔部首領。金熙宗天會十四年，追謚安皇帝。皇統五年，增謚“和靖慶安皇帝”。本書卷一有紀。

[8]皇六代祖：指獻祖。本名綏可。安帝長子，繼安帝之後爲女真完顔部首領。金熙宗天會十四年，追謚定昭皇帝，廟號獻祖。皇統五年，增謚“獻祖純烈定昭皇帝”。本書卷一有紀。

[9]皇五代祖：指昭祖。女真人，本名石魯。獻祖長子，繼獻祖之後爲女真完顔部首領。金熙宗天會十四年，追謚成襄皇帝，廟號昭祖。皇統五年，增謚“昭祖武惠成襄皇帝”。本書卷一有紀。

[10]皇高祖：指景祖。本名烏古乃。昭祖長子，繼昭祖之後爲女真完顔部首領，任遼朝生女真部族節度使，形成以完顔部爲中心的女真軍事大聯盟，爲後來金朝建國奠定了基礎。金熙宗天會十四年，追謚惠桓皇帝，廟號景祖。皇統五年，增謚“景祖英烈惠桓皇帝”。本書卷一有紀。

[11]歸者益衆：“益”，原作“蓋”。南監本、北監本、殿本、局本作“益”。《大金集禮》卷三《大會十四年奉上祖宗謚號》、秦蕙田《五禮通考》卷一四二《尊親禮》、《續文獻通考》卷八〇《宗廟考》引此文亦作“益”。今據改。

[12]皇曾祖：指世祖。本名劾里鉢（1039—1092）。景祖第二子，繼景祖任遼朝生女真部族節度使。1074年至1092年在位。金熙宗天會十四年（1136），追謚聖肅皇帝，廟號世祖。皇統五年（1145），增謚“世祖神武聖肅皇帝”。本書卷一有紀。

[13]威稜震遠：“稜”，南監本、北監本、殿衣、局本作

"靈";"遠",《大金集禮》卷三《天會十四年奉上祖宗謚號》録此文作"俗"。

[14]應變若神:中華點校本按,《大金集禮》卷三、卷四《追加謚號》,爲本志《上尊謚》之所本,其天會十四年上祖宗謚號條,"應變若神"句下有"皇曾叔祖太師,道宣知言,智窮博識,始搆經營之力,卒成奄宅之勳"二十六字。是,今從。

[15]皇曾叔祖:指穆宗。本名盈哥,又作楊割、楊哥(1053—1103)。景祖烏古乃第五子,繼肅宗任生女真部族節度使,1094年至1103年在位。天會十四年,追謚孝平皇帝,廟號穆宗。皇統五年增謚"章順孝平皇帝"。本書卷一有紀。

[16]皇伯祖:指康宗。本名烏雅束(1061—1112)。世祖長子,繼穆宗任生女真部族節度使,1103年至1112年在位。天會十四年,追謚恭簡皇帝,廟號康宗。皇統五年增謚"康宗獻敏恭簡皇帝"。本書卷一有紀。

[17]妣:已故的母親稱妣。

[18]明懿皇后:即始祖明懿皇后。完顔部人,年六十餘嫁始祖。本書卷六三《后妃傳上》稱,"天會十五年追謚"。以下思皇后、節皇后、恭請皇后、威順皇后、昭肅皇后、翼簡皇后、静宣皇后、貞惠皇后、敬僖皇后皆是,與本志所載天會十四年追謚稍有不同。

[19]思皇后:即德帝思皇后。

[20]節皇后:即安帝節皇后。

[21]恭靖皇后:即獻祖恭靖皇后。

[22]威順皇后:即昭祖威順皇后。徒單氏,諱烏古論都葛。

[23]昭肅皇后:即景祖昭肅皇后。唐括氏,諱多保真。

[24]翼簡皇后:即世祖翼簡皇后。拏懶氏,遼大安九年(1093)癸酉歲卒。

[25]申情見貌曰"穆":《世本》卷一〇《謚法》、《逸周書》卷六《謚法》、《史記正義·謚法解》均稱"中情見貌曰穆",此處

"申"字似誤。

[26]柔德好衆曰"静"：中華點校本按，"'好'《集禮》卷三作'合'，蓋音近致誤"。查《大金集禮》（文淵閣四庫全書本）卷三《追加謚號上·天會十四年奉上祖宗謚號》作"好"，廣雅書局、叢書集成初編本作"合"。按，上文稱"柔德好衆曰靖"，《獨斷》卷下亦作"柔德好衆曰靖"，"靖"與"静"通，此處作"好"字似不誤。

[27]肅宗：本名頗剌淑，又作蒲辣叔、蒲辣淑、蒲剌束（1042—1093）。景祖第四子，繼世祖爲生女真部族節度使。1092年至1093年在位。天會十四年（1136），追謚穆憲皇帝，廟號肅宗。皇統五年（1145），增謚"肅宗明睿穆憲皇帝"。本書卷一有紀。

[28]静宣皇后：静宣，《大金集禮》卷三《天會十四年奉上祖宗謚號》、《松漠紀聞》記載與此同。本書卷六三《肅宗靖宣皇后傳》作"靖宣"，卷二《太祖紀》作"宣靖"。肅宗靖宣皇后，蒲察氏。

[29]貞惠皇后：即穆宗貞惠皇后，烏古論氏。

[30]敬僖皇后：即康宗敬僖皇后，唐括氏。

[31]不祧之廟：古代宗法立廟祭祖，因世數超過禮法規定之數而遷廟稱作"祧"。而始祖等廟永遠不遷稱作不祧，也叫不祧之廟。

丙辰，奉上九代祖妣尊謚廟號，是日百僚上表稱賀。

皇統五年，[1]增上太祖尊謚，禮官議："自古辨祀，以南北郊、太社、太稷、太廟爲序。[2]若太廟神主造畢，[3]即合題尊謚，擇日奉安，[4]恐在郊社之前於禮未倫。候築郊兆畢，[5]擇日奏告昊天上帝、皇地祇，[6]次奉安社稷神主及奏告，[7]其次恭造太廟神主，題號奉安入室，以此爲序。元奉勅旨，候到上京行禮，[8]不見元奏目内，有無指定候修建太廟奉安神主以後行禮，或祇於慶元宫奉上謚號。[9]若候奉安太廟神主禮畢，方奉上謚號册寶，即百官並合法服，[10]兼於皇帝所御殿合立黄麾仗及殿中省細仗，[11]太廟殿前亦合立黄麾仗，其册寶在路亦合量設儀仗。若太廟未奉安，祇於慶元宫上册寶，即行事及立班官並用常服，[12]及依例量用大小旗、甲騎、門仗官，供奉官引從册寶綵服。若奉安後發册，即御服通天冠、絳紗袍。[13]若祇就慶元宫，即幞頭紅袍。[14]并慶元宫上册寶，即將來題太廟本室神主，便可用新謚。若於太廟先奉安神主，即先題舊謚，及至就本室上册寶，又須改題新謚。有兩節不同。五月九日擬奏告於太廟，上册寶，竊慮法物樂舞難辦，只於慶元宫上册寶。”從之。

[1]皇統：金熙宗年號（1141—1149）。

[2]南北郊：古代祭名。皇帝祭祀天地的重大禮儀。周代於冬至日祭天神於南郊，稱爲郊或南郊。《六書故》：“郊，祀天於郊，故亦謂之郊。”夏至日祭地神於北郊，稱爲社或北郊，合稱爲郊社或南北郊。後統稱祭天地爲郊。　太社：神壇名。祭祀土地神的神壇。　太稷：神壇名。祭祀穀神的神壇。　太廟：皇帝的祖廟。

[3]神主：供奉神靈的牌位，也稱神位、版位、靈位。

[4]奉安：古稱帝后安葬及神主遷廟曰奉安。

[5]候築郊兆畢：等到擇日修築郊壇完畢。郊壇指祭天的圜丘壇和祭地的地壇。

[6]昊天上帝：亦稱天皇大帝，爲百神之君，天神之首。　皇地祇：土地神，也稱后土皇地祇。

［7］社稷：古代帝王、諸侯所祭的土地神和穀神。古代各朝興替，必先立社稷壇以祭，滅人之國，必變置滅國的社稷。因以社稷爲國家政權的標志。

［8］上京：即上京會寧府，今黑龍江省阿城市。金初京師所在地。初稱“皇帝寨”，天眷元年（1138）號上京，海陵貞元元年（1153）遷都燕京，削上京之號，衹稱會寧府，大定十三年（1173），復爲上京。

［9］慶元宫：宫殿名。在金上京會寧府城内。本書卷二四《地理志上》上京路條稱：“慶元宫，天會十三年建，殿曰辰居，門曰景暉，天眷二年安太祖以下御容，爲原廟。”

［10］法服：按照國家法律規定製做的冠服。《宋史》卷一五一《輿服志三》：“古者祭服、朝服……其製作莫不有法，故謂之法服。”

［11］黄麾仗：皇帝出行儀衛使用黄色旌旗之行仗。　殿中省：官署名。本書《百官志》不載殿中省或殿中司等機構，但《紀》《志》《傳》《表》中多處出現殿中省、殿中監、殿中少監之名，似金朝仍設有殿中省，掌供奉天子玉食、醫藥、服御、幄帟、輿輦、舍次之政令等。　細仗：當指黄麾細仗，即皇帝之儀仗隊。

［12］常服：又稱“燕服”，一般的禮服。古稱褻服，以爲家居之服。本書卷四三《輿服志下》：“金人之常服四：帶，巾，盤領衣，烏皮靴。其束帶曰吐鶻。”

［13］通天冠：皇帝專用的禮冠，始於秦代。《金史》卷四三《輿服志》不載金代皇帝所服通天冠式樣，僅稱“行幸、齋戒出宫或御正殿，則通天冠、絳紗袍”。據金代禮制多仿宋遼分析，金代皇帝所服通天冠當與宋遼相同。　絳紗袍：皇帝的朝服和禮服，有的朝代亦爲皇太子及親王之服。絳紗袍形製始見於《晋書》卷二五《輿服志》：“其朝服……絳紗袍，皂緣中衣。”《金史》卷四三《輿服志》未載絳紗袍式樣，謂：“通天冠、絳紗袍、紅羅裳，天子之視朝服也。”大約金代絳紗袍沿襲宋制，爲皇帝專用之朝服和禮服。

[14]幞頭：包頭軟巾。有四帶，二帶繫腦後垂之，二帶反繫頭上，曲折附頂。也稱四脚或折上巾。將後邊的二脚用金屬絲紮起，襯以木片，稱爲展脚幞頭。後面的脚向上在腦後相交，稱爲交脚幞頭，多爲武官所戴。幞頭通常用青黑色的紗做成，後代稱爲烏紗帽。　袍：一種傳統的衣裝，不分男女皆可穿著。最初袍衹被人們當做保暖的衣裝使用，一般爲雙層，中間夾以綿絮，類似於當今的棉襖，穿著時需另罩外衣。《禮記·玉藻》："纊爲繭，緼爲袍。"鄭玄注："纊謂今之新綿也，緼謂今之纊及舊絮也。"袍的形製爲交領右衽，上下通身。《急救篇》唐顔師古注："長衣曰袍，下至足跗。"

十月三日，奉上尊謚册寶儀。[1]前期，有司供張辰居殿神御牀案。[2]少府監、鈎盾署設燎薪于殿庭西南，[3]掘坎於其側。[4]儀鸞司設小次于辰居殿下東厢，[5]又設册寶幄殿于景輝門外東仗舍。[6]殿前司、宣徽院量差甲騎、大小旗鼓、門仗官、香輿，[7]自製造册寶所迎奉册寶，奉安于幄殿，行事官、製造官皆騎馬引從，[8]門下中書侍郎在前，[9]侍中中書令在後，[10]大禮使又在其後，[11]舉捋奉册寶官、製造官分左右夾侍，[12]以北爲上，皆給人從錦帽衫帶。

[1]奉上尊謚册寶儀：原脱"謚"字。中華點校本據《大金集禮》卷三"皇統五年增上太祖尊謚"條補。今從。

[2]辰居殿：上京慶元宫之殿名。本書卷三三《禮志六》稱："皇統七年，有司奏'慶元宫門舊曰景暉，殿曰辰居，似非廟中之名，今宜改殿名曰世德'。"本書卷二四《地理志上》稱："皇統七年改原廟乾文殿曰世德，正隆二年毁。"與《禮志》記載不同。　神御：指帝王的遺像等供神所御之物。　牀：也寫作牀，古代的坐

卧之具，與今天的牀不同，比較矮小，主要供人坐卧，有時也用來擺放器具和物品。此處之牀案主要用來擺放帝王遺像等供神所御之物。

［3］少府監：官名及官署名。金代設有少府監，掌邦國百工營造之事。下屬機構有尚方署、織染署、文思署、裁造署、文繡署等。少府監長官有少府監、少府少監、少府丞等。此指少府監屬官。　鈎盾署：太府監下屬機構。明昌三年（1192）更名爲典給署。掌宫中所用薪炭冰燭，並管官户。屬官有鈎盾使，後改爲典給署令，從六品；鈎盾副使，後改爲典給署丞，從七品。此指鈎盾署屬官。　燎薪：即燎柴，供燎祭時燃燒之柴薪。燎祭，古祭名，即焚柴以祭天神。

［4］坎：即瘞埋祭品的土坑。瘞埋，是祭祀的最終程序，將祭品埋後標志整個祭程結束。

［5］儀鸞司：本書卷五六《百官志二》載，宣徽院下屬機構有儀鸞局，設有提點、直長、收支都監等官員，掌殿庭鋪設、帳幕、香燭等事。本書《百官志》未見儀鸞司之設置。本志所説儀鸞司，當指儀鸞局屬官。　小次：皇帝祭祀時居息之處所。皇帝的小次一般設在與祭祀地點較近的地方，大次設在外門之内。

［6］册寶幄殿：此處當指放置上尊謚所用册書和玉寶的殿室。景輝門：亦作“景暉門”，上京慶元宫之門名。

［7］殿前司：官署名。即殿前都點檢司，掌親軍，總領左右衛將軍、符寶郎、宿直將軍、左右振肅等。下屬機構有宫籍監、近侍局、器物局、尚厩局、尚輦局、鷹坊、武庫署、武器署。屬官有殿前都點檢、殿前左副都點檢、殿前右副都點檢、殿前都點檢判官等。　宣徽院：官署名。設有左宣徽使、右宣徽使、同知宣徽院事、同簽宣徽院事、宣徽判官等，掌朝會、燕享，凡殿庭禮儀及監知御膳。

［8］行事官：當指負責上尊謚典禮儀式的行事官員。　製造官：當指製造上尊謚册寶的官員。

[9]門下中書侍郎：即門下侍郎和中書侍郎。門下侍郎，爲門下省長官侍中之副貳。中書侍郎，爲中書省長官中書令之副貳。海陵王完顏亮合中書、門下省於尚書省以後，門下省、中書省已被取消，門下侍郎、中書侍郎之職當不再設置。本書《禮志》所載此後之門下侍中、中書令，當爲舉行祭祀以及上尊謚時臨時設置的官職。

[10]侍中中書令：侍中爲門下省長官，中書令爲中書省長官，均爲舉行祭祀以及上尊謚時臨時設置的官職。

[11]大禮使：郊祀大典的主持者，多爲臨時設置。

[12]舉捧奉册寳官：當爲負責抬舉上尊謚所用寳册的行事官。

是日未明，翰林使、太官令丞鋪設香案酒果、供具牲體膳羞於神御前。[1]儀鸞司設皇帝拜褥四，一在阼階上，[2]面西，一在香案南，面北，一在殿上東欄子内，面西，[3]一在燎薪之東，面西。設黄道，自小次至阼階褥位。[4]

[1]翰林使：本書僅此一見。本書卷五五《百官志一》載翰林學士院，掌制撰詞命，應奉文字等。屬官有翰林學士承旨、翰林學士、翰林侍讀學士、翰林侍講學士、翰林直學士、翰林待制、翰林修撰、應奉翰林文字等，不見翰林使一職。　太官令丞：據本書卷五《海陵紀》天德三年（1151）閏四月“命太官常膳惟進魚肉，舊貢鵝鴨等悉罷之”。卷七《世宗紀中》大定十四年（1174）十一月，“召尚食局使，諭之曰：‘太官之食，皆民脂膏。日者品味太多，不可遍舉，徒爲虚費。自今止進可口者數品而已。’”可知，太官令丞爲尚食局下屬太官屬官，掌御膳、進食先嘗、兼管從官食等。本書《百官志》未載。　牲體膳羞：祀神所用犧牲及各種食物。牲，指牛羊豬等犧牲。膳羞，指美味食物。

[2]阼階：東階。古代殿前設東西兩階，無中間道。天子、諸侯、大夫、士皆以阼爲主人之位，臨朝覲，揖賓客，承祭祀，升降皆由此。天子登位稱踐阼。

[3]面西：原作“西面”，中華點校本據《大金集禮》卷三乙正。今從。

[4]褥位：即跪拜之位。褥，坐卧的墊具，此指跪拜的墊具。

質明，有司備常行儀仗、駕頭扇筤，[1]常朝官常服騎馬執鞭前導，以北爲上，造册寶官、排辦管勾官常服，[2]於慶元宫門外立班，迎駕再拜。皇帝自宫中服靴袍、御馬，至景暉門外下馬，步入小次。少頃，御史臺催班，[3]大禮使、行事官自幄殿奉册寶入正門，置于辰居殿西階下。大禮使歸押班位，閤門使奏“班齊”，[4]太常卿奏“請皇帝行奉上册寶之禮”。[5]宣徽使、太常卿分引前導，[6]皇帝由黄道升阼階上面西褥位立，贊“請再拜”，[7]閤門使臚傳，[8]在位官皆再拜。乃引皇帝由殿上正門入殿，於香案前褥位再拜，上香，又再拜，退稍東，於欄子内面西褥位立定。儀鸞司徹香案前拜褥，[9]設册寶褥位於香案南，舉册、舁册官取册匣于牀，[10]對捧由西階升，中書侍郎分左右前導。奉册中書令、讀册中書令並後從，[11]候於褥位置定。奉册中書令於褥位南再拜，退就殿階上西南柱外，面東立，讀册官中書令稍前，[12]再拜。舁册官取匣蓋下，寘于西階下册牀。[13]舉册官對舉册，讀册官中書令一拜起，跪，搢笏，讀册文曰：“孝孫嗣皇帝臣某，謹拜手稽首奉玉册玉寶，恭上尊謚曰應乾興運昭德定功睿神莊孝仁明大聖武元皇帝。”

讀册畢，就拜，興，又再拜，退立于奉册中書令之次。奉册官進，與中書侍郎率舉册、舁册官奉册匣由西階下，引從如上儀，復置于册牀。置定，舉寶官以寶盝進，[14]至侍中讀畢，由西階下，復置于牀，皆如册匣之儀。

[1]駕頭：亦名寶牀，即皇帝龍椅。　扇筤（láng）：儀仗隊中傘的曲蓋。筤，車蓋的竹骨架。

[2]排辦管勾：據本書《百官志》記載，尚書省設有祗候郎君管勾官，下屬機構吏、户、禮、兵、刑、工六部架閣庫的最高長官也爲管勾，樞密院、御史臺亦設有架閣庫管勾，其餘中央和地方機構亦有不少機構設有管勾一職，秩正八品至從九品不等。唯獨不見排辦管勾一職。查《宋史》卷一六六《職官志六》：臨安府“内户案分上中下案，外有免役案、常平案、上下開拆司、財賦司、大禮局、國信司、排辦司、修造司，各治其事”。知宋朝臨安府下設有排辦司。據此，本志中的排辦管勾應爲排辦祭祀等典禮的行事官員。

[3]御史臺：官署名。掌糾察朝儀、彈劾官邪、勘鞫官府公事、糾察内外非違並監祭禮及出使之事等。屬官有御史大夫、御史中丞、侍御史、治書侍御史、殿中侍御史、監察御史等。

[4]閤門使：宣徽院下屬機構閤門屬官。本書卷五六《百官志二》記載，閤門屬官有“東上閤門使二員，正五品。副使二員，正六品”。掌簽判閤門事。“西上閤門使二員，正五品。副使二員，正六品”。掌贊導殿庭禮儀。

[5]太常卿：太常寺長官。熙宗皇統三年（1143）正月始置，掌禮樂、郊廟、社稷、祠祀之事。從三品。

[6]宣徽使：宣徽院長官。正三品。

[7]贊：祭祀、典禮時司儀唱讀儀式、叫人行禮稱贊禮，負責

贊禮之人稱贊、贊禮或贊禮郎。金代常由太常寺屬下負責祭祀、典禮等禮儀行事的禮直官充任。

[8]臚傳：傳告。宋程大昌《演繁録》："今之臚傳，自殿上至殿下皆數人亢聲相接，傳所唱之語，聯續遠聞。"

[9]徹：通"撤"。

[10]舁册官取册匣于牀："册匣"，裝有玉册的匣子；"于牀"，原作"子牀"，中華點校本徑改爲"于牀"，是。今從。

[11]中書令：中書省長官。金初例由右丞相兼任，海陵王合中書、門下於尚書省以後，中書省已被取消，中書令一職當不再設置，此職成爲宰相加銜。此處當爲舉行祭祀以及上尊號尊謚時臨時設置的官職。

[12]讀册官中書令稍前：本書卷三六《受尊號儀》、卷三七《奉册皇太后儀》、《大金集禮》卷一《天德貞元册禮》、卷二《大定七年册禮》《大定十一年册禮》、卷五《天德二年尊奉永壽永寧宫》、卷八《天德四年册命儀》所載"讀册"後無"官"字。本卷上文亦有"讀册中書令並後從"。是知，讀册官即中書令，疑"官"字衍。

[13]册牀：即放置册書及册匣之牀。

[14]寶盝（lù）：裝有玉寶的小匣。寶指上尊謚所用玉寶。盝，小匣。

有司徹册寶褥位，復設香案南拜褥。宣徽使、太常卿導皇帝進就褥位，再拜，上香、茶、酒，樂作，三酹酒，[1]樂止。太祝讀祝文，[2]訖，皇帝再拜，復歸阼階褥位，立定。大禮使升殿，於香案南宣徽使處授福酒臺盞，行至皇帝阼階褥位前，宣徽使贊"皇帝再拜飲福"，[3]閤門臚傳"賜胙，[4]再拜"，應在位官皆再拜。大禮使跪，以酒盞進授皇帝，樂作，飲訖，又再拜。大禮使受酒盞，復以授宣徽使，訖，由西階下，歸押班位。太祝奉祝版，[5]翰林使酌酒，太官令丞量取牲羞，[6]自西階下，置于燎薪之上。文武班皆回班向燎所立，禮官贊“請皇帝就望燎位”。[7]宣徽使取酒盞臺于翰林使，以進授皇帝。皇帝酹酒于燎薪之上，執事者舉燎，半燎，瘞于坎。[8]宣徽使贊“皇帝再拜”，閤門喝“百官皆再拜”。太常卿、宣徽使前導，皇帝歸小次，即御座，簾降。太常卿俛伏，[9]興，[10]跪奏“太常卿臣某言，禮畢”。百官皆卷班西出。大禮使以下奉册寶牀，[11]納于慶元宫收掌去處。皇帝進膳于别殿，侍食取旨，有司轉仗由來路，皇帝便服還内，教坊作樂前導。

[1]酹（lèi）：把酒澆在地上，表示祭奠。

[2]太祝：太常寺屬官。掌奉祀神主。從八品。

[3]飲福：古代稱祭祀後的酒爲“福酒”，飲用祭祀後的“福酒”稱“飲福”。

[4]賜胙：皇帝將祭祀用後的牲肉贈給宗室臣下稱“賜胙”，宗室臣下享用祭祀用後的牲肉稱“享胙”。

[5]祝版：古代祭祀用以書寫祝文之版册，亦作祝板、祝册。

[6]牲羞：祀神所用犧牲及各種食物。牲，指牛羊豬等犧牲。羞，指美味食物。

[7]望燎：古代祭祀時，堆積柴薪，上置玉幣牲羞及祝版等祭祀用品，然後燃燒柴薪，使烟氣上聞於天神，稱燎祭。在祭祀程序即將結束時，皇帝以及重要官員到望燎位觀看點燃的柴草焚燒犧牲玉幣等祭品的儀式，稱望燎。其觀看燎祭之位就是望燎位。

[8]瘞于坎：即量取祭祀用玉幣牲羞，埋於坎内。

[9]俛伏：指跪拜。俛，通“俯”，屈身，低頭。

［10］興：起來。

［11］册寶牀：即册牀和寶牀，分别爲放置册匣和寶盝之牀。

次日，大禮使率百官稱賀。

是歲閏十一月，增上祖宗尊謚，始祖景元皇帝曰懿憲景元皇帝，[1]德皇帝曰淵穆玄德皇帝，[2]安皇帝曰和靖慶安皇帝，[3]獻祖定昭皇帝曰純烈定昭皇帝，[4]昭祖成襄皇帝曰武惠成襄皇帝，[5]景祖惠桓皇帝曰英烈惠桓皇帝，[6]世祖聖肅皇帝曰神武聖肅皇帝，[7]肅宗穆憲皇帝曰明睿穆憲皇帝，[8]穆宗孝平皇帝曰章順孝平皇帝，[9]康宗恭簡皇帝曰獻敏恭簡皇帝，[10]太宗文烈皇帝曰體元應運世德昭功哲惠仁聖文烈皇帝，徽宗景宣皇帝曰允恭克讓孝德玄功佑聖景宣皇帝，[11]已上廟號如故。十二月一日，奏告如儀。[12]

［1］始祖：本名函普。本書卷一有紀。

［2］德皇帝：即德帝，本名烏魯。本書卷一有紀。

［3］安皇帝：即安帝，本名跋海。本書卷一有紀。

［4］獻祖：本名綏可。本書卷一有紀。

［5］昭祖：本名石魯。本書卷一有紀。

［6］景祖：本名烏古乃。本書卷一有紀。

［7］世祖：本名劾里鉢。本書卷一有紀。

［8］肅宗：本名頗剌淑，又作蒲辣叔、蒲辣淑、蒲剌束。本書卷一有紀。

［9］穆宗：本名盈哥，又作楊割、楊哥。本書卷一有紀。

［10］康宗：本名烏雅束。本書卷一有紀。

［11］徽宗：本名繩果，漢名宗峻，金熙宗之父。本書卷二九

《世紀補》有紀。

[12]十二月一日奏告如儀："一日"，文淵閣四庫全書本《大金集禮》卷三《皇統五年增上祖宗尊謚》稱"奏準十二月八日、九日、十日行奏告禮"，"十二月一日，命宗本、左丞相宗憲、右丞相蕭仲恭充奏告獻官，於慶元宮奏告始祖、康宗，明德宮奏告太宗，慶元宮奏告徽宗"。本書卷四《熙宗紀》皇統五年（1145）"十二月戊申，增謚始祖以下十帝及太宗、徽宗"。是年十二月辛丑朔，"戊申"爲八日。是知"一日"僅指定奏告獻官，八日至十日正式行奏告禮。

大定三年，增上睿宗尊謚。[1]先是，元年十一月十六日，追册皇考曰簡肅皇帝，廟號睿宗，皇妣蒲察氏欽慈皇后，[2]皇妣李氏貞懿皇后。[3]二年八月一日，有司奏"祖宗謚號或十六字，[4]或十四字，或十二字，即今睿宗皇帝更合增上尊謚，於升祔前奉册寶。"[5]制可。十七日，左平章元宜等奏請增上尊謚曰睿宗立德顯仁啓聖廣運文武簡肅皇帝。[6]有司奏："睿宗皇帝未經升祔，合無於衍慶宮聖武殿設神御牀案。"[7]奉旨崇聖閣借設正位。[8]又奏："皇帝親授册寶，太尉行事。"[9]制可。

[1]睿宗：廟號。本名訛里朵，又名宗輔、宗堯，太祖子，世宗父。死後陪葬睿陵，追封潞王，謚襄穆。皇統六年（1146），進冀國王。正隆二年（1157），追贈太師、上柱國，改封許王。世宗即位，增上尊謚"立德顯仁啓聖廣運文武簡肅皇帝"，廟號睿宗。二年，改葬於大房山，號景陵。本書卷一九《世紀補》有紀。

[2]欽慈皇后：即睿宗欽慈皇后，蒲察氏，睿宗元配。世宗即位，睿宗升祔，追謚欽慈皇后。大定二年（1162），祔葬景陵。本

書卷六四有傳。

［3］貞懿皇后：李氏，世宗母。本書卷六四有傳。

［4］或十六字：本卷下文“大定十九年奉上孝成皇帝謚號”稱“或十八字”。

［5］升祔：即升神主於祖廟，並排列昭穆之位，祔祭於祖先。

［6］左平章：《遼史》卷四八《百官志四》載，東京、中京、南京三京宰相府皆設有“左平章政事、右平章政事”。本書卷五五《百官志一》所載尚書省屬官有“尚書令一員，正一品，總領紀綱，儀刑端揆。左丞相、右丞相各一員，從一品，平章政事二員，從一品，爲宰相，掌丞天子，平章萬機”。衹説設平章政事二員，没有指明爲左、右平章政事。本書卷一一九《完顔婁室傳》又稱：“丞相、總帥、左平章皆娶婦。”似乎金代二員平章政事也分左、右平章政事。然本書未見右平章政事之記載。　元宜：當爲完顔元宜，本名阿列，一名移特輦，本姓耶律氏，父慎思時受賜姓完顔氏。天德三年（1151），詔凡賜姓者皆復本姓，元宜復姓耶律氏。元宜弑海陵後歸附世宗。大定二年（1162）拜平章政事，封冀國公，復受賜姓完顔氏。本書卷一三二有傳。

［7］衍慶宫聖武殿：爲金之原廟所在地，在中都皇宫中。據本書卷三三《禮志六·原廟》，“名其宫曰衍慶，殿曰聖武，門曰崇聖”。《建炎以來繫年要録》卷一六四稱：“名太廟曰衍慶宫，以奉太祖、太宗晟、德宗宗幹神主。”本書卷三一《禮志四·功臣本享》，大定八年（1168）圖畫功臣二十人像於衍慶宫太祖廟。

［8］崇聖閣：僅在本書《禮志》中四見。據本書卷三三《禮志六·原廟》，似爲衍慶宫中殿閣之一。

［9］太尉行事：《大金集禮》卷四《大定三年增上睿宗尊謚》稱，十月五日“命户部侍郎曹望之、兵部郎中韓鐸提點編排儀仗。二十五日命右平章宗憲攝太尉行禮，左平章元宜、左丞翟永固攝侍中奉寶讀寶，右丞良弼、參政蘇保衡攝中書令奉册讀册，判宗京、同判謀演攝門下侍郎引寶，勸農使按打海、御史大夫李石攝中書侍

郎引册”。

九月二十二日，奏告太廟。二十八日，大安殿置大樂，[1]閱習。前一日，自衍慶宫奉迎册寶，於大安殿安置。

[1]大安殿：宫殿名。在中都皇城應天門内，爲宫中第一重宫殿。

授册日未明三刻，有司各勒所部，整肅儀衛，群臣集于殿門，行事官各法服，陪位官公服。[1]皇帝自宫中常服乘輿，侍衛如儀，赴大安殿後更衣幄次。[2]御史臺催班，通事舍人引太尉及群臣就位，[3]侍中跪奏“中嚴”，少頃，又跪奏“外辦”。皇帝服通天冠、絳紗袍出。太常卿跪奏稱“太常卿臣某言，請皇帝行奉上册寶之禮”。奏訖，俛伏，興。宣徽使分左右前導，[4]皇帝步詣册寶幄次。[5]將至幄次，登歌樂作，[6]至幄次前北向，宣徽使贊“請皇帝再拜”，[7]典儀贊“在位官再拜”。[8]拜訖，奏“請皇帝搢圭”，[9]三上香，訖，執圭。奏“請皇帝再拜”。典儀贊“在位官再拜”，訖，各分班東西序立。奏“請皇帝詣稍東褥位”，樂止。中書令、中書侍郎奉引册，侍中、門下侍郎奉引寶，行，登歌樂作。宣徽使贊導皇帝隨册寶降自西階，登歌樂止，宫縣樂作，[10]至大安殿下當中褥位。[11]中書令、侍中奉册寶於皇帝褥位之西，樂止。宣徽使奏“請皇帝再拜”，典儀贊“在位官皆再拜”，拜訖，中書令搢笏，[12]奉册匣，宫縣樂作，至皇帝褥位前，俛伏，跪，奉置訖，執笏，俛伏，興，退稍西立，東向。太常博士引太尉至褥位，[13]北向立。宣徽使奏“請皇帝搢圭”，[14]跪捧册匣授太尉，[15]太尉搢笏，跪受訖，[16]執笏，少東立。宣徽使奏“請執圭”，俛伏，興。掙册官捧册匣，中書侍郎奉册匣置於册牀，樂止。侍中搢笏，奉寶盝，宫縣樂作，至皇帝褥位前，俛伏，跪，奉置訖，執笏，俛伏，興，退稍西立，東向。太常博士引太尉至褥位，北向立。宣徽使奏“皇帝搢圭”，[17]跪捧寶盝授太尉，太尉搢笏，跪受訖，[18]執笏，少東立。宣徽使奏“請執圭”，俛伏，興。掙寶官捧寶盝，門下侍郎奉置於寶牀，[19]樂止。宣徽使奏“皇帝再拜”，典儀贊“在位官再拜”。皇帝南向立，宫縣樂作。太常博士引太尉奉册寶出，主節者持節前導，[20]册牀在前，寶牀次之，樂止。中書門下侍郎各導於册寶之前，太尉居其後，至大安門外，[21]太尉以次跪奉册寶於玉輅中，[22]中書侍郎於輅旁夾侍，所司迎衛如式。太尉奉册寶訖，步出通天門外，[23]革車用本品鹵簿，[24]導從如儀，鼓吹不振作。俟册寶出大安門，太常卿跪奏稱“太常卿臣某言，禮畢”。奏訖，俛伏，興，前導皇帝升自東階，登歌樂作，還大安殿後幄次，樂止。侍中跪奏“解嚴”。乘輿還内，侍衛如來儀。

[1]公服：又稱“省服”或“從省服”。公幹時所穿的禮服。其制始見於北魏。本書卷四三《輿服志上》：“公服。大定官制，文資五品以上官服紫。三師、三公、親王、宰相一品官服大獨科花羅，徑不過五寸，執政官服小獨科花羅，徑不過三寸。二品、三品

服散搭花羅，謂無枝葉者，徑不過寸半。四品、五品服小雜花羅，謂花頭碎小者，徑不過一寸。六品、七品服緋芝麻羅。八品、九品服緑無紋羅。應武官皆服紫。凡散官、職事皆從一高，上得兼下，下不得僭上，窄紫亦同服色，各依官制品格。其諸局分承應人並服無紋素羅。十五年制曰：'袍不加襴，非古也。'遂命文資官公服皆加襴。"

[2]幄次：即次，是以布帷、蘆席等臨時張設供居息之處所。這裏指睿宗上尊謚設在大安殿後的更衣和臨時居息之處所。

[3]通事舍人：當指閤門通事舍人。本書卷五六《百官志二》宣徽院下屬機構閤門設有"閤門通事舍人二員，從七品，掌通班贊唱、承奏勞問之事"。

[4]宣徽使分左右前導：疑此處"宣"字前脱"與"字。按，文淵閣四庫全書本《大金集禮》卷四《追加謚號下·大定三年增上睿宗尊謚》雖無"與"字，但前文明言"宣徽使、太常卿各一"，一宣徽使不得"分左右前導"。下文《大定十九年奉上孝成皇帝謚號》"宣"字前有"與"字。

[5]皇帝步詣册寶幄次：施國祁《金史詳校》卷三下謂"'步'上當加'執圭'。案下有'搢圭'，知上當有'執圭'"。是，今從。

[6]登歌樂：樂曲名。古代舉行祭典、大朝會時，樂師升堂所奏之歌。

[7]請皇帝再拜："請"，原作"拜"，中華點校本據《大金集禮》卷四《大定三年增上睿宗尊謚》改。今從。

[8]典儀：當指負責典禮禮儀的官員。本書卷五七《百官志三》載東宫宫師府屬官有："典儀，從六品。贊儀，從七品。司贊禮儀。"

[9]搢圭：將圭插於腰帶之間。搢，插。圭，也作"珪"，古代帝王諸侯舉行隆重儀式時所用的玉製禮器。上尖下方，形製大小因爵位及用途不同而不同。主要有大圭、鎮圭、桓圭、信圭、躬圭、四圭、裸圭等。

［10］宮縣樂：指由宮懸樂器演奏的樂曲。古時鐘磬等樂器懸掛於架上，懸掛的形式和數量根據身份地位不同而不同。由這些樂器演奏的音樂就叫宮懸樂。

［11］至大安殿下當中褥位：施國祁《金史詳校》卷三下謂："此下當加'西向'。案文不言皇帝面向，擬補。"是。

［12］笏（hù）：亦稱手版，記事其上，以備遺忘。古代自天子至士皆執笏，後世唯品官執之，清始廢。

［13］太常博士：太常寺屬官。本書卷五五《百官志一》，太常寺"博士二員，正七品，掌檢討典禮"。

［14］請皇帝搢圭：《大金集禮》卷四《追加謚號下·大定三年增上睿宗尊謚》條"皇帝"前有"請"字。中華點校本徑補"請"字，今從。

［15］跪捧册匣授太尉：原脱"匣"字。中華點校本據上下文皆稱"册匣"，又下文皇帝"跪捧寶盝授太尉"，知授寶並不去盝，則授册亦不去匣，補一"匣"字。今從。

［16］太尉搢笏跪受訖：原脱"太尉"二字。中華點校本據《大金集禮》卷四補。今從。

［17］皇帝搢圭：《大金集禮》卷四《追加謚號下·大定三年增上睿宗尊謚》條"皇帝"前有"請"字。

［18］受訖：施國祁《金史詳校》卷三下謂"'訖'下當加'以寶盝授侍中'"。

［19］奉置於寶牀：施國祁《金史詳校》卷三下謂"'奉'下當加'寶盝'"。

［20］節：即符節。

［21］大安門：本書僅《禮志》三見，似爲大安殿之門。

［22］玉輅：車名。玉飾的皇帝專用車。

［23］通天門：即應天門，中都皇宮正門。

［24］革車：大臣所乘之車。　鹵簿：古代帝王和公卿大臣出行時排列其前後的儀仗隊。

十月一日，攝太尉特進平章政事兼太子太師定國公臣完顔宗憲率百官赴衍慶宫行禮。[1]

[1]太子太師：東宫屬官。與太子太傅、太子太保合稱東宫“三師”，太子太師爲東宫三師之首，掌保護東宫，導以德義。正二品。　定國公：封爵名。明昌格，爲小國封號第四。　臣：此處爲史臣叙述語，非臣下自稱，不當有“臣”字。疑修書史臣抄《大金集禮》卷四册文語致誤。　宗憲：女真人。本名阿懶，國相撒改之子，宗翰之弟。大定二年（1162）八月召爲太子太師，俄拜平章政事。《松漠紀聞》稱宗翰“庶弟名宗憲，字吉甫，好讀書，甚賢”。本書卷七〇有傳。

前一日，設册寶幄次於聖武殿門外，西向。

其日質明，太常寺官率所屬，於聖武殿設神御牀案，宣徽院排備茶酒菓、時饌、茶食、香花等，[1]並如太祖皇帝忌辰供備之數。[2]大樂署設登歌之樂於殿上前楹間稍南，[3]北向。迎衛册寶至衍慶宫門外，中書門下侍郎各奉册寶降輅，各置於牀。太尉至門外降車，率中書令以下導從，赴聖武殿門外幄次，奉安如式。其儀仗兵士並退。

[1]菓（guǒ）：果的分化字。　時饌（zhuàn）：四時祭祀所用之饌。饌，指具有酒、牲、脯、醢等食物的飯食，或謂食物齊備謂之饌。　茶食：金人稱以蜜塗拌之麵食即蜜糕爲茶食。徐夢莘《三朝北盟會編》卷二〇引《宣和乙巳奉使行程録》稱金人“麵食以蜜塗拌，名曰茶食，非厚意不設”。洪皓《松漠記聞》在“金國

舊俗”條稱“蜜糕，人一盤，曰茶食”。小字注蜜糕曰：“以松實、胡桃肉漬蜜和糯粉爲之。形或方或圓，或爲柿蒂花，大略類浙中實階糕。”然洪皓又在“金國治盜甚嚴”條“大則具茶食以贖”之下小字注曰：“謂羊酒肴饌之類。”是否金人又以羊酒肴饌等食物爲茶食，待考。　香花：香料和鮮花。

[2]忌辰：即忌日。舊俗以父母死亡之日禁止飲酒作樂稱忌日。

[3]大樂署：官署名。太常寺下屬機構，兼鼓吹署，設有令、丞、樂工部籍直長、大樂正、大樂副正等官員。掌調和律吕，教習音聲，祠祀及行禮陳設樂縣等。養樂工百人。

次引文武百官各服其服，以次就位。大樂令率工人就位，[1]禮直官亦先就位。[2]應執事者並先入殿庭北向立，禮直官贊“再拜”，訖，升殿。次引太尉就東階下褥位西向立，禮直官贊“拜”，在位官俱再拜。禮直官曰：“有司謹具，請行事。”禮直官贊“拜”，在位官俱再拜，訖，引太尉詣罍洗盥手，[3]升殿，詣神座前，搢笏，跪，三上香，樂作，奠茶，奠酒，訖，執笏，俛伏，興，樂止。太尉再拜，訖，還位少立。

[1]大樂令：太常寺下屬機構大樂署長官。從六品。　工人：指大樂屬下樂工。

[2]禮直官：似爲太常寺屬下負責祭祀、典禮等禮儀行事的官員。本書《百官志》未載。

[3]罍洗：古代盥手之器。罍，爲古代盛酒器，也用以盛水。洗，爲古代盥洗器。古代祭祀時洗手、洗爵，皆一人用枓（舀水器），從罍中挹水，從上澆之，其下注之水，謂之棄水，承棄水之器謂之洗。

次引太尉出，率中書門下侍郎等，奉册寶牀入自殿門，[1]中書令侍中等並導從，登歌樂作，册寶牀至殿庭，列於西階之下，承以席褥，樂止。太尉以下各就面北褥位立定，禮直官贊"拜"，在位官俱再拜，訖，太尉率中書令侍郎奉册匣升殿，登歌樂作，至殿上，册匣置於食案之前，仍設褥位，樂止。次引太尉詣神位前，[2]俛伏，跪，稱"攝太尉臣某言，謹上加尊謚册、寶"。奏訖，俛伏，興，稍西立。次引中書令立於册匣南，舉册官舉册，中書令俛伏，跪讀册，訖，俛伏，興。中書令奉册匣降自西階，置于牀，登歌樂作，置訖，樂止。

[1]奉册寶牀入自殿門：原脱"册"字。中華點校本據《大金集禮》卷四補。今從。

[2]神位：神的牌位。這裏指宗廟内所設已死國君的牌位，也稱神主、版位、靈位等。

次引侍中門下侍郎奉寶盝升殿，樂作，置于食案之前，仍設褥位，樂止。舉寶官舉寶盝，侍中俛伏，跪讀寶，訖，俛伏，興。侍中奉寶盝降自西階，置于牀，登歌樂作，置訖，樂止。太尉詣殿門外褥位，再拜，訖，太尉而下俱降階，以次就位。禮直官贊"拜"，在位官皆再拜，訖，以次出。寺官、署官率拱衛直，舁册寶牀置于册寶殿，各退。

次日，百官稱賀如常儀。

大定十九年，奉上孝成皇帝謚號。[1]元年十一月十六日，詔曰：“前君乃太祖之長孫，[2]受太宗之遺命，[3]嗣膺神器，[4]十有五年。垂拱仰成，委任勳戚，[5]廢齊國以省徭賦，[6]柔宋人而息兵戈，[7]世格泰和，俗躋仁壽，混車書於南北，一尉候於東西。晚雖淫刑，幾於恣意，冤施弟后，[8]戮及良工，虐不及民，事猶可諫，過之至此，古或有焉。右丞相岐國王亮不務弼諧，[9]反行簒殺，妄加黜廢，抑損徽稱。[10]遠近傷嗟，神人憤怒，天方悔禍，朕乃繼興，受天下之樂推，居域中之有大。將撥亂而反正，務在革非。期事亡以如存，聿思盡禮。宜上謚號曰閔宗武靈皇帝。

[1]孝成皇帝：即熙宗。女真名完顔合剌（1119—1149），漢名亶。金朝第三任皇帝，1135年至1149年在位。海陵王弑熙宗後降其爲東昏王。本書卷四《熙宗紀》稱：“大定初，追謚武靈皇帝，廟號閔宗，陵曰思陵。别立廟。十九年，升祔於太廟，增謚弘基纘武莊靖孝成皇帝。二十七年，改廟號熙宗。”

[2]前君乃太祖之長孫：熙宗爲太祖元妃所生嫡子宗峻（繩果）之子。

[3]受太宗之遺命：本書卷四《熙宗紀》稱：“天會八年，諳班勃極烈杲薨，太宗意久未决。十年，左副元帥宗翰、右副元帥宗輔、左監軍完顔希尹入朝，與宗幹議曰：‘諳班勃極烈虚位已久，今不早定，恐授非其人。合剌，先帝嫡孫，當立。’相與請於太宗者再三，迺從之。”

[4]神器：指帝位。

[5]勳戚：有功勞的皇族親戚。

[6]齊國：天會八年（1130），金太宗册立宋降將劉豫爲帝，國號齊，稱齊國，也稱僞齊。天會十五年（1137）熙宗廢齊國，以

原齊國統治區設行臺尚書省。

[7]柔宋人而息兵戈：指皇統元年（宋紹興十一年，1141）金熙宗與宋議和。

[8]冤施弟后：本書卷四《熙宗紀》載，皇統九年（1149）“十月乙丑，殺北京留守胙王元及弟安武軍節度使查剌、左衛將軍特思”，“十一月癸未，殺皇后裴滿氏”，“癸巳，上獵於忽剌渾土温。遣使殺德妃烏古論氏及夾谷氏、張氏。十二月己酉朔，上至自獵所。丙辰，殺妃裴滿氏於寢殿”。

[9]右丞相岐國王亮：即海陵王完顔亮。本書卷五《海陵紀》稱，海陵皇統八年（1148）“十一月，拜右丞相”。本書卷一二九《張仲軻傳》稱“海陵封岐國王”。海陵本名迪古迺（1122—1161），漢名亮。金朝第四任皇帝，1149年至1161年在位。世宗大定二年（1162），降封爲海陵郡王，謚曰煬。二十年，降爲海陵庶人。 弼諧：輔佐協和。《尚書·皋陶謨》：“允迪厥德，謨明弼諧。”孔氏傳：“言人君當信蹈行古人之德，謀廣聰明以輔諧其政。”孔穎達疏：“以輔弼和諧其政。”

[10]抑損徽稱：指海陵王弑熙宗後降其爲東昏王。

十八年，有司言：“本朝祖宗尊謚或十八字，[1]或十四字，或十二字，或四字。今擬增上閔宗尊謚曰弘基纘武莊靖孝成皇帝，仍加謚悼皇后曰悼平皇后。”[2]又言：“大定三年追尊睿宗皇帝禮儀，大安殿前立黄麾仗一千人，應天門外行仗二千人，皇帝服通天冠、絳紗袍，隨册寶降自西階，搢圭，跪，捧册寶授太尉。今擬大安殿行禮，及依唐、周典故，[3]降階捧册寶授太尉。所有冠冕儀仗擬依已行禮例。”[4]上命儀仗人數約量減之，餘略同前儀。明年四月十日，奉上册寶，升祔太廟。

[1]或十八字：本卷上文作“或十六字”，與此異。

[2]悼平皇后：即熙宗悼平皇后。裴滿氏，熙宗即位，封貴妃。天眷元年（1138），立爲皇后。皇統元年（1141），熙宗受尊號，册爲慈明恭孝順德皇后。皇統九年爲熙宗所殺。海陵弑熙宗，降熙宗爲東昏王，追謚后爲悼皇后。世宗大定年間，復熙宗帝號，加謚后爲悼平皇后，祔葬思陵。

[3]唐：指唐朝，武德元年（618）建立，天祐四年（907）滅亡。　周：當指後周，廣順元年（951）建立，顯德七年（960）滅亡。

[4]冠冕：戴在頭上的帽子。冕爲古代帝王、諸侯、卿大夫所戴的禮帽，後專指皇冠。

二十六年，勅再議閔宗廟號，禮官擬上“襄、威、敬、定、桓、烈、熙”七字，奉旨用“熙”字，乃以明年四月一日，[1]遣官奏告太廟及閔宗本室，易新廟號。

[1]四月一日：《大金集禮》卷四《大定十九年奉上孝成皇帝謚號》作“四月十一日”。

大定二十九年四月乙丑，[1]謚大行皇帝曰光天興運文德武功聖明仁孝皇帝，[2]廟號世宗。[3]五月丙午，以祔廟禮成，大赦。

[1]大定二十九年四月乙丑：中華點校本按“四月乙丑”本書卷八《世宗紀下》作“三月辛卯朔”，月日與此不同。

[2]大行：一去不返。古代臣下因諱言皇帝死亡，故用大行作比喻。此指剛剛死去的世宗。

[3]世宗：即完顏烏禄，漢名雍（1123—1189）。金朝第五任皇

帝，1161 年至 1189 年在位。本書卷六至卷八有紀。

大定二十九年五月甲午，上皇考尊謚曰體道弘仁英文睿德光孝皇帝，廟號顯宗。[1]

[1]顯宗：即完顏胡土瓦，漢名允恭，世宗嫡長子。大定二年（1162）立爲皇太子，二十五年六月病卒，七月賜謚號宣孝太子。本書卷一九《世紀補》有傳。

大安元年二月丁卯，[1]謚大行皇帝曰憲天光運仁文義武神聖英孝皇帝，廟號章宗。[2]

[1]大安元年二月丁卯：中華點校本按"二月"本書卷一二《章宗紀四》作"正月"。　大安：金衛紹王完顏永濟年號（1209—1211）。

[2]章宗：女真名完顏麻達葛，漢名璟（1168—1208）。金朝第六任皇帝，1189 年至 1208 年在位。本書卷九至一二有紀。

正大元年正月戊戌，[1]謚大行皇帝曰繼天興統述道勤仁英武聖孝皇帝，廟號宣宗。[2]

[1]正大：金哀宗完顏守緒年號（1224—1232）。

[2]宣宗：女真名完顏吾睹補，漢名珣（1163—1224）。金朝第八任皇帝，1213 年至 1223 年在位。本書卷一四至一六有紀。